圖 7-2　五十項目之唸名測驗範本（依序為全部交錯、數字、
　　　　注音、文字交錯、顏色、圖形及非文字交錯唸名）

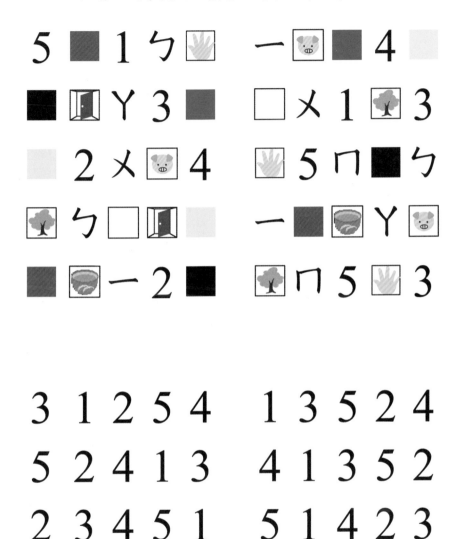

ㄧ ㄅ ㄇ ㄚ ㄨ 　 ㄅ ㄧ ㄚ ㄇ ㄨ

ㄚ ㄇ ㄨ ㄅ ㄧ 　 ㄨ ㄅ ㄇ ㄚ ㄧ

ㄇ ㄧ ㄨ ㄚ ㄅ 　 ㄚ ㄅ ㄨ ㄇ ㄧ

ㄅ ㄨ ㄇ ㄚ ㄧ 　 ㄇ ㄚ ㄧ ㄅ ㄨ

ㄨ ㄚ ㄧ ㄇ ㄅ 　 ㄧ ㄚ ㄇ ㄨ ㄅ

4 1 ㄨ 5 ㄚ 　 ㄅ ㄇ ㄧ 5 1

4 1 ㄧ 2 ㄇ 　 2 ㄚ 4 ㄨ ㄅ

ㄧ 3 ㄨ 5 4 　 ㄅ 1 3 ㄧ ㄇ

3 ㄚ 2 ㄅ ㄨ 　 ㄧ 2 5 ㄇ 3

ㄨ ㄇ ㄚ 1 3 　 2 ㄚ 1 ㄅ 5

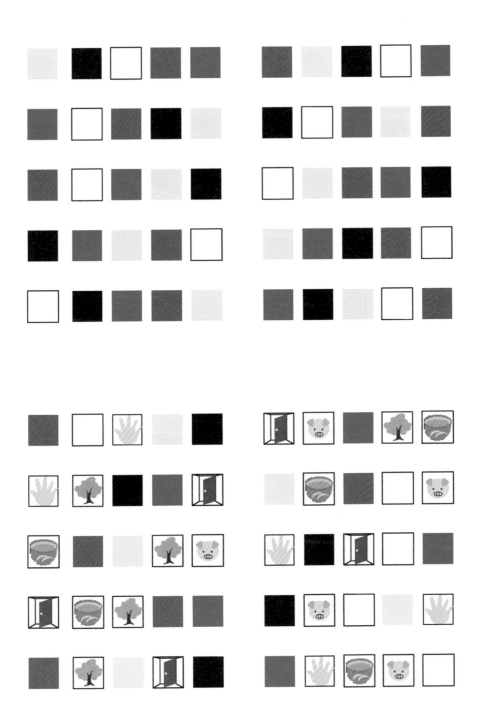

彩 - 3

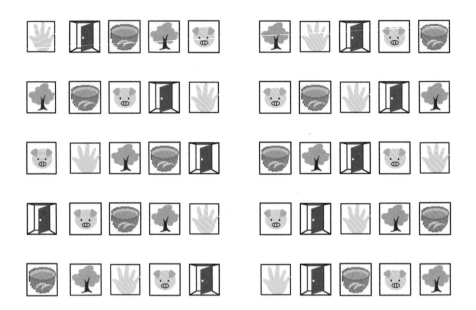

聲韻覺識、唸名速度與中文閱讀障礙

曾世杰　著

作者簡介

　　在花蓮縣玉里鎮出生長大。中原大學心理學學士，台灣師範大學特殊教育碩士，美國俄亥俄州立大學哲學博士，曾任精神科臨床心理師、研究助理、副教授，二〇〇六至二〇〇七年任美國維吉尼亞大學訪問學者，二〇〇七年獲台東大學傑出教學獎。目前為國立台東大學特殊教育學系教授，永齡基金會台東教學研發中心主任。主要研究領域為學習障礙、閱讀障礙與閱讀補救教學，關心身心障礙及弱勢低成就兒童的問題。夢想是以實證方式找到好的教學方法、好的教育行政模式，將閱讀障礙及偏遠地區孩子的學習拉上來。最愛的句子是珍古德講的 Together we can make a difference!

我喜歡閱讀，王爾德（Oscar Wilde）一八八八年的作品《快樂王子》，是我最喜歡的故事之一。裡面有這麼一段：

> 第二天，小燕子整天蹲在王子的肩頭上，一五一十地說了好多在外國奇妙動聽的故事。快樂王子說："Dear little Swallow, you tell me of marvellous things, but more marvellous than anything is the suffering of men and of women. There is no Mystery so great as Misery."（親愛的小燕子，你說的都是動聽的故事，但是更動人心的是人類受苦受難，天下最難明白的就是人間疾苦。）（徐世棠譯）

閱讀時，我的心完全融化在情節裡，隨著王爾德百餘年前的文字悲喜起伏，但，說實話，我並沒有真正體會「更動人心的是人類受苦受難，天下最難明白的就是人間疾苦。」這句話究竟是什麼意思。

一直到，在國小教室聽到「老師，你不要點他啦，他是傻瓜你不知道嗎？問他他也不會啦。」一直到，有小朋友自己說了：「老師，我很笨，只會畫圖，都不會唸書。」一直到，有一天，我發現自己的大兒子揚揚學習拼音是那麼的困難，他哭著問我，小他五歲的弟弟怎麼可以學得那麼容易……？

有一天，躺在床上閱讀的我驚坐而起。我突然想到，揚揚會不會永遠不能像我一樣地享受文字的樂趣？

毛骨悚然。

體會，就是親身的有了會心的經驗。我終於體會了一點「人間疾苦」。

為了要了解這個「人間疾苦」，我做了一些實證研究上的努力，這本書就是這些努力的紀錄。令人滿懷希望的是，我從這三十年來的心理及教育文獻，知道了閱讀障礙是可以克服的。本書的幾個個案，也讓我們看到

中文閱讀與拼音文字閱讀的差異。至於揚揚，雖然拼音還是有極大的困難，但要感謝上帝的是，他不但能讀中文，而且已經成為金庸迷了。

本書的完成，首先要感謝許多小朋友的參與。

也感謝國科會多年來在研究經費上的支持。

感謝許多校內校外的研究夥伴們——邱上真、柯華葳、洪儷瑜、黃秀霜、陳美芳、洪碧霞、陳淑麗、李俊仁、胡永崇、林素貞——長年的合作、協助與督促。一九九四年，揚揚剛滿月，前面六位夥伴移駕到台東來，為了整合型的計畫熬夜，那幾天沒暝沒日，把我這輩子都帶進這系列的研究。

感謝校內好友黃毅志、章勝傑長年的關心，並給予本書許多寫作及編輯的建議；系主任魏俊華給我許多行政上的協助，我銘感在心。

感謝許多學生和研究助理，王素卿、林彥同、謝俊明、張媛婷、周蘭芳、連芸伶、林秀真、林美伶、黃郁芬、李瑋婷及謝茹稜的努力，在本書中處處可見。心理出版社的林敬堯總編輯在出版上提供的許多協助，及執行編輯碧嶸耐心的校對及催稿，讓我沒齒難忘。

當然還要謝謝淑真，她是我學術及家庭的夥伴，沒有她的容忍和在兩個孩子身上的付出，這本書不可能完成。

謹把這本書獻給我的父親——曾霖炳老師——我們家庭中第一位能識字閱讀，而且靠著教育把全家帶離貧困的人。

曾世杰

Contents

目錄

第一篇 緒論、方法與初探

 **聲韻覺識與中文閱讀障礙**

 快速自動化唸名與中文閱讀障礙

第四篇 結語

Chapter 11 結語 *241*

Contents

圖表目錄

第一篇

緒論、方法與初探

第一章

緒論

　　本章主旨在於說明為什麼作者要寫這本書——亦即進行這一系列研究的動機。作者首先說明了閱讀能力在現代生活中的重要性，再提到，閱讀雖然重要，卻不是所有的人都能順利的學會閱讀。在引介學習障礙的定義及最近的一些實證數據之後，作者進一步推估我國學齡中閱讀障礙兒童至少有四萬人，這麼多人的學習潛能受到這種隱性障礙的影響，當然值得特教學者的重視。

　　此外，國外閱讀障礙的文獻雖然豐富，卻因為組字原則（orthography）的差異，難以直接應用在使用中文的我國，因此，在應用上，中文閱障研究有其必要性；在理論上，中文的特殊性正好讓我們有機會檢驗國外學者所提理論的普世性。實用及理論上的意義，就構成了進行這一系列研究的動機。

第一節　天雨粟，鬼夜哭：文字及閱讀的重要性

　　朱自清（1984）參考古籍描述文字初創之期——「文字的作用太偉大了，太奇妙了。倉頡洩漏了天機……所以他造字的時候，『天雨粟，鬼夜哭』」（p.1）。文字的發明，使人與人之間的溝通得以超越時間空間，不同時代人們的智慧得以累積，人與人之間的規範約定得以落實，而文字的

這些功能，必須建基在每一位讀者的閱讀能力上。閱讀能力自古以來就非常重要，在現代社會尤然。讓我們假想一個典型的現代人，叫他「吳此仁」好了，一天的日子是怎麼過的，我們就可以發現閱讀對現代人的重要性。

　　早上起來，吳此仁到信箱拿了報紙，坐在餐桌前，邊看邊吃早點，還尖著耳朵聽電視新聞。大項新聞都瀏覽過後，他開始看副刊，星期六與電腦相關的介紹是絕對不能錯過的，因為他準備將他的電腦升級，卻不知什麼時候降價，新的趨勢又是如何。暑假到了，孩子一直吵著要出去玩，今天的旅遊版正好介紹如何在日本自助旅行。啊！還有他最愛的長篇武俠連載。這時電視傳來一段報導「……第一夫人吳淑珍女士參加殘障奧運受挫……」，接著是一堆聽不懂的英文，吳此仁衝到電視機前，看著翻譯的字幕，氣憤不已。突然驚覺時間不早了，他收拾了一下，和正埋在書堆裡做期中考最後複習的太太孩子說再見後，跨上機車，投入早晨的交通洪流。沿途見到許多招牌和標語，「跳樓大拍賣」、「神是愛」、「前方路口常發生車禍，請小心駕駛」、「施工中諸多不便敬請原諒」、「天蒼蒼、夜茫茫，我家有個愛哭郎，仁人君子唸三遍，保佑一覺到天光」……突然見到一個「皮爾卡登蚵仔煎」，他不禁為生意人的創意笑出聲來。

　　到了辦公室，看到桌上的行事日誌，工作壓力上來了，要寫推廣的文案、要讀最近的業績報表及老總以便條下的業務指示：「查一下環保署的電鍍廢水處理標準，早上十點前給我」。他起身到公司的檔案中翻閱相關資料，發現所有的資料不足，他打開電腦及數據機，透過網路進行另一波的查詢，查詢前先偷空看一下電子郵件，有信，是剛到美國留學的外甥寫來的生活近況報導，沒啥看頭，還是做正經事吧……

　　好不容易熬到下班，他到學校接孩子，在機車上他問：「今天考得怎麼樣？」孩子嘟著嘴：「國語還好啦，數學的計算題也都會，可是有一題應用問題，題目都讀不懂，不曉得有沒有做

對。」回到家裡，他看了孩子的聯絡簿，簽了名，閉目養神一下後，翻開上一期沒看完的《天下雜誌》，津津有味的看起我國的教育改革現況……睡覺前，他想起明天要到宜蘭參加老王的婚禮，找出火車時刻表，確定班次之後，已經昏昏欲睡，躺在床上，邊思量著自己為什麼要這麼忙碌，邊進入黑甜鄉。

從早上起床到晚上就寢，吳此仁讀了多少文字？

如果動一點科幻腦筋，吳此仁突然感染特殊的病毒，從此不能閱讀，他的生活會有什麼改變？如果這種病毒爆發開來，地球上的人類都失去閱讀能力，世界會變成什麼樣子？這樣思考過後，我們才發現人類對文字及閱讀能力的依賴程度。

現代的資訊社會，不論是在工作場合、在家、在學校，甚至在休閒的時候，我們都在使用文字。日常生活中，我們從雜誌、報紙、書本、信件、地圖、時刻表、電話簿、傳真、標語、宣傳單、商品目錄、電腦、網路中獲取需要的資訊，以利於問題的解決、各種計畫的執行。而確定人與人間及行為規範的契約、法律，也是靠著文字進行的。在這個地球村裡，不經由閱讀，實在不知道許多此時此刻及跨時空的學習、思考、問題解決、合作和計畫、甚至休閒娛樂、宗教儀式該如何進行。

吳此仁如果活在一百年前，情況也許就大為不同，日出而作、日落而息的農業社會對文字依賴沒有那麼嚴重。國民教育推行以前，國人的識字率很低，畢竟人們的主要工作如撒種、除草、巡田水、整理農具、收割、各種祭祀禮儀等技巧的學習都可以在代代間口頭傳承，需要閱讀以利工作進行的只有少數的官吏、教師及商人。在那樣的社會，閱讀並不一定是生存必須的。

從歷史的觀點看，我們這個世代能識字讀書的人口百分比超過以往任何一個世代，相對的，閱讀能力也從未像現在這個世代那樣對人類的生活有如此深遠的影響。閱讀，成為現代人的必備條件，也成為每一個孩子必須學習的能力。

第二節　為數眾多的閱讀障礙兒童

　　但很不幸，並不是每一個孩子都可以很順利地學到閱讀。

　　閱讀是義務教育中最重要的學科能力，它不但是教學的目標之一，也是所有其他學科學習的媒介，兒童的閱讀若發生困難，所有學科的學習都將隨之產生困難。某些嚴重的閱讀困難，可能被診斷為閱讀障礙（reading disabilities，亦簡稱「閱障」），閱讀障礙是一種學習障礙（learning disabilities），我國第二次特殊兒童普查報告指出，七十九學年度六至十四歲全國學齡兒童中（母群體人數為 3,561,729 人），被診斷為學習障礙者有 15,512 人，為各類身心障礙者的第二大類，占身心障礙兒童的 20.53%，占學齡兒童母群體的 0.436%，當然，這個數字與學理上的推估結果，有相當的差距，其主要原因是輕度障礙者多數在普查時即被遺漏或過濾掉（教育部特殊兒童普查執行小組，1993）。到底閱讀障礙的發生率有多少呢？這必須先從閱障的定義談起（教育部，2001）。

　　　　本法……所稱學習障礙，指統稱因神經心理功能異常而顯現注意、記憶、理解、推理、表達、知覺或知覺動作協調等能力有顯著問題，以致學生在聽、說、讀、寫、算等學習上有顯著困難者；其障礙並非因感官、智能、情緒等障礙因素或文化刺激不足、教學不當等環境因素所直接造成之結果；其鑑定基準如下：

　　　　智力正常或正常程度以上。

　　　　個人內在能力有顯著的差異。

　　　　注意、記憶、聽覺理解、口語表達、基本閱讀技巧、閱讀理解、書寫、數學運算、推理或知覺動作協調等任一能力有顯著困難，且經評估後確定普通教育所提供之學習輔導無顯著成效者。

　　閱讀障礙是學習障礙中人數最多的一群，Bender（2004）推估，學障中有 90%有閱讀障礙，以上的學習障礙的鑑定標準，當然也適用於閱讀障礙。根據這個鑑定標準，我們可以發現閱讀障礙具有以下的特質：(1)致因及表現症狀：具備神經心理功能的異常，因而導致認知歷程成分的問題，最後造成讀寫的嚴重困難；(2)排除的標準：必須排除由其他外在因素造成的學習問題。

　　小學老師們在班上常會發現一些特別的孩子，這些孩子經常得到「看起來還滿聰明的，就是不會讀書（差距的標準）」的評語，如果進一步的診斷發現，他們沒有各種感官和情緒困擾的問題，在智力、注意力、學習動機、文化背景上都不差，老師的教學也在水準之上（排除的標準），卻在閱讀的學習上發生明顯的困難，而且一般教育的學習輔導對他們沒有顯著成效，他們很有可能就有「閱讀障礙」。

　　根據一項跨國研究，我國閱讀障礙的發生率約為 7.5%（Stevenson, Stigler, Lucker, Lee, Hsu, & Kitamura, 1982），按此估計，我國目前國小階段學童約有十三萬人有閱讀障礙的問題。再根據民國九十一年度的「特殊教育統計年報」（教育部，2002）顯示，在國民教育階段，學障學生占全國身心障礙特殊教育學生的 41.1%，雖然因定義的不同，這個數值在兩年後降到 20.7%（教育部，2004），但學習障礙仍然是特殊教育中最重要的服務對象。以九十一年度的資料算起來，學習障礙占全國教育的人數為 0.74%，這個數字當然是嚴重低估的了，因為學障是隱形的障礙，而且台灣特殊教育界對學障一直到一九九八年才推出鑑定的標準，許多國小老師根本沒有聽過學習障礙，也因此，許多學習障礙的情況會被視而不見，最後導致發生率的低估。

　　在特教資源最為豐富的台北市，情況就有所不同，以二〇〇二年台北市的資料來說，學障學生的出現率是 1.32%，因為小學一年級學生未做特教鑑定，因此，國小階段的出現率估計為 1.5%應該是合理的。再以學齡總人口二百八十萬人來推算，全國有閱讀障礙的兒童當在四萬名以上，足見問題的嚴重性。

　　面對這麼可觀的數字，閱讀障礙的篩選、診斷及補救教學，自然成為

特殊教育界重要的研究議題。

第三節　中文閱讀障礙歷程的研究

　　依研究者的觀點，我們若想對閱讀障礙兒童有所幫助，必須立基於「對閱讀障礙兒童閱讀歷程的了解」上。以拼音文字國家這三十年對閱讀歷程的研究而論，其研究結果不但直接、間接的影響了拼音文字國家對閱讀障礙的界定、篩選、診斷及補救教學，更影響了一般教育的閱讀教學（Adams, 1990）。國外雖有許多閱讀障礙的研究，但因文字體系不同，其研究結果因此難以直接推論至使用方塊字的我國（Ho & Lai, 1999）。因此，就中文和拼音文字的差異而言，中文閱障研究有兩個重大的意義：

1. 教育上應用的意義：有助於了解中文閱讀障礙群體的認知、學習的特質，並有助於閱障兒童的篩選、診斷及補救教學，這都不是從國外文獻中可以得到的。

2. 理論上的意義：中文閱讀障礙研究不但在教育上有其實用的意義，在「窮理致知」的學術界來說，更可以提供世界上所有的閱讀歷程研究者，檢視「閱讀理論普世性（universality）」的機會，若中文的研究結果不同於拼音文字國家的研究結果，則這些理論的普世性皆需重新檢討修正。從中文及拼音文字的研究可以推論得知，到底哪些歷程是普世性的？又有哪些是和文化相連的。

　　研究者自一九八八年起投入中文閱讀歷程的實證研究，在許多前輩學者建立的基礎上，及許多研究夥伴的協助下，嘗試以認知心理學的方法，更深一層地了解中文閱讀歷程及特殊兒童發生閱讀困難的原因。研究者將閱讀歷程細分成數個認知成份（cognitive components），以實證方法一一檢驗各成份，最後留下了幾個「最可能影響閱讀歷程」的成份——「工作記憶」、「聲韻處理能力」及「唸名速度」。之所以用「最可能影響閱讀歷程」的字眼，而不用「導致閱讀障礙」，是因為到目前為止，研究者仍未找到直接的答案，原因有二。一來是閱讀歷程極為複雜，許多基礎心理

歷程仍待釐清，模型仍待建立；二來是想發現「導致閱讀障礙」之類的因果結論，只能用真實驗法（true experimental design）才能獲得，但根據定義，閱讀障礙應是神經學問題所致，真實驗法因此無法適用——研究者事實上不可能隨機分派兩組兒童，再隨機指定其中一組有「神經學的問題」；教學實驗可以用得上真實驗法，但從教學研究的結果，想要直接推論出閱讀障礙的致因，在推論上就免不了要有好幾次的跳躍。

　　因此，本書所報告的實證研究，都是相關性研究（associational studies）：「事後回溯法」（ex post facto design）及「相關研究法」（correlational studies）是最主要的方法，在技術（technical）的層次，則用了許多實驗心理學的方法。本書主要由研究者歷年的學術著作組成，分為四篇，各有數章。

就讓我們從方法學開始吧！

第|二|章

閱讀障礙的研究方法簡介 [1]

　　如緒論中所言，工業及資訊世紀的到來，使閱讀在人類生活中的角色愈形重要，而閱讀除了是學校教育的一個重要目標之外，更是其他學科的學習基礎，閱讀一旦發生困難，所有學科的學習都隨之發生困難，「閱讀障礙」的問題於是成為特教學者不可忽視的領域，診斷及補救教學的需要，使閱讀障礙的研究在近三十年中蓬勃發展。而認知心理學、心理語言學、神經心理學，在理論、方法學及實驗技術上的長足進展，也使研究者得以客觀地檢視「閱讀歷程」及「閱讀障礙」。

　　拼音文字的閱讀歷程與閱讀障礙研究，不但在理論上已經有了許多重大的發現，這些發現更使得教育界的診斷與教學得到實際的幫助。中文是表意文字，其組字原則（orthography）和拼音文字有很大的差異，國外的研究結果是否適用於我國？頗值得懷疑。筆者藉著本文介紹「如何研究」什麼造成閱讀障礙的問題，本文的重點主要在於「閱讀歷程的成份分析」，這種研究取向，將閱讀歷程分成理論上可能的小成份，再個別檢視各成份與閱讀能力之間的關係。

　　要利用科學方法去找到某個現象的原因，其實有點像是警察在抓殺人犯。案子一開始總是千頭萬緒，不知從何著手，必須先確定被害人的身分，

再去蒐集跟「主題相關的線索」，讓我們先假設現在的主題是「誰殺了他？為什麼？」一個人可能呈現的訊息是無窮的，但因為主題確定了，所以許多與主題無關的問題，如「他刷牙是橫刷或直刷？」就不必問了，就刑事專家的經驗（即「理論」）、當事人情、財、仇等相關因素成了調查重點。如此找到若干名嫌疑犯後，就可以進行「消去法」，把不可能的嫌犯過濾掉，最後留下來的即為可能的真兇，專家們必須再找到直接的證據，證明其是否真的殺了人。

想找到閱讀障礙的致因，過程亦大致如是。先根據理論，列出所有可能的變項，再以「消去法」過濾掉不可能的，最後以更精確的方法確認所餘變項與閱讀障礙的因果關係。這樣的研究過程是循環進行的，研究過程中的許多新發現都會回過頭來修正理論，其過程如圖 2-1。

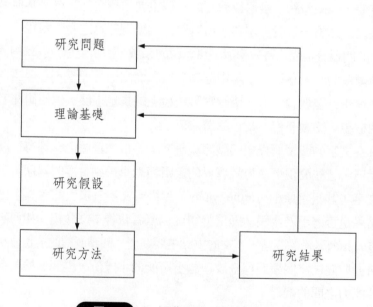

●圖 2-1　一個典型的研究過程示意圖

以下就依圖 2-1 的架構，分別討論閱讀障礙研究中的「理論」、「假設」及「研究方法」，最後再以「讀者的聲韻覺識在拼音文字閱讀中的角色」為例，說明研究的歷程，在此先將主要內容條列說明如下：

1. 依「訊息流動的方向」區分，介紹訊息處理論中的三類閱讀流派：由下而上、由上而下和交互模式。

2. 中文閱讀歷程的成份分析：根據閱讀的模型及現有文獻，舉例列出可能影響中文閱讀，或可能造成閱讀困難的認知成份。

3. 介紹最常見的四種閱讀障礙研究方法：相關研究法、事後回溯研究法、真實驗研究法以及個案研究法。

4. 研究實例：以 Bradley 和 Bryant（1983）的研究為例，說明閱讀障礙的研究歷程。

第一節　訊息處理模式中的三個主要閱讀模型流派

目前對閱讀歷程及閱讀障礙的研究幾乎都在訊息處理模式（information processing models）架構的導引下進行。受到電算機科學發展的影響，自一九五六年後，心理學家把心靈視為處理訊息的系統，系統由許多認知成份組成，不同形式的訊息進入系統之後，經過各認知成份的處理（編碼、轉譯、儲存、提取……等）後，個體做成決策，指導動作器官完成行為的表現；從邏輯上推論，任何一個成份的失敗或處理困難，都可能影響認知任務的達成。依據訊息在系統中流動的方向，我們見到心理學家提出下列三類解釋閱讀歷程的模式。

一、由下而上模式

「由下而上」模式（bottom-up models）特別重視從「刺激」到內在表徵的知覺歷程。用比較白話來說，主張「由下而上」模式的學者最感興趣的部分在於：我們的認知過程如何在一些處理之後，把書寫字的視覺影像轉換成有意義的語言訊息。這過程是從最基礎的「視覺處理」、「字詞彙辨識」開始，一直到最高級的、中樞神經的「記憶」和「理解」結束。這個從「文字、視覺刺激的辨識」到「理解、記憶」的過程，就是「由下而

上」的歷程。

「由下而上」模式主張「字彙辨識」是閱讀的最初層，這層可以是「全字」或是「字母串（在中文是部首或部件）」的處理。再來是字義層次處理，讀者把視覺的刺激轉成語言學的單位，這層次究竟需不需要經過語音中介的歷程，一直是學者爭論的焦點，最近此爭論已塵埃落定，一般相信這是個「雙線道」，讀者可以經過或不經過語音轉錄來觸接到詞彙的屬性。

字彙辨識完後，被整合成更大的單位，如詞或句子，以獲取更多、更正確的意義，這個層次「語法」能力就開始發揮作用，同樣的字、詞經由不同的排列組合，會有不同的意義，例如「牙刷」和「刷牙」就不同，這意義主要是由語法來決定的。許多學者認為語法的處理，牽涉到工作記憶（working memory）。因為要了解一個句子，讀者不但要把句中的每一個字暫時記著，而且它們的順序也必須記得，不只理解句子，句子的大意要暫時記得，以進行段落理解，段落大意也是如此，以進行全篇文章的理解，這是典型運作記憶的功能。運作記憶的效率因此會影響理解的過程、相關的歷程及研究。

「由下而上」模式強調的是「解碼」歷程，不重視讀者的先備知識、後設認知能力等。美國的教育學者從這個角度發展出來的閱讀教學法叫做「語音法」（phonics method）或「強調解碼（code emphasis）法」，主張語音法者認為英文的書寫形式由字母組成，字母表徵的是「音素」（phoneme，語音的最小單位），不了解字母與語音之關聯，就無法有效地閱讀。所以在教學上，他們非常強調音標、拼字、押韻遊戲、看字發音等的教學。我國許多國小教師在教國語課時，先把生字、生詞、部首、筆劃、注音教過，才開始進行朗讀課文、內容深究、形式深究等教學，這種方式也是一種「由下而上」的教學，先強調解碼，再進行理解與深究。

二、由上而下模式

所謂「由上而下」模式（top-down models），強調的是讀者如何利用個人的「先備知識」及「後設認知（metacognition）策略」去把讀進來的

文字資料加以組織、預測及理解。讀者挾著大腦擁有的「先備知識」及「後設認知策略」，去解讀文字訊息，這個過程訊息處理的方向是從大腦到外界的，所以被稱為「由上而下」的歷程。

　　一般人從己身的經驗就能明白為什麼「先備知識」會影響閱讀理解，譬如，因為先備知識的不同，一個經濟學家和一個餐廳老闆對「天下沒有白吃的午餐」這九個字的理解，就會有相當大的差異。我們也常有這樣的經驗：對某個領域愈熟悉，就愈容易讀懂這一個領域的書籍或文章，這現象說明了先備知識對閱讀理解的重要性。

　　而所謂後設認知，指的是「認知的認知」：「知道」與「使用」自己的「知識與認知策略」的能力。譬如，一個大忙人說，他在週間和週末用不同的方式來閱讀報紙，週間忙碌，他只能很快地瀏覽過大標題，再挑重要的仔細閱讀；可是週末較閒，他可以慢條斯理地逐字閱讀。他知道對自己重要的事是什麼，他也知道在不同的情境下可以用不同的策略閱讀，我們就說在「讀報」這個行為上，他的後設認知能力發揮了功能。

　　主張由上而下閱讀模式的學者，最有名的當屬 Goodman（1967）及 Smith（1978）等人。他們閱讀理論的核心概念為「預測」兩字：讀者根據其先備知識、閱讀策略及前後文脈，在讀某一篇章時，可不斷地形成假設，預測等一下會出現什麼文字。

　　在 Goodman 的理論中，閱讀是一種主動的假設—考驗（hypothesis-testing）的過程，牽涉到讀者的認知、語言及情緒等層面的經驗。讀者在閱讀的歷程中不斷地形成假設，進行考驗，確認或拒絕假設。讀者不需要精確地辨認出每一個字，而是靠讀者已經具備的對語言結構與限制（constraints）的知識，來猜測可能的意義，完成閱讀的任務。例如，「早上到現在都沒吃東西，我的肚子＿＿死了」，根據第一句，第二句空格中只能填進「餓」字，既然這個字一定猜得到，則讀者不一定要去辨識這個字，也可以完成句子的理解。Goodman（1967）非常強調閱讀歷程中思想和語言的互動，他在文章中說「閱讀是一種心理語言學的猜謎遊戲（a psycho-linguistic guessing game）」。Smith（2004）的觀點和 Goodman 相當類似，但用的術語有點不同，他所用的字眼——「預測」，其實可以等同於 Goodman

所用的「假設考驗」。他認為讀者是依照自己的閱讀目標,選取所需要的訊息內容。在這個尋找意義的閱讀歷程中,讀者會主動將過去的知識帶進來,與文章的內容產生互動並預測下一段可能會出現的內容。

從「由上而下」這一派出發的閱讀教學理論叫「全語法」(the whole language approach),全語法的學者不認為解碼是重要的,他們不重視解碼、拼音等的教學,它強調的是幫助兒童用他們的先備知識來猜測文中涵義,若有生字,只教它的讀音和字義,並不教字母與音素之間的對應。

三、交互模式

根據Anderson(1982)的說法,交互模式(interactive models)強調的是「讀者是一個主動的訊息處理者,處理的目的在於建構出一個可以說明文章意義的模型」。此模式有兩點重要性:(1)它強調了背景知識的角色;(2)它包含一系列處理策略,從個別的文字解碼一直到高層的後設認知(個體自己監控自己認知過程的能力),都包含在內。換句話說,「由下而上」和「由上而下」都是「單向道」的主張,交互模式則是「雙向道」,認為單從一個方向來解釋閱讀歷程還不夠,一定要兼容並蓄才較完整。閱讀會受先備知識、閱讀策略的影響,也會受文章解碼歷程的影響。

交互模式中有的模式認為,有時候訊息處理者完全是由下而上的、資料驅動的,角色被動;有時候是主動的主導理解,主動預測將要出現的意義。有些學者認為,人類的訊息處理中心無法同時處理「由下而上」和「由上而下」兩種性質不同的歷程,但像Rumelhart(1977)所提的模型則強調了人類「平行處理」的能力,「平行處理」是從電腦科學借來的觀念,指的是訊息處理器同時處理兩件以上的任務,Rumelhart觀察到文法、語意、詞彙及字形的訊息都影響我們對字的知覺。因此在他的模式中,高階知識都對於文字處理及最後得出的最佳解釋具有影響力。讀者見到文字的視覺刺激時,就開始進行一連串的假設考驗,從字形、字母、字母串、詞性、詞類,這些不同層次的假設考驗可以同時發生,不斷猜測,直到做出最正確的決定為止。

交互模式裡的基模論（schema theory）所持論點和Rumelhart的近似，但這個模式加上了「基模」的概念。Anderson（1982: 606）把基模定義成「一個假設性的知識結構、一個抽象的心智本體，藉此，人類的訊息處理器得以將經驗與真實世界聯結。」這裡所說基模的「抽象」特質非常重要，因為它們不是一個個具體特殊的刺激，而是某種原型（prototypic）的思想單位，例如，每人都有一個「椅子」的概念，這個概念卻不是他所經驗過的各種椅子。在一般物件（object）簡單想法的層次，基模可以等同於「概念」或「類別」。但人類在所有的知識層次，從簡單如個別字母到複雜如生活哲學等，都可以建構起基模來。例如，去過麥當勞的人，都會形成「速食店基模」，知道這類型的店，只有幾種餐可以點，有幾個相片和價錢貼在牆上，你要排隊，點餐付錢，回答要內用還是外帶，最後服務員會把熱騰騰的餐放在盤子上送給你。當你在日常生活中，或溝通，或看電影，或閱讀，只要接收到麥當勞或速食店的訊息時，你大腦中的「速食店基模」立刻被激發，所有相關的資訊都準備好，等著取用。有速食店基模者，比起無此基模者，在閱讀一篇於麥當勞發生的愛情小說時，會有非常不同的理解。「基模」的存在，給我們一個強而有力的工具，可以將知識組織為有意義的單位，並使知識的習得、儲藏和提取得到很大的便利。已有許多文獻說明意義在記憶過程中的重要性，語意上互有關聯的一串字比語意上互不關聯的字要容易記得多。在閱讀時，我們既有的「基模」幫助我們很快地把流入的訊息意義化，若進來的訊息與既有基模有衝突之處，則個體必須尋求新的資料以進行基模的考驗、修正，甚至重新結構新的基模。

四、三個流派的評價

綜觀上述三種閱讀模式，「由上而下」或「由下而上」模式都不能對閱讀理解的產生做合理的解釋。極端的「由下而上」理論有其不正確的地方，譬如說，也許國小六年級的學生就有足夠的「由下而上」解碼技巧可以朗讀一本碩士學位論文，但是他能真的讀懂這本論文嗎？答案恐怕是否定的。解碼雖然沒有問題，可是只要不具備與所讀文章的相關知識，到頭

來還是無法讀懂。這個例子突顯了閱讀歷程中，先備知識（prior knowl-edge）的重要性。但極端的「由上而下」模式，也有其理論上的限制，雖說文脈知識、先備知識和閱讀策略對閱讀理解的重要已為大多數學者所接受，但學者們比較不能接受「基礎解碼過程不重要」的說法。例如Goodman（1967）就認為讀者並不需要讀到文章中的每一個字，只要適度的「取樣」閱讀就可以了，但這「取樣」的觀念並沒有得到實徵研究的支持。

認知心理學家利用電腦把一篇文章依序一行一行列出來，然後另用儀器監控讀者的眼球活動，這個技術叫眼動追蹤（eye tracking），它的好處是可以很容易地更動文章內容，並比較更動前和更動後的眼球活動情形。利用這個技術，學者們對熟練的讀者進行研究，結果並不支持「取樣」說。熟練的讀者確實讀到一個個的字母，而不是更高層次的意義單位。譬如Zola（1981）把文章中最能預測的字找出來，稍微動一點手腳，用視覺上最相似的字母換掉該字中的某個字母。照「由上而下」的理論預測，因為這些字的「可預測度」高，讀者甚至可以跳過這些字，不用直接以視覺處理。可是實徵的研究結果和這個預測牴觸，他發現熟練的讀者馬上就能察覺這些小變化，並導致眼球活動型態的不同。類似這樣的研究不在少數，都和「由上而下」的預測相反，他們還發現，熟練讀者可以讀到文章中的每一個內容字（content word）的每一個字母，而且能運用字形知識來進行文章的理解（Just & Carpenter, 1980; McConkie & Zola, 1981）。

一般認為，交互模式對閱讀歷程的解釋是比較具有說服性的。綜覽目前研究性期刊上登載的研究報告，雖然有的研究是比較「由上而下」取向的，有的則較「由下而上」，但這些取向通常是「研究方法」或「研究技術」的限制使然，而不能視為理論上的必然，絕大多數的研究者都是站在「交互模式」這邊，認為「由上而下」及「由下而上」都有其重要性。

第二節　中文的閱讀認知成份技巧分析

人類的閱讀能力個別差異很大，我們怎樣解釋這樣的差異呢？根據以

上的討論，由上而下、由下而上及交互作用各種層次的解釋都有，從神經生理學的變異到社經地位的影響都有人說。有的解釋很簡單，有的很複雜，但我們看到認知心理層面的解釋經常化繁為簡，許多研究者嘗試提出他們的「單一致因說」，認為就是「X 因素」造成了閱障讀者和一般讀者之間的差異。一閱障讀者區辨視覺型態的能力不好；他們不能把字型轉譯成語音；他們在語音轉錄過程中耗用了過多的認知資源，所剩餘者不夠進行理解；他們不能記住足夠長的字串順序以致無法整合出意義來；他們不能從一大堆瑣碎的訊息中，確認文章的中心主題；他們不能推理出語句字面沒有表達的意義；他們對「語言」掌握不夠，所以以上各種任務都做不好……；諸如此類，不勝枚舉。對這種「單一致因說」閱讀研究文獻回顧亦不在少數，如 Baker 和 Brown（1985）、Carr（1986）、Perfetti（1985）、Stanovich（1986）和 Vellutino（1979）等。

「單一致因說」當然都有他們實證上的依據，但研究者漸漸意識到這些發現都可能只是真相的一部分而已，並非閱讀歷程的全貌。如果我們可以架構出一個合理的模型，把可能的閱讀成份技巧（component skills）都納進模型，再逐一研究個別成份和成份之間的關係，也許就能拼湊出閱讀歷程較完整的面貌。

自六〇年代起，心理學家開始把人類許多複雜的認知活動，諸如記憶、算術、問題解決、話語理解等等，化成許多較小的步驟，再進而探討每一步驟的訊息處理過程，最後再把每一步驟整合起來，推論出該認知活動的可能模型。

最有名的例子當屬「記憶」方面的研究，一九五六年 Miller 首先把記憶分成「短期記憶」和「長期記憶」。後來 Baddeley 又把短期記憶的構念延伸成「工作記憶」，工作記憶又再區分成三個子成份——「中央處理器」、「構音迴路」和「視覺空間畫板」（visual-spatial pad）等等，這些大大小小的成份便組成了「記憶」。這樣理論發展的過程有點像在寫電腦程式，許多小指令和迴路在合乎邏輯的排列組合下，合作起來完成一個特定的任務。這種研究導向把人類的認知過程類比成某種電腦的「專家系統」，如果我們可以想像這個專家系統的程式如何在一個平行處理式的電

腦中執行，就可以知道這個類比的優越性。像這樣的類比，在國外的閱讀研究中比比皆是，在閱讀能力的研究上，最具代表性的例子包括Baddeley、Logie、Nimmo-Smith 和 Brereton（1985）、Carr（1986）、Curtis（1980）、Just 和 Carpenter（1987）及 Perfetti（1985）等。

在這種導向的指引下，成份技巧分析的目標有四（Carr, Brown, Vavrus, & Evans, 1990）：(1)區辨出任一外顯表現所牽涉的心智運作（mental operations）；(2)區辨出這些運作的組織情況，並分析所經過訊息的型態；(3)區辨出這個系統的運作如何控制與協調：包括刺激狀態、策略、處理容量的要求等等；(4)區辨究竟哪些變數造成個別差異和發展差異？是一個一個獨立的運作？還是這些運作之間的組織？還是認知系統對這些運作的控制？受限於篇幅，本章將不直接處理前三個目標，僅根據現有的文獻，列出中文閱讀「可能有的」九項成份技巧：

1. 工作記憶（Daneman & Carpenter, 1980）

2. 聽覺詞彙（receptive vocabulary；洪蘭、曾志朗、張稚美，1993）

3. 閱讀後設認知策略（胡永崇，1995）

4. 視覺空間處理（鄭昭明，1981；蘇淑貞、宋維村、徐澄清，1984）

5. 詞界限處理（word boundary；洪蘭、曾志朗、張稚美，1993）

6. 聲韻覺識（phonological awareness）

7. 音碼提取效率

8. 聲韻轉錄（phonological recoding）

9. 連續唸名速度（rapid automatized naming speed; Denckla, 1972; Denckla, 1976; Bowers, 1998; Wolf, 1999）等等。

這樣的嘗試只能提供一個點一個點的說明，但不意味著這些點是個別獨立的，根據這些點，我們還可能構築出更具解釋力的線、面和立體模型。此外，哪些成份可以入選這張「清單」，免不了受研究者學術偏見的影響，但這張清單的主要用意在於「舉例」說明閱讀障礙的研究法，所以，是不是窮舉了「所有的」可能成份，倒不是最重要的事了。以上這幾個成份我們將在第三章有更仔細的討論，並做為後續章節實證研究的理論基礎。

第三節　閱讀障礙研究的四種研究法

　　知道有這麼多的認知成份可能影響閱讀歷程，甚至造成閱讀障礙，研究者可以用哪些設計檢驗各個認知成份與閱讀能力之間的關係呢？以下介紹四種常見的研究法，依序是相關研究法、事後回溯研究法、真實驗研究法與個案研究法。這幾種研究法，可以對各年齡層兒童的各種心理特質進行探討，期待可以描繪閱讀障礙的真實面貌。

一、相關研究法

　　最先要介紹的是相關研究法，此設計探討的是「各種變項間的關聯性（相關）」，從事教育和研究心理學的人常常問諸如「是不是國語成績好的英文成績也好」或「是不是班級人數愈多，學生的學期成績愈差」之類的問題，這樣的問題就是相關研究法可以解決的。相關研究法最大的好處是，當研究者對一個主題所知有限時，相關研究法可以很快的找出幾個重要的研究變項來。例如，假設我們對「影響閱讀能力的因素」所知甚少，我們可以先根據過去的經驗及既有的理論，列出可能影響閱讀的因素如注意力、語文智商、非語文智商、聲韻處理能力、視力、視覺空間能力……等，我們可以設計各種工具，對一群受試者測量閱讀能力及上列各種可能因素，取得資料之後，再求閱讀能力與各種因素之間的相關。如果統計的結果顯示閱讀能力和注意力、非語文智商及視力「沒有相關」，則這三變項就應該不會是影響閱讀能力的因素，將來進一步的研究，就可以剔除這三個因素。而其他與閱讀能力有相關的因素，則需要更仔細的檢驗；這和第一章警察抓犯人案例中的「消去法」道理是一樣的。

　　相關研究法最大的限制在於「不能指出因果關係」。研究者若發現四年級兒童的「聽覺詞彙」和「閱讀能力」成正相關時，我們並不清楚究竟是「聽覺詞彙使閱讀能力提高」，還是「閱讀能力使聽覺詞彙提高」，或

是「這兩者共同受到某因素（如智商）的影響」。

從蒐集資料的時間上來看，相關研究法又可分為「同時性」與「預測性」兩種研究方式。同時性相關研究法是在同一個時段裡，測量研究對象的各種變項，以探討各變項間的關係，前述聽覺詞彙的例子就是「同時性相關研究法」。

如果研究者在兒童的發展過程中先測量 A 變項，過了一段時間後再測量 B 變項，並計算 A 與 B 間的相關，這就是「預測性相關研究法」。雖說兩種相關研究法都不能指出因果關係，但在比較上，「預測性相關研究法」比「同時性相關研究法」更有說明因果的證明力。當理論上有力的指出 A 可能是 B 的因時，就是「預測性相關研究法」的適用時機，因為 A 既是 B 的因，則我們可以推測 A 必在 B 之前發生，若 A 和 B 之間確有高相關存在，則這時我們比較有理由（仍然是間接的理由）做「A 是 B 的因」的推論。再以「聽覺詞彙與閱讀能力的關係」為例，假設研究者先在兒童四歲時測量其聽覺詞彙（A），兒童到四年級時再測量其閱讀能力（B），結果發現兩者間有高相關；因為 A 發生時，B 尚未發生，我們可以確定 A 絕對不受 B 的影響，兩者間的關係既然不是「B 是 A 的因」，則「A 是 B 的因」的可能性就大大提高了。當然，下這個結論仍然必須小心，因為我們沒有辦法排除「A、B 都受到另一個共因 C（例如，家庭背景）的影響」這樣的可能。

二、事後回溯研究法

第二種常見的研究法是事後回溯（ex post facto）研究法，或稱「因果比較研究法」，這種方法主要是先找出兩群在某種（且稱之為 X）特質上不相同的個體，再比較這兩群人在其他各方面特質（Y1、Y2、Y3、Y4……）的異同。在閱讀障礙的領域中，最常見的例子是，研究者先用一種閱讀能力測驗區分出「高閱讀能力」和「閱讀能力低下」的兩群學童，再以種種工具評量各群學童在閱讀相關因素上的差別。例如曾世杰（1996）的研究即根據兒童的「國語文能力測驗」（吳武典、張正芬，1984）分數

區分出一群「閱讀能力低下」的國小五年級兒童，去除智能不足者及文化不利的兒童後，再根據這群兒童的年齡、性別及社經地位，在受試者同班級內找出「一般閱讀能力」的兒童做為配對組。再設計工具測量兩組兒童的聲韻處理、字形處理、聽覺詞彙、詞界限處理、工作記憶廣度……等認知特質，研究結果發現兩組兒童在「字形處理」的效率上並沒有什麼不同，則從邏輯上我們便可以推斷「字形處理」應該不會是造成兩組閱讀能力差別的因素。

事後回溯研究法和相關研究法類似的一點是，它可以「過濾掉絕對不可能的嫌犯」，也可以「留下有關的嫌犯」，但它卻沒有能力直接證明到底哪一個才是元凶；換句話說，這種研究法只能找出相關變項，但卻沒辦法做因果證明。例如，曾世杰（1996）的研究指出兩組兒童在「聽覺詞彙」上有顯著差異，根據這個結果，我們可不可以下結論說「聽覺詞彙的差異導致閱讀能力的差異」呢？答案是「不行」，依照以上對「事後回溯研究法」的說明，我們只能說聽覺詞彙和閱讀能力有相關，但不能說「聽覺詞彙」的能力就是閱讀能力的因；因為相反的結論也是可能的──也許是閱讀能力好的人，讀了比較多的書，這使他們的聽覺詞彙也跟著增強了。

以上的例子是以「同齡」的兩組兒童進行比較，而另外一種的比較方式是以兩組「不同齡」但「閱讀能力相當」的兒童來進行，本文把這種比較的方法稱為「閱讀能力對照組法」。表 2-1 是一個假想的例子，說明了「同齡對照組」與「閱讀能力對照組」取樣條件的差別。閱讀能力對照組在「閱讀年級分數」及「智商」上和「閱讀能力低下組」平衡，也就是說，

● 表 2-1　閱讀研究中常用的事後回溯研究法舉例（修改自 Goswami & Bryant, 1990）

	閱讀能力低下組	同齡對照組	閱讀能力對照組
生理年齡	十一歲（五年級）	十一歲（五年級）	八歲（二年級）
智商	100	100	100
閱讀年級分數	二年級	五年級	二年級

閱讀能力低下組的兒童到了五年級卻只有二年級的閱讀能力，而閱讀能力
對照組就是取二年級的一般讀者充任。

前面說過同齡對照組的研究法，即使發現了兩組兒童在Y變項上有顯
著差異，研究者也無法區辨這Y到底是「閱讀能力」的因？還是果？若進
一步以「閱讀能力對照組」的方法進行研究，仍然發現兩組兒童在Y變項
上有相同方向的差異，則我們就不能說這個差異是「閱讀能力」造成的，
因為閱讀能力在兩組間並沒有不同，亦即，X「比較有可能」是閱讀能力
的因。如果用「閱讀能力對照組」的方式，研究者發現在變項Y1、Y2、
Y3都沒有差異，這樣的結果告訴我們什麼呢？很不幸的，這種結果沒有一
點用處，我們什麼結論都不能下。表2-2整理了「同齡對照」及「閱讀能
力對照」這兩種方法可能得到的各種結果，及我們對這些結果的解釋。洪
慧芳（1993）在她的研究中用的是事後回溯研究法，兩種對照方法她都採
納了，有興趣的讀者可以一讀。

●表2-2　閱讀研究中事後回溯研究法結果的解釋

	同齡對照	閱讀能力對照
正向結果（兩組的Y有差異）	Y變項和閱讀能力有關，但它和閱讀能力的因果不明	Y變項和閱讀能力有關，但閱讀能力的差異不可能解釋Y
負向結果（兩組的Y沒有差異）	Y變項不會是造成兩組閱讀能力差異的原因	不能下任何結論

三、真實驗研究法

真實驗研究法（true experimental design）是所有研究法中最能排除干
擾變項，也是唯一可以確立變項間因果關係的方法。在真實驗研究法中，
受試者以「隨機分派」的方式被分派到各個實驗組別，接受不同的實驗處
理，隨機分派可以在機率上保證各組受試在「接受實驗處理前」是完全相

同的。實驗過程中，研究者控制了所有可能的干擾變項，只讓實驗組與對照組在自變項的處理上有所差異，實驗的最後測量各組依變項的變異情形。因為實驗過程中，實驗組與對照組只在「實驗處理」上有所不同，其他的條件完全一樣，所以，若實驗組與對照組在變項上確有顯著差異，研究者就可以斷定這個差異來自於「不同的實驗處理」。此研究法的基本設計如圖2-2（R表示隨機分派，X表示實驗處理，下標0、1、2表示不同的處理，O表示依變項的蒐集）所示。

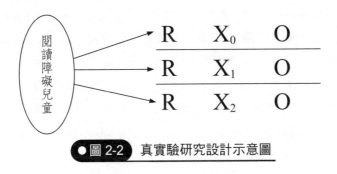

●圖2-2　真實驗研究設計示意圖

　　舉例說明，胡永崇（1995）的研究探討「閱讀後設認知策略」和「閱讀理解」間的關係，他以簡單隨機分派的方式將五十名閱讀障礙兒童分成實驗組及控制組兩組，實驗組接受後設認知策略的教學，控制組則接受與閱讀理解後設認知較無明顯關係的語文遊戲。實驗教學結束後，研究者發現實驗組的閱讀理解表現明顯地優於控制組的兒童，這個結果顯示後設認知策略的教學，對於閱讀障礙兒童的閱讀理解表現，有明顯的促進效果。

　　真實驗研究法仍然有其缺陷，第一，因為要嚴格控制所有可能的干擾變項，所以實驗的情境經常沒有辦法和現實生活中的情境一樣，如此得到的研究結果，是否能推論到現實的情境中？亦即此類研究的「外在效度」頗值得懷疑。第二，這種方法一次能夠檢驗的自變項有限，當實驗的結果支持了某一變項與閱讀能力有因果關係時，這樣的結論並不能推論說其他的變項和閱讀能力就沒有因果關係，因為閱讀能力可能同時受到幾個因素的影響。

四、個案研究法

第四種研究法是個案研究法，個案研究法是對某些「特殊的」或「典型的」個案做仔細而深入的觀察描述，甚至給予適當的處理（如藥物、手術、教學等），並記錄其處理的過程及效果。這種研究方式所得的結果主要有三方面的貢獻：第一，它可以驗證某些理論的說法是否為真；第二，研究者可以根據這些仔細的觀察，為未來的研究提出新的研究假設；第三，許多研究以平均數來代表一群個體，這種研究方式忽略了少數偏離平均值者（outliers）的特性，他們與眾不同的特質及需要，全部都「被平均掉」了。平均數所代表的那個「典型的平均人」，通常不能代表所有的人。太偏離平均值者，研究者就必須以個案研究方式才能進行了解。

底下以「詞彙觸接（lexical access）中是否需要經過聲韻轉錄？」這個問題為例，說明個案研究的重要性。

閱讀歷程中，讀者的眼睛看到一個印刷或手寫的詞（視覺刺激）之後，要經過哪些心理歷程，才能在大腦中的心理辭典（lexicon）中檢索到該詞相關的屬性（如字義、字音）呢？許多心理學家認為，在閱讀過程中，讀者必須把字形轉錄（recode）成聲韻碼（phonological code）的形式才能完成詞彙觸接，但日本學者 Sakamoto 曾提出一個腦傷個案 S. N.，S. N.無法音讀（即唸出字音）漢字，他自陳有如下困難：「……它（字音）已經到嘴邊了，可是我就是唸不出來，但一看到這個字，我馬上就知道它是什麼意思。」（Sasanuma, 1986）亦即 S. N.雖然失去聲韻轉錄的能力，卻仍能完成詞意觸接。在拼音文字方面，Marshall 和 Newcombe（1973）發現有些腦傷病人沒有辦法音讀如 brane 的假字，這樣的假字雖然符合英文的拼字原則，卻在英文詞彙中不存在，健康的受試者可以音讀出此字的字音，上述的病人卻沒有辦法，也就是說，這些病人失去了「看字形唸出字音」的聲韻轉錄能力。不但如此，他們還偶爾會把所見的字錯讀成另一個意義近似的字，如把 daughter 唸成 sister，把 arm 唸成 shoulder，這類的錯誤表示病人在沒有轉錄的狀態下，已經某程度地觸接到字義。這裡所提的腦傷個案

使認知心理學者必須接納「非聲韻觸接」的可能，經過許多研究之後，目前主張拼音文字的字彙觸接可能「經過」或「不經過」聲韻轉錄的雙軌模型成為目前最被接受的模型；這個例子很鮮活地說明個案研究法在閱讀研究法中的重要性。再簡單整理一下這個例子的邏輯：當有理論宣稱：「字彙觸接必須經過語音轉錄」時，只要能發現一個個案不經聲韻轉錄也可以進行字彙觸接，該理論就必須修正。學者們就必須對字彙觸接提出新的模型、新的假設，這樣的過程讓我們對閱讀的歷程有了更進一步的了解。

　　以上四種是最常見的閱讀障礙兒童閱讀歷程的研究方法，研究者可以視需要選用一種或多種方法並運用適當的統計技術，來回答所提出的研究問題。除了適用於上述四種研究方法的統計技術外，對閱障兒童分類或亞型有興趣的研究者，可以同時蒐集受試者多個變項的資料，運用叢集分析（cluster analysis）法，將一群閱讀障礙兒童分成在特質上有差異的幾群亞型。例如，Carr、Brown、Vavrus 和 Evans（1990）以三十四名閱讀障礙兒童為受試，測量他們十六項認知成份能力，再以叢集分析法進行資料處理，結果發現受試者可依其不同成份的得分被分成三組亞型，Carr 等分別將之命名為「一般皆差型」、「主動理解型」與「聲韻轉錄型」，這樣的分類不論在實用或理論上都很有意義，在實用上，教學者據以進行診斷及針對問題給予處方教學；在理論上，又可根據此結果提出種種不同的新假設。

第四節　一個研究實例

　　底下以一個在閱讀研究中非常有名的研究做為例子，這個研究先用「相關法」確定聲韻覺識和閱讀能力間的相關，再用「真實驗研究法」指出，聲韻覺識不但和閱讀能力間有相關，缺乏聲韻覺識的能力甚至會導致閱讀障礙，亦即聲韻覺識是因，閱讀能力是果。

　　聲韻覺識指的是個體對語音內在結構的分析能力，例如，"bat" 這個詞，聽起來是一個完整的音節，把它分析成 /b/、/a/、/t/ 三個語音成份的能力，就是聲韻覺識的能力。從邏輯上推想，如果一個孩子沒有辦法把 "bat"

這個詞分析成 /b/、/a/、/t/，他就絕對無法理解為什麼 "bat" 這個詞要寫成 b、a、t 三個字母，也就是說，他無法掌握英文「字形」和「字音」之間的關聯性，這個解碼的問題可能造成孩子的閱讀困難，過去對「聲韻覺識與閱讀」的研究都是相關性研究，無法直接說明兩者間是否有因果關係，這也就是 Bradley 和 Bryant（1983）的研究動機。

Bradley 和 Bryant 認為，想探究「聲韻覺識」與「閱讀」之間的關係，最好從尚未正式學習閱讀幼兒（以下簡稱幼兒）的縱貫研究著手。以幼兒為研究對象的理由為「如果 A 導致 B，則 A 應在 B 之前發生」，如果幼兒聲韻覺識的能力是閱讀能力的因，則幼兒對語音的敏感度應該會影響他們入學後的閱讀習得。只要樣本夠大，我們預期幼兒聲韻覺識分數將可有效地預測入學後的閱讀分數。如「相關研究法」中所說明的，我們當然也可以測量國小中高級學童的這兩項能力，再求相關，但即使結果有顯著相關，研究者也無法區辨何者為因、何者為果。

相關性研究　Bradley 及 Bryant 先從五百餘名四至五歲兒童中找出四百名完全不識字的人當作受試者，測量他們聲韻覺識的能力。實驗者每次讀三或四個字（四歲的三個字，五歲的四個字）的字串給兒童聽，字串中有一個字的發音和其他的字不同，實驗要求兒童指出哪個音「不對勁」。字串有三種狀況：結尾音素不同（如，bun、hut、gun、sun），中間音素不同（如，hug、pig、dig、wig），和起首音素不同（如，bud、bun、bus、rug）。除了這些，研究者還蒐集了受試者的語文智商和記憶廣度。初測後的四年中，研究者陸陸續續地蒐集兒童的各樣學校成就，但本文只討論最後一次的結果，這時兒童已經八、九歲了；結果學前的聲韻覺識分數仍然可以有效地預測四年後的閱讀成就；此外，聲韻知識和數學成就卻沒有任何相關。經過這麼長一段時間，聲韻知識仍是閱讀能力的有效預測變項，其重要性由此可見。為了除去第一部分相關法因果不清的缺點，Bradley 及 Bryant 設計了第二部分的教學實驗研究。

真實驗研究　從第一部分研究的四百名幼兒中，Bradley 及 Bryant 選出六十五名「高危險群兒童」（聲韻覺識差者），兒童們隨機被分成四組，接受每次二十分鐘，總共四十次，橫跨兩年的教學處理。兒童六歲開始接

受訓練，八歲結束。實驗者教第一組兒童把「有圖的卡片」依其聲韻類別排列，譬如從好幾個圖片中把發音類似的圖片（bat、mat、hat、rat）選出來等。第二組兒童所受的訓練和第一組一樣，但第二年開始，除了圖卡之外，教學者用表徵聲韻類別的字母，直接教孩子各個字母和所表徵語音間的關係。第三和第四組是控制組，第三組被要求根據卡片的語義（semantic）來分類，如哺乳類的動物卡片擺在一起，鳥類的卡片擺在一起等。第四組和其他組兒童有一樣長的時間玩一樣的卡片，但活動和聲韻、語意知識均無關係。為便於閱讀，實驗組和控制組所接受的教學處理，簡述如下：

實驗組（第一組）　玩圖卡，被要求以發音的相似性來分類卡片
實驗組（第二組）　玩圖卡，活動與第一組同，但加上字母、語音的
　　　　　　　　　教學
控制組（第三組）　玩圖卡，被要求以圖卡的語義來分類卡片
控制組（第四組）　玩圖卡，所從事的活動與語音、語義無關

以統計方法去除了年齡和智商的影響之後，接受聲韻訓練的第一組和第二組兒童在兩年後的閱讀和拼字測驗中都顯著超過其他兩組，第二組（加了字母）的優勢尤其明顯，這個優勢只在閱讀和拼音上，實驗組和控制組的數學成就並沒有差別。第一、二組的閱讀成就並無不同，但第二組的拼字分數顯著地高於第一組。兩控制組之間的閱讀及拼字成就則無不同。從這樣縱貫的相關研究和實驗研究所得到的證據讓我們看到，在拼音文字中，學前的聲韻知識確實是學習閱讀的先備條件，兩者間不但有相關，且有因果關係。

Bradley 和 Bryant（1983）的例子在這裡很具體的說明，雖然介紹研究設計時，看起來研究方法是個別獨立的，但是研究者為了檢驗不同的標的，可以在一個研究裡結合不同的設計，此例即為縱貫的相關研究及真實的實驗研究的混合設計。

研究者在本書中將引用本章中的各種研究設計，檢驗各種和中文閱讀障礙有關的變項，以尋找障礙發生的認知致因。

第|三|章

初探：閱讀低成就學童及一般學童的閱讀歷程成份分析研究 [1]

摘要

　　本研究先在台南市及台東市五年級學童中篩選出閱讀低成就學童（以下簡稱弱讀兒童，poor readers）九十四名，再以智力、閱讀能力、社經地位、性別等為配對變項，在弱讀組兒童就讀的班級找出一般閱讀能力的配對組兒童九十四名，兩組共一百八十八名兒童。研究者根據過去中文閱讀歷程相關的文獻，將中文閱讀歷程區分出以下的認知成份：字形判斷、聽覺詞彙、聲母判斷、韻母判斷、聲調判斷、音碼提取、短期記憶中的聲韻轉錄、工作記憶廣度及詞界限處理等，並針對一個成份設計評量工具，施測於上述兩組兒童，最後比較這兩組兒童在各個成份上的差異。

　　研究結果指出，兩組兒童在字形判斷、音碼提取效率上沒有顯著差異，亦即這兩個變項應不會是造成弱讀兒童閱讀理解分數低落的因素。除了以上二項，兩組兒童在所有變項都達顯著差異。以比較大的分類來看，本研究發現「字形視覺處理能力」不會是閱讀困難的致因，弱讀兒童發生困難的可能原因在於「聲韻相關能力」、「工作記憶能力」和「詞彙能力」等

---

[1] 本章修正自曾世杰（1996）。閱讀低成就學童及一般學童的閱讀歷程成份分析研究。載於國立台東師範學院舉辦之「八十五學年度師範學院教育學術論文發表會」會議論文集（頁 209-225），台東市。

等，這和過去一些研究結果近似。研究者對這個發現作出臆測，並針對本研究的限制，對未來的研究提出建議。

第一節　緒論及研究目的

一、關聯性研究法

第二章中研究者已經簡略提到認知成份分析的研究，並舉出九個可能與中文閱讀相關的認知成份。本章的研究的目的則在於「了解一般學童及閱障學童閱讀歷程上的差異」，期能進行初步的了解──到底弱讀學童和一般學童在哪些認知成份上有明顯的差異。在邏輯上，那些「兩組沒有差異的認知成份」，就應該不會是造成閱讀困難的認知成份；而兩組有明顯差異的，就有可能是造成閱讀困難兒童的認知致因，當然這裡只是「有可能」，因為本章研究的設計並沒有辦法回答變項間因果關係的問題。其實有許多閱讀研究都是以關聯性研究（associational studies）方法進行，關聯性研究法包括了相關分析法（correlational studies）及事後回溯研究法，這類研究的優點是可以容易找到與閱讀成就相關的各種因素，缺點是沒辦法確定這些因素與閱讀成就的因果關係。但關聯性研究是個很好的開始，後續的研究者可以根據關聯性研究的結果，刪除不重要的因素，只根據高相關的變項進行教學設計和實驗檢證。

二、研究目的

1. 發展量測各種閱讀歷程的工具。
2. 根據各種工具測得的資料，進行五年級弱讀兒童與配對一般兒童的比較。
3. 找出與閱讀能力相關的成份因素。

第二節　文獻探討

　　過去的研究經常針對某「單一致因」探討其與閱讀能力的關係，但這樣的探索有許多盲點，如果研究設計可以根據既有閱讀研究的發現，列出可能的認知成份，在討論個別成份的意義及研究方法之前，研究者必須先就「認知成份單位的大小」這個抽象的概念提出一些說明。

一、認知成份單位的大小

　　本研究除了嘗試了解閱讀的基本歷程外，最終的目的在服務教育，但如果相關研究所發現的預測變項「太一般性」，或者說「單位太大」，則教育學者無從進行後續的因果研究和教學設計。例如，如果某研究發現「一般智力」是閱讀能力最佳的預測變項，理論上，為了要明白「一般智力」和「閱讀能力」的因果關係，教育學者「應該要」設計一個可以增進「一般智力」的課程，教給實驗組，過一段時間後，再和對照組比較閱讀能力。但「實際上」，教育學者對這樣的發現是無計可施的，因為「一般智力」無法可教，所以這兩者因果關係不可能以實徵的方式檢驗。這是一例，說明成份單位太大的壞處。

　　是不是成份單位愈小，就愈有其教育上或理論上的價值呢？這也未必，例如，許多學者認為「字形碼到聲韻碼間的轉換」（以下稱聲韻轉錄）是閱讀中極關鍵的成份（Liberman, Shankweiler, & Liberman, 1989），因此設計了各種測驗或作業來測量此歷程，問題是這些測驗和作業都不可能只涉及「聲韻轉錄」，勢必要牽涉許多其他的認知過程。假設研究者設計了一項作業——「以視覺方式呈現兩個書寫字，要受試者判斷兩字讀音是否相同，並依其判斷按『是』『否』兩鍵」，實驗測量反應正確率及反應時間。在這樣簡單的作業裡，牽涉到的受試者認知過程會有：受試者理解指導語的能力、注意力廣度、注意力持久度、視覺型態處理的能力、聲韻轉錄能

力、執行動作能力、對自己行為速度和正確性監控能力……等等，聲韻轉錄不過是其中的一項。如果研究的成份愈小愈好，則上述的細部過程都需要一一檢驗。在研究上，這是不可能的，因為每一個上述的「細部」理論上都還可以再細分。這樣研究的發現也難以在教室裡實施，因為教師們早就發現將教學內容「有意義化」的重要性，若教學目標的認知歷程單位過小，教學內容與先備知識的連結便會格外困難。

因此，本章所欲探討的「成份」，均為理論上存在、可以和其他的成份分開（decomposable）的內在歷程，文獻中有些與閱讀能力有顯著相關的因素，如「社經背景」，均不在本章中討論。研究者嘗試設計最能衡量各種成份「功能」的測驗，而不追究更細部的、受試者如何達成該項功能的認知過程。

同時，研究者的學術偏見傾向於將閱讀障礙定義為「文字解碼發生嚴重困難」，也就是由下而上的歷程出現問題；是以諸如「後設認知策略」等由上而下的成份，就不納入本研究中。

二、漢字認知歷程可能成份及本研究測量方法

國內目前對閱障學童的探討，多為影響國語文能力的相關因素研究，諸如家庭社經地位、學校地區、父母教育程度、親子互動、智力……等與閱讀能力的關係（柯華葳，1993），最具規模的當屬 Stevenson 等人（1982）所做中、美、日的跨國研究，這個研究和後續研究（Hsu, Soong, Shen, Su & Wei, 1985）在理論上非常重要，因為它打破了「中文讀者閱讀障礙少」的迷信。但這個研究仍有其限制，它給兒童的測驗是沒有上下文文意的標準閱讀成就測驗，因此真正的閱讀歷程無法測知，到底閱障兒童是在字的分析、字的辨識或是語句的了解上有問題，研究者無法從測驗結果得知（洪蘭等，1993）；亦即，這些以相關方法為主的研究，都沒有直接針對閱讀的認知歷程進行。整理了到目前為止針對漢字閱障學童「閱讀歷程」所做的研究之後，可以看出下列歷程因素可能和漢字閱讀困難有關：

(一)視覺符碼、空間處理

在漢字、詞的辨識歷程的基礎研究中，鄭昭明（1981）發現筆劃簡單的字比筆劃複雜的字有較高的辨識率，鄭氏推測讀者辨認中文字時不是以「全形」為處理單位，若是以形為處理單位，則辨識不在乎筆劃繁簡而在乎是否熟悉字「形」，所以，讀者認字時必先做字的屬性分析。如果這個推論正確，則組成漢字部件的空間位置，對文字辨識將有其重要性，「都」和「陼」的分辨就是一例。郭為藩（1978）、蘇淑貞等（1984）的研究指出閱障兒童會混淆字形，為視覺空間處理的重要性提供了旁證。有趣的是另外的研究卻發現閱障兒童的空間能力（陳美芳，1985）、圖形記憶（洪慧芳，1993）和非閱障兒童並無差別。郭、蘇氏和陳、洪氏發現之間的不一致有兩種可能的解釋：(1)兩者所取的受試樣本不同；及(2)兩者所探索的認知能力不同，有可能陳、洪氏的測驗離漢字辨識的情境太遠，無法有效地做為漢字視覺空間處理的指標。本研究針對第二個可能，在字的層次測量視覺符碼處理的效能，這個測驗又分成真字和非字兩個分測驗，每題中呈現兩字，要求受試者做兩者字形「同」或「不同」的判斷，分別舉例如下：

真字狀況：槁（　　）稿

非字狀況：觫（　　）觫

以上設計要求受試者分析字形的視覺結構，研究者的假設是，如果視覺符碼的處理真的和閱讀能力有關，則閱障學童在此測驗（不論真字或非字狀況）的表現將比一般兒童差，同時此測驗的分數將與閱讀能力成正相關。此外，研究者預期，所有的受試者均將得利於已經學過的字形結構知識，因此在真字組的表現會比非字組好。又，如果受試者的視覺空間處理能力與閱讀無關，則二組的平均分數應無差異。

(二)工作記憶廣度

工作記憶廣度（working memory span）一直被認為和理解歷程息息相

關，因為要理解一個句子，讀者必須將句中每一個字和字的順序暫時存在工作記憶中，以進一步分析語法結構。同理可知，理解一個段落，必須將組成段落的每一句子之大意暫時記著，理解一篇文章，讀者則必須暫時記得每一段落的大意……，這些都牽涉到工作記憶。早期的研究以智力測驗（如 WISC-R）中的數字廣度記憶分測驗來測量工作記憶廣度，但數字廣度測驗只測到工作記憶的「容量」，並未牽涉到「判斷」（computation）的功能。Daneman 和 Carpenter（1980）便設計了兼具「容量」和「判斷」功能的測驗，實驗中使用的句子以錄音帶呈現，每一句子呈現後出現鈴聲，受試者聽見鈴聲必須馬上判斷剛才呈現的句子是對還是錯，受試同時被要求記住該句的最後一個字。等所有句子都呈現完後，受試者必須將所有句子的最後一個字按照順序唸出來。例如，呈現三個句子，「阿里是著名的摔角手」、「公雞不會生蛋」、「貓怕老鼠」，受試者必須在呈現過程中做出「否」「是」「否」的判斷，並且在所有句子呈現後（以兩聲鈴響為記），回答「摔角手、蛋、老鼠」。Daneman 和 Carpenter（1980）不認為過程中的判斷與否很重要，也不認為回憶的順序重要，所以上例中若受試者的回答是「摔角手、老鼠、蛋」也算是得滿分。但 Cunningham、Stanovich 和 Wilson（1990）把「是否判斷」的結果納入考慮，發現這樣測量出來的工作記憶廣度與閱讀能力的相關最高〔與 Daneman 和 Carpenter（1980）的方法，及傳統數字廣度測驗相比〕。

但研究者發現對年幼兒童而言，Daneman 和 Carpenter（1980）的方法記憶負荷太重，兒童記不了幾個項目，這可能是句子呈現時間太長，使兒童記憶印象消褪，因此研究者採用下列方法進行工作記憶的量測。以實例說明：

指導語及題目以錄音帶唸出：

請按照順序唸出以下跳著行動的動物：兔子、烏龜、青蛙、蝴蝶。

1.	1	2	3	4
2.	1	2	3	4

受試者面前有一張答案紙，每題題號後有相等於每題呈現項目數的數目字（只有數字，無記憶項目），受試者被要求在符合題目陳述的項目數上打圈，最後回憶出打圈的項目來。在上例中，兒童要在答案紙的1、3上打圈，而且回憶出「兔子、青蛙」來。回憶的項目數從二到五個，每一題都加上兩個類別外的項目（上例為烏龜和蝴蝶）以避免受試者不做判斷（computation）光是記背（capacity）。

(三)詞界限的處理

詞（word）可以定義成一個完整的意義概念。從這個角度來看，中文的每個「詞」都是由一個個漢字字元（characters）組成，每個「詞」可以是一個「字元」，但也可以由兩個以上的字元組成，例如，「電」是一個詞，「話」是一個詞，「電話」又是另一個詞，目前中文大部分的詞彙都是雙字元構成。中文書寫的詞與詞之間具有相同的距離，不像西方文字那樣，構成一個詞的字母之間沒有距離，只有詞與詞之間才有距離，兒童容易一眼看出「詞界限」（word boundary）在哪裡。閱讀中文的兒童必須要藉助他們既有的「語」彙，以口語的知識、字的識別（sight words）及相關的背景知識來幫助了解文意及做適當的斷詞。閱障兒童卻難以利用語音去把好像不相干的字串起來成為一個有意義的詞（洪蘭等，1993）。

兒童「詞界限」的處理要如何衡量呢？研究者從胡志偉的實驗中得到靈感。胡志偉（1989）要求受試者在一篇九十六字的短文中找反置詞，結果發現，如果將一個詞中的兩個字元倒置（例如，「普遍」變為「遍普」），受試者偵測出它們的機會小於非詞（例如，將「……一家業者則……」中的「者則」變為「則者」）；胡氏（1991）的後續研究中，用更廣泛的實驗材料（三篇論說，三篇敘事文），結果再度支持上述的發現。胡氏推論，對成熟讀者（mature readers）的常態閱讀來說，「詞」才是實際閱讀的單位，而不是「字元」，因此，讀者在見到「遍普」時自動化地讀成「普遍」（未跨字界），而讀到「……一家業則者……」時，因字元順序倒錯處，正好將一個字「業者」拆散（跨字界），使得理解立刻發生困難，所以讀者可迅速偵測出錯誤。

　　本研究為國小兒童設計出程度適當的文章一篇，要兒童在兩種狀況下偵錯。第一個狀況是「未跨詞界」狀態，倒置「詞」中的兩個字元，第二個狀況則是「跨詞界」狀態地倒置句中的兩個字元。有一半兒童將先進行第一個狀況，另一半的兒童先做第二個狀況。研究者預期，擅於「詞界限」處理的兒童，在單位時間內，在「跨字界」狀態中偵得的錯誤，會比「非跨字界」狀態來得多。以下例說明，一般兒童會比較容易找到 a 句中的倒置字元，而比較不容易找到 b 句中的倒置字元。

　　a.「……小明的父在親大學裡當副教授……」
　　b.「……小明的父親在大學裡當副授教……」

　　而不擅處理「字界限」的弱讀兒童，在此兩狀態的差別應不會太大。

㈣聽覺詞彙

　　許多研究指出聽覺詞彙是閱讀能力很好的一個預測變項（洪蘭等，1993）。這個發現並不令人訝異，如前所述，因為在正常狀況下，兒童先學會說話，才開始學閱讀，初習閱讀者只要克服了形碼音碼之間的關係，立刻可以在閱讀時運用原先具備的聽覺詞彙。從這裡看，聽覺詞彙豐富的兒童在閱讀時自然比語彙有限的兒童占優勢。除此之外，具有豐富的聽覺詞彙也意味著具有可觀的世界知識（world knowledge），這在閱讀的「由上而下」歷程中亦可發揮相當的輔助理解功效。值得注意的是，「聽覺詞彙」可能與「閱讀能力」有互為因果的關係，兒童剛開始學習閱讀時，有較豐富的聽覺詞彙，可以有助於閱讀的習得，反之，閱讀能力愈好的兒童，可藉由閱讀學習許多新詞，這也增加了他的語彙。本研究將以修訂魏氏兒童智力量表的「字彙」分測驗，測量兒童的聽覺詞彙能力。

㈤聲韻覺識

　　「聲韻覺識」通常指的是對所聽到的語音，有分辨其內在音素結構的能力。絕大多數的拼音文字研究都顯示聲韻覺識能力是預測兒童閱讀能力的最好指標（Adams, 1990; Brady & Shankweiler, 1991）。Bradley 和 Bryant（1983）更進一步設計課程教導閱障兒童的音韻覺知能力，訓練之後，實

驗組兒童的閱讀和拼字能力都遠超過對照組兒童。曾志朗（1991）對新加坡的雙語兒童進行研究，發現以英文為主的學童，他們的聲韻覺識能力跟中文和英文的成績有高相關，也是中英文閱讀能力的好指標。在以中文為主的學校裡，聲韻覺識能力仍和英文成績有高相關，但它和中文閱讀成績的相關就降到邊緣程度（marginal）。曾志朗推論，聲韻覺識能力的確和拼音教學有關，英文的學童在學習英文時學會了如何分析一個語音的內在結構，然後再把這個能力用到中文的學習上來。洪慧芳（1993）的研究更進一步支持了聲韻覺識在中文閱讀歷程中的重要性，她發現閱讀障礙兒童聲韻覺識能力顯著地比同齡對照組差，可見對只學習一種語言的漢語閱障學童而言，聲韻能力在中文的學習歷程中也可能扮演了重要的角色。

　　柯華葳（1992）以自編的「語音覺識測驗」測量音韻覺知，其中「去詞首」和「詞分類」是用來測量操弄音節的能力，而「去音首」和「音分類」兩分測驗用來評量操弄音素（phoneme）的能力。許多研究音韻知識的學者指出，「音節」的操弄乃人類天生（built-in）的能力，不必在學校學習自然就會，而「音素」的操弄則是極抽象、極人工（artificial）的概念，一定要經過拼音文字的訓練才能學會（Liberman et al., 1989; Read, Zhang, Nie & Ding, 1986）。從最近發展的非線性音韻學（nonlinear phonology）的觀點，學者也認為音素不是自然語言中的基本單位（簡淑真，曾世杰，1994；Fujimura, 1992），而是後天訓練的產物。洪慧芳（1993）的結果亦支持了這個論點——中文閱障者和對照組並不在音節的層次上有差異。因此本研究以自編的「聲韻處理測驗」來評量受試者的音素覺識能力，不再於音節層次測量。此外，聲調（tone）在漢語中具有辨義的功能，雖然國外的研究從未探討聲調覺識與閱讀的關係，但漢字閱讀歷程研究應不能忽略此母語的特色，因此，本研究另外設計「聲調覺識測驗」，檢視兒童的聲調覺識能力。

1. 聲韻處理測驗

　　據研究者的試測，柯華葳（1992）的「語音覺識測驗」對五年級學童的聲韻覺識能力區辨力不高，幾乎每一個兒童都可以全部答對，因此該測

驗不適用於本研究，研究者另以「假音（漢語中不存在的語音，但可以用注音拼出，如ㄈㄠ）」做為聲韻處理能力的測量。使用假音的好處是，受試者不可能利用死記的方式寫出他們熟悉語音的注音符號，只有真正能對語音進行聲韻分節者才可能寫出正確的答案。為避免受試者測試時受到聲調的影響，此測驗所使用的假音聲調都是最容易區辨的一聲和四聲。測驗以團體測驗進行，共有二十題，主試者唸出每一題的假音三次，兒童則將聽到的假音用注音符號寫在準備好的答案紙上（例題請參考表3-1）。為進一步探討聲母、韻母覺知的差別，研究者以三種方式計分，可得到三種分數，分別是「聲母分數（只要聲母寫對即得分）」、「韻母分數（只要韻母寫對即得分）」及「注音分數（聲母韻母都對才算得分）」，答對者每題一分，最高二十分。

2. 聲調覺識測驗

本測驗有二十題，也用假音為材料。這二十個假音中，國音中的四種聲調各有五題。答案紙上事先印好每一題的注音，但在注音的右邊印上一個空的豎括號（例題請參考表3-1），主試逐題唸出假音，每個音唸三次，受試者被要求將所聽到的聲調寫在括號裡。每答對一題得一分，最高二十分。

● 表 3-1 聲韻覺識測驗及聲調覺識測驗例題

測驗名稱	主試唸出的假音	答案紙形式	標準答案
聲韻覺識測驗例題	「第一題，『ㄈㄠ』、『ㄈㄠ』、『ㄈㄠ』」	1.（　　　）	ㄈㄠ
聲調覺識測驗例題	「第一題，『ㄖㄚˋ』、『ㄖㄚˋ』、『ㄖㄚˋ』」	1. ㄖㄚ（ ）	ˋ

㈥音碼提取效率

「音碼提取」指的是個體看到「字形」至觸接到「字音」所需的時間。這個反應時間可反映出個體解碼的自動化程度。依照 Baddeley（1986）的

工作記憶模型，自動化程度愈高，工作記憶將有愈多的資源進行閱讀時必要的理解處理。本研究將依洪慧芳（1993）的實驗方法設計測驗，實驗以中文的同音字對為材料，分兩階段進行：

　　階段一：要求參與者判斷兩個字「字形是否相同？」

　　階段二：要求參與者判斷兩個字「字音是否相同？」

　　依 Posner 和 Snyder（1975）的理論，在第一階段所得的反應時間為 PI（physical identity），在第二階段所得的反應時間是 NI（naming identity），NI 減去 PI 就是音碼提取的速度。在本研究中，PI 及 NI 狀態的實驗材料各有四十八題，由相同的四十八對同音字組成，材料以手提個人電腦呈現，受試者必須分別在兩狀態判斷「這兩字是否同音？」及「這兩字是否同形？」實驗記錄受試者的反應時間（精確至毫秒）及反應的正確率。NI 狀態的反應時間減去 PI 狀態的反應時間就是音碼提取效率的指標。

㈦聲韻轉錄程度

　　「聲韻轉錄」（phonological recoding）在本研究中指的是，個體於自然閱讀歷程中，將字形轉成聲韻碼的程度。認知心理學的基礎研究中，聲韻轉錄通常在「字彙觸接」（lexical access）及「工作記憶」中被探討，一般認為在「字彙觸接」層次，視對字彙的熟悉度而定，讀者可以經過或不經過轉錄（dual access；見 Stanovich, 1992），但在工作記憶的層次，讀者卻一定要經過聲韻轉錄。自然閱讀狀況一定涉及工作記憶，換句話說，一定會涉及聲韻轉錄，本研究所指的聲韻轉錄層次指的是後者，即「工作記憶中的聲韻轉錄」。

　　本研究以注音符號圖卡進行聲韻轉錄程度的量測，測驗內容分為「同韻」及「不同韻」兩類，每類各有五張卡片，每張卡片上有五個注音符號，同韻卡片的內容由ㄅ、ㄆ、ㄇ、ㄈ、ㄉ、ㄊ、ㄋ、ㄌ、ㄍ、ㄎ及ㄏ等十一個具「ㄜ」韻尾的注音符號組成，每張卡片上「注音符號的選取與順序的安排」均考慮「出現頻次」與「出現位置」上的平衡。不同韻卡片則由所有的注音符號組成，注音符號的選取與順序的安排考慮同前，唯每張卡片上的五個注音符號都不同韻。施測時，由施測者呈現卡片給兒童，每張卡

片呈現五秒，以碼錶計時，呈現完後，請受試者將所見的符號依原來的順序由左到右回憶出來，並寫在預備好的答案紙上，受試者必須在正確的位置回憶出正確的符號，才算得分，每一正確的答案得一分，如果無法回憶某位置的符號，可以空下來，兩字組的最高分都是二十五分。研究假設，閱讀程度較高者，會受到較多「同韻」狀態的干擾，而閱讀程度較差者，受「同韻」狀態干擾較小；受同韻干擾的程度，可以從「不同韻分數」減掉「同韻分數」所得的差數看出來。研究者假設，兒童對每一個注音符號的熟悉度是相同的。本研究聲韻轉錄的實驗材料及實驗假設整理如表 3-2。

● 表 3-2　聲韻轉錄的實驗材料及實驗假設

	組成之注音符號	卡片數	實驗假設	統計方法
押韻	ㄏㄅㄎ ㄍㄉ	25	配對組受較多「同韻」干擾，弱讀組受干擾較小	比較兩組的「不同韻分數－同韻分數」
不押韻	ㄅㄩㄙ ㄚㄗ	25		

第三節　研究程序

一、參與者的選取

㈠為什麼選五年級？

　　本章的研究，乃一系列研究的開始，為了以最經濟的方式找出可能影響中文閱讀的認知成份，研究者基於以下理由，先以國小五年級學生為研

究對象進行閱讀歷程研究，擬在區分出影響閱讀的重要「歷程因素」後，未來能再根據研究結果，修正工具，繼續探討其他年級學童的閱讀歷程。

　　本研究以五年級學生為研究對象的理由為：

1. 年幼兒童對各種測驗、處理的反應穩定性較差

　　許多智力發展的研究指出，年紀愈小，測驗的信度愈差，這可能是因幼兒的注意力、理解指導語能力、視動能力等認知的發展未臻完善所致。以注意力為例，因幼兒注意力短暫，研究者所編製的測驗自不得題數過多，題數不多，信度自難提高。若以一、二年級兒童為對象，將使研究者較難有效地量測各種歷程。以五年級兒童為對象，因為對測驗、指導語及各項處理的配合度高，這個問題得以克服。

2. 低年級閱障學童的異質性太高

　　目前所使用的篩選工具係參考國小國語教科書難易度後編成的成就測驗，可以有效區分出國語文能力差的兒童（以下稱閱障學童）。但這樣篩出的二年級閱障學童會是異質性非常大的一群，除了認知、學習、神經學上真正有困難者外，這群兒童還可能包括許多適應較慢的兒童；兒童在小學的第一年花許多時間在學校適應、常規學習、分科教學的熟悉等「前學習」的事項上，這些「前學習」因素對氣質上適應較慢及文化不利者（如沒有上過幼稚園）會造成較多學習上的困難，國語文閱讀成就自然跟著低落。但這類適應問題為主的兒童並非真的有閱讀困難，過了一段時間之後，這方面的問題自然消失。以五年級兒童為對象，可以篩去這樣的兒童。此外，目前國小一、二年級每天只上四節課，每節四十分鐘，扣除上述「前學習」及「非國語科」的教導時間，事實上兒童學習閱讀的時間和內容都十分有限，這個「地板效果」的因素會降低測驗對受試者個別差異的鑑別力，同時也造成閱障學童以他種策略掩飾其閱讀困難的可能。例如，高智商的閱障學童可能無法掌握注音符號表徵的聲韻原則，但在學習內容有限的情況下，他們有可能以強記的方式記下每一字的字形、字音和注音，在測驗中得高分。以五年級兒童為受試者，因每課學習內容過多，不可能再用效率不高的方式學習，測驗便能有效偵出閱讀有障礙的兒童。

3.五年級教科書課文開始取消旁註注音符號

絕大多數的兒童是先會說話，再學閱讀，換句話說，學習閱讀的早期，兒童所具備的「語彙」數遠超過其「字彙」數。在五年級以前，小學課文均旁註注音符號，只要兒童能掌握注音符號的拼音原則，雖不一定認得方塊字，也可以根據注音來觸接其既有的「語彙」，並進而有更高層的理解。因此，注音符號的使用有增加兒童閱讀時字彙的效果。五年級教科書課文開始取消旁註注音符號，在無注音符號的輔助下，對漢字認知有障礙的兒童，將無法掩飾其閱讀上的困難，導師對兒童閱讀能力的觀察，也將更為準確，更具參考價值。

(二)選擇兒童的條件

依據以上的理由，研究者以符合目標取樣方式選取了弱讀組及閱讀能力正常的配對組各九十四名。

1.弱讀組[2]（九十四名）

本研究由台南市及台東市國小五年級學生選取符合下列評準之學童；其中台南市七十名，台東市二十四名，共計九十四名。

(1)瑞文氏標準圖形推理測驗（俞筱鈞，1992）在 PR25（相當於智商90）以上者。

(2)國語文能力測驗（吳武典、張正芬，1984）閱讀理解分測驗低於五年級常模兩個年級以上，即答對題數二十題以下者。

2.閱讀能力正常的配對組（九十四名）

以配對組取樣程序（matched-pair sampling）找出與弱讀組同年齡的對照組，所採用的配對變項為：性別、同班、同母語、同生理年齡、同智力等級及同家庭社經水準。以下針對同生理年齡、同智力等級及同家庭社經

---

[2] 本研究進行時我國學障鑑定標準尚未產生，研究者原來想要選取的是「閱讀障礙學童」，但許多現行定義中的學障評準在當時均未列入選取樣本的考量，故稱為「弱讀組」較為適當。

水準三項做進一步的說明：

(1)同生理年齡：受試者皆為適齡就學，非超齡或提早入學兒童。

(2)同智力等級：本研究將智力大略區分為「中等」（標準瑞文氏百分等級 25 到 75）及「中等以上」（百分等級 75 以上），受試的智力水準處於同一等級者為配對條件。

(3)同家庭社經水準：本研究以受試的家庭社經水準處於同一等級或相鄰的等級為配對的條件。

受試之家庭社經水準是以父母親之教育程度與職業水準加權計算後求得的，在本研究中以父母兩人之中教育程度或職業水準較高的一方為代表。教育程度分為：(1)不識字；(2)小學或未上學但識字；(3)初中、高中或高職；(4)大學或專科；(5)研究所以上等五個等級。在職業水準方面亦分為五個等級，分別是：(1)無技術或非技術工人；(2)技術性工人；(3)半專業人員或一般公務人員；(4)專業人員或中級行政人員；(5)高級專業人員或高級行政人員。根據 Hollingshead（1965）「雙因子社會地位指數」方法，將教育程度乘以四，職業水準指數乘以七，兩者相加後求得家庭社經水準，得分愈高表示家庭社經水準愈高，各級分數如下：第一級：11~18；第二級：19~29；第三級：30~40；第四級：41~51；第五級：52~55。

3.參與者基本資料分析

性別分布：男生（六十二對）多於女生（三十二對），這和過去文獻指出的男生閱讀障礙發生的機率較高一致。

(1)年齡：弱讀及對照組的年齡平均值分別為 131 個月及 132 個月，並無顯著差異。

(2)標準瑞文氏百分等級：弱讀及對照組的標準瑞文氏百分等級平均值分別為 46.7 及 49.1，沒有顯著差異。

(3)家庭社經水準：弱讀及對照組的家庭社經水準分別為 31.6 及 34.1，弱讀組較差，但兩組沒有統計上的顯著差異。

二、資料蒐集

資料蒐集的時間在五年級第二次定期考查至期末定期考查之間，由受過施測訓練的台南師範學院及台東師範學院學生完成。

三、研究工具

本研究所使用及設計的工具整理如表 3-3 及表 3-4。

四、資料處理

1.弱讀和一般兒童在各成份技巧的平均分數的比較。
2.各成份分數與閱讀依變之相關分析。

第四節　研究結果與討論

一、兩組的平均值比較

本研究對弱讀兒童及配對組一般兒童的若干項閱讀認知成份進行探討，一個基本的假定是，如果兩組兒童在第 x 項上沒有差別，這項認知成份就

● 表 3-3　篩選弱讀兒童的評準工具

背景能力	測量工具
智力	瑞文氏標準圖形推理測驗（俞筱鈞，1992）
閱讀能力	國語文能力測驗閱讀理解分測驗（張正芬、吳武典，1984）

● 表 3-4　本研究閱讀歷程成份技巧測驗名稱、性質及其測量方法

成份名稱 （二星期再測信度）	測驗性質	測量方法及例子
視覺符碼、 空間處理（0.74）	速度測驗	要求受試者做兩者字形「同」或「不同」 的判斷，分別舉例如下： 真字狀況：槁（　　）稿 非字狀況：龢（　　）龢
工作記憶 （順序 0.63， 不順序 0.80）	難度測驗	以下哪些是動物呢？請依原來的順序回憶 出來。 斑馬、柳丁、老虎、菠菜、蝴蝶
字界限的處理	速度測驗	找出有字序顛倒的句子 （　　）蟀蟋仍然快樂的唱著（未誇詞界） （　　）蟋仍蟀然快樂的唱著（跨詞界）
聽覺詞彙（WISC 字彙分測驗）	難度測驗	請說明「雨傘」是什麼意思？
音碼的提取效率	速度測驗	兩字同形？PI =（始　使）反應時間 兩字同音？NI =（始　使）反應時間 音碼的提取效率 = PI － NI
聲韻轉錄程度 （0.78）	難度測驗	不押韻序列記憶量－押韻序列記憶量 （ㄅㄩㄙㄚㄚ）－（ㄏㄉㄎㄍㄌ）
聲韻覺識（聲母 0.66， 韻母 0.83，聲韻母 0.60）	難度測驗	唸出假音，要求寫下注音
聲調處理（0.75）	難度測驗	唸出假音，要求寫下四聲

不具區辨「弱讀」及配對組一般兒童的診斷效果。表 3-5 顯示兩組兒童在
這幾項認知成份上的異同。表 3-5 顯示，弱讀兒童與配對兒童在詞界限、
字形處理及音碼提取這三個變項上沒有顯著差異，亦即，此結果指出，這

● 表 3-5　各變項的平均值（標準差）與兩組兒童平均值考驗結果

	全部兒童 （n = 188）	弱讀組兒童 （n = 94）	配對組兒童 （n = 94）	t 或 z 值 （p 值）
閱讀理解	21.41（4.48）	17.69（2.79）	25.13（2.16）	21.28（0.000）
聽覺詞彙	21.62（8.78）	17.82（6.47）	25.41（9.17）	7.22（0.0001）
聲韻轉錄	4.73（4.00）	3.90（3.77）	5.55（4.08）	2.97（0.007）[1]
聲調覺識	13.41（3.59）	12.96（3.57）	13.87（3.57）	2.00（0.048）
聲母覺識	11.47（4.20）	10.52（4.02）	12.42（4.18）	3.83（0.0002）
韻母覺識	13.30（4.45）	12.37（4.75）	14.22（3.94）	3.44（0.0009）
聲韻母覺識	8.35（4.47）	7.18（4.11）	9.51（4.51）	4.50（0.0001）
跨詞界處理	2.78（1.78）	2.21（1.11）	3.35（2.14）	4.67（0.0001）
未跨詞界處理	2.50（1.81）	1.88（1.22）	3.11（2.12）	4.87（0.0001）
非字處理	40.86（8.65）	39.65（9.09）	42.06（8.22）	1.95（0.055）[3]
真字處理	45.11（7.77）	43.84（8.4）	46.36（7.68）	1.83（0.07）[3]
音碼提取效率	311.28（225.8）	330.76（241.12）	291.79（219.89）	1.35（N.S.）[1,2]
工作記憶順	18.33（5.39）	16.99（5.33）	19.66（5.15）	3.42（0.0009）
工作記憶不順	23.32（2.79）	22.95（2.41）	23.69（3.10）	1.92（0.057）
字形處理指標	4.24（9.84）	4.19（9.9）	4.30（9.80）	0.83（N.S.）[1,3]

註 1：數據由兩獨立分數相減而得，不適用傳統的母數統計法，以 Wilcoxon rank sums test 計算兩組平均值的差異，呈現數值為 z 值。

註 2：音碼提取效率有效資料弱讀組僅有八十一人，配對組九十一人。

註 3：因施測錯誤，真字、非字、字形處理弱讀組僅有六十九人，配對組七十人。

三變項並不具有區分弱讀者與配對組一般讀者的區辨力，底下就各個變項間的相關分析做進一步的說明。

二、各變項間的相關係數

　　表 3-6 顯示，以全部受試（一百八十八名）為分析對象時，除了詞界處理、字形處理和音碼提取三成份外，其餘成份均與閱讀理解分數有顯著的正相關，其中聽覺詞彙、聲韻處理（子音、母音、注音）、短期記憶（押韻和不押韻材料的短期記憶）、工作記憶（順序）及詞界偵錯（含跨詞界及未跨詞界皆是）相關較高。

● 表 3-6　各變項之間的相關係數（n = 188）

	1	2	3	4	5	6	7	8	9	10	11	12	13	14	15	16
1. 閱讀	1.0															
2. 聲調	0.22	1.0														
3. 子音	0.29	0.47	1.0													
4. 韻母	0.30	0.50	0.78	1.0												
5. 注音	0.31	0.51	0.92	0.87	1.0											
6. 聽覺詞彙	0.47	0.18	0.27	0.27	0.32	1.0										
7. 押韻回憶	0.32	/	0.22	0.27	0.19	0.20	1.0									
8. 不押韻回憶	0.43	0.29	0.29	0.39	0.32	0.33	0.60	1.0								
9. WM 順	0.33	0.29	0.27	0.36	0.30	0.29	0.21	0.34	1.0							
10. WM 不順	0.24	0.24	0.18	0.24	0.21	0.35	0.21	0.26	0.45	1.0						
11. 聲韻轉錄	0.20	0.26	/	0.20	0.19	0.19	-0.26	0.61	0.20	/	1.0					
12. 詞界處理	/	/	0.19	/	0.19	/	/	/	/	/	/	1.0				
13. 字形[1]	/	/	/	/	0.16	/	/	/	0.17	/	/	/	1.0			
14. 音碼提取[2]	0.17	0.17	/	0.17	/	/	0.16	0.17	0.19	0.16	/	/	/	1.0		
15. 未跨詞	0.34	/	/	/	0.27	0.29	0.23	/	/	/	/	-0.38	/	/	1.0	
16. 跨詞	0.34	/	0.24	0.22	0.24	0.29	0.27	0.22	0.16	/	/	0.33	/	/	0.74	1.0

（所有的相關係數皆達 0.05 顯著水準；/：相關係數未達 0.05 顯著水準）

註 1：僅有一百三十九筆有效資料。

註 2：僅有一百七十二筆有效資料。

　　表 3-7 和表 3-8 分別呈現弱讀組與其配對組各變項間的相關係數，這兩組各變項與閱讀理解分數之間的相關均較表 3-6 低，可能是分組計算後，各組內的閱讀理解分數變異情形變小所致。

　　比較表 3-7 和表 3-8 可觀察到一個有趣的現象——兩組在「詞界處理

● 表 3-7　弱讀組（n = 94）各變項之間的相關係數

	1	2	3	4	5	6	7	8	9	10	11	12	13	14	15	16
1. 閱讀	1.0															
2. 聲調	0.37	1.0														
3. 子音	0.31	0.50	1.0													
4. 韻母	0.29	0.54	0.75	1.0												
5. 注音	0.28	0.52	0.90	0.87	1.0											
6. 聽覺詞彙	/	0.31	/	0.22	/	1.0										
7. 押韻回憶	0.18	/	0.24	0.29	0.21	/	1.0									
8. 不押回憶	0.24	0.28	/	0.29	/	0.22	0.68	1.0								
9. WM 順	0.32	0.33	0.24	0.26	0.21	0.29	/	0.25	1.0							
10. WM 不順	0.34	0.34	/	0.25	/	0.35	0.33	0.31	0.31	1.0						
11. 聲韻轉錄	/	0.21	/	/	/	/	-0.31	0.52	/	/	1.0					
12. 詞界處理	/	/	/	/	/	/	/	/	/	/	/	1.0				
13. 字形[1]	/	/	/	/	/	/	/	/	/	/	/	/	1.0			
14. 音碼提取[2]	0.22	0.40	0.30	0.26	0.25	/	/	/	0.24	0.27	/	/	/	1.0		
15. 未跨詞	/	/	/	/	/	/	0.23	/	/	/	/	-0.58	/	/	1.0	
16. 跨詞	/	/	/	/	/	/	0.26	/	/	/	/	0.45	/	/	0.46	1.0

（所有列出之相關係數皆達 0.05 顯著水準；／：相關係數未達 0.05 顯著水準）

註 1：僅有六十九筆有效資料。

註 2：僅有八十一筆有效資料

指標」與「字形處理」上都和該組的閱讀理解分數無關，可是兩組除了在這二變項有類似的結果外，其他的變項與該組的閱讀理解分數的相關情形正好相反，弱讀組和閱讀理解分數有相關的變項如聲調、聲韻處理、短期記憶、工作記憶等，在配對組中，都和閱讀理解分數無顯著相關。在配對組中，與閱讀理解分數相關的變項僅有聽覺詞彙，而在弱讀組中，聽覺詞彙卻和閱讀理解分數無顯著相關。

　　研究者將在底下進一步討論這個現象。

● 表 3-8　配對組（n ＝ 94）各變項之間的相關係數

	1	2	3	4	5	6	7	8	9	10	11	12	13	14	15	16
1. 閱讀	1.0															
2. 聲調	/	1.0														
3. 子音	/	0.42	1.0													
4. 韻母	/	0.43	0.80	1.0												
5. 注音	/	0.47	0.93	0.87	1.0											
6. 詞彙	0.34	/	0.26	0.20	0.25	1.0										
7. 押韻回憶	/	/	/	/	/	/	1.0									
8. 不押回憶	/	0.25	0.34	0.43	0.35	/	0.43	1.0								
9. WM 順	/	/	0.22	0.40	0.29	/	/	0.29	1.0							
10. WM 不順	/	/	/	/	0.22	0.32	/	/	0.45	1.0						
11. 聲韻轉錄	/	0.26	0.27	0.33	0.33	/	-0.39	0.66	/	/	1.0					
12. 詞界處理	/	/	0.24	/	0.25	/	/	/	/	/	/	1.0				
13. 字形 [1]	/	/	/	/	/	/	/	/	0.22	/	/	/	1.0			
14. 音碼提取 [2]	/	/	/	/	/	/	/	/	/	/	/	/	/	1.0		
15. 未跨詞	0.24	/	/	/	/	0.27	0.23	/	/	/	/	-0.31	/	/	1.0	
16. 跨詞	0.20	/	0.22	0.24	0.24	0.27	/	/	/	/	/	0.34	/	/	0.79	1.0

（所有列出之相關係數皆達 0.05 顯著水準；／：相關係數未達 0.05 顯著水準）

註 1：僅有七十筆有效資料。

註 2：僅有九十一筆有效資料。

三、成份的個別說明及討論

與聲韻覺識相關的成份

1. 聲調（例：「勿ㄥˊ」，請將正確的聲調寫出）

　　弱讀兒童在聲調處理上的平均得分比配對組兒童為低，差異達顯著水準（t ＝-2.00，p ＝ 0.048）。就全部兒童來看，聲調與閱讀理解的相關並不高（r ＝ 0.22），但若將兩組兒童分開來計算，對弱讀兒童而言，聲調處理不但與閱讀理解成正相關（r ＝ 0.37），而且是所有變項中最能預測閱讀理解分數的一個。對配對組一般兒童而言，聲調與閱讀的相關則未達顯著水準。

2.假音處理（例：「ㄇㄤˋ」，請將正確的注音寫出）

本研究將兒童在這方面的反應以三種方式計分，分別測量其韻母、聲母及注音能力（韻母及聲母都正確才計分），結果弱讀兒童在三種計分上都顯著小於其配對兒童（$p<0.001$）。就全部兒童來看，韻母、聲母及注音能力三種計分方式的得分與閱讀理解的相關係數分別是 0.29、0.30、0.31，三者都達 0.001 的顯著水準。若兩組兒童分開來計算，對弱讀兒童而言，三種計分方式的得分與閱讀理解都有顯著正相關，係數分別為 0.31、0.29、0.28，結果和以全部兒童（n = 188）為計算基礎的情況非常類似。但是，對配對組一般兒童而言，此三者與閱讀理解的相關全部未達顯著水準。

討論　本研究中，聲韻能力相關變項的研究發現可以歸納成兩點：第一，弱讀兒童與配對兒童在聲韻能力上確有差異；第二，弱讀兒童的聲韻變項可以預測其閱讀理解分數，配對兒童的聲韻變項和閱讀理解則無相關，就全體兒童而言，聲韻變項與閱讀理解之間的相關與弱讀組的情況類似。Stanovich、Cunningham 和 Cramer（1984）指出，聲韻知識與閱讀能力的相關程度隨兒童年級的增加而下降，年級愈高，相關愈低。這個結果指出一個可能：聲韻處理能力是一個閱讀的必要條件，初習閱讀的兒童若無法習得聲韻能力，閱讀理解便無法順利進行，而在聲韻能力發展的初期，兒童對此能力的掌握個別差異較大，這使聲韻能力與閱讀理解有較高的相關。而高年級的兒童普遍對聲韻能力有較佳的掌握，都能達到一定的水準，此時由於第一，兒童間聲韻能力變異情形的降低，及第二，「由上而下」（利用先備知識、閱讀策略等）閱讀歷程的介入，造成聲韻能力與閱讀理解間的相關降低。

在本研究中，弱讀組與配對組兒童聲韻能力與閱讀理解間相關情形的不同，從上述的觀點也可以得到合理的解釋：配對組的兒童已跨過「聲韻能力」的門檻，進入不同的閱讀層次，而弱讀兒童雖然已經五年級了，但對聲韻的處理仍有困難，其狀況類似低年級的兒童，是以聲韻能力與閱讀理解成正相關。

3.短期記憶中的聲韻轉錄（例：「ㄏ、ㄉ、ㄎ、ㄍ、ㄌ（押韻）」與「ㄅ、ㄩ、ㄙ、ㄚ、ㄗ（不押韻）」的序列記憶比較）

　　配對兒童在「不押韻狀況」及「押韻狀況」的回憶量都顯著大於弱讀兒童。兩組兒童在序列記憶成績都是「不押韻狀況」比「押韻狀況」好，亦即兩組兒童的序列記憶成績都受到押韻的干擾，都有聲韻轉錄的現象。若將「不押韻狀況」得分減去「押韻狀況」得分，則可得到聲韻轉錄指標（差距大表示愈受同韻的干擾），結果發現配對兒童的聲韻轉錄指標顯著大於弱讀兒童（$p<0.01$），由此推論，配對組一般兒童短期記憶中聲韻轉錄的程度比弱讀兒童強，更容易受到同韻的干擾。

　　討論　本研究指出，不論弱讀或配對組兒童，在短期記憶中均有聲韻轉錄的現象，但是和弱讀兒童比較起來，配對組一般兒童的短期記憶受到較多「押韻」的干擾，亦即配對組一般兒童聲韻轉錄的程度比弱讀兒童明顯。國外這類型的研究結果並不一致，有些研究結果和本研究相同（如Mann, Liberman, & Shankweiler, 1980; Siegel & Ryan, 1988），但也有研究指出配對組一般兒童和弱讀兒童同韻材料干擾短期記憶回憶量的程度沒有差異（如Morais, Cluytens, Alegria, & Content, 1986）。對此不一致的結果，Goswami和Bryant（1990: 82）的建議是，「有太多的外在因素可能造成負向結果（兩組無差異），因此正向結果（兩組有差異）會更有價值些」。弱讀兒童短期記憶中聲韻轉錄的程度不如配對兒童，聲韻轉錄程度與閱讀理解的因果關係究竟如何，本研究的設計無法回答，這裡能下的結論只是「聲韻轉錄可能是閱讀理解的致因」。

4.音碼提取效率（例：呈現「始　使」，要求兒童判斷兩字「是否同音？」及「是否同形？」前者判斷時間減去後者的判斷時間）

　　表3-9呈現音碼提取效率（以下簡稱音碼效率）及實驗的錯誤率，由此表可看出，兒童對所使用的所有刺激字並不感到陌生，判斷的錯誤率僅在3.2%到8.3%之間。本實驗電腦程式計時單位為毫秒（千分之一秒），

● 表 3-9　兩組兒童同形字對及同音字對判斷的描述統計值

組別（人數）	實驗作業	平均答對題數（SD）	錯誤率	音碼提取效率（SD）（即同音－同形）
全部（187）	是否同形？	46.46（2.85）	3.2%	311.28（225.83）
	是否同音？	45.16（3.61）	5.9%	
弱讀（93）	是否同形？	46.45（2.43）	3.2%	330.76（241.12）
	是否同音？	44.04（4.35）	8.3%	
配對（94）	是否同形？	46.46（3.23）	3.2%	291.79（219.89）
	是否同音？	46.27（2.18）	3.6%	

受試者稍微分神、遲疑或誤觸鍵盤，反應時間即與平均值相差數百甚至數千毫秒，亦即本實驗結果極易受注意力所造成的極端反應時間影響。為避免此因素的干擾，在進一步統計運算前，研究者先逐一審視各筆資料，根據形碼及音碼的平均反應時間及標準差，研究者以「大於 2000（毫秒）或小於 400」的原則過濾掉極端反應時間。結果，從「見到形碼」到「觸接音碼」的平均反應時間，在弱讀組（330.76 毫秒，SD = 241.12）與配對組（291.79 毫秒，SD = 219.89）並無顯著差異（參見表 3-5）。相關分析顯示，音碼提取效率在配對組樣本中，與所有的研究變項都無顯著相關。但在弱讀兒童中，音碼提取效率與閱讀理解、聲母、韻母、注音（聲韻母均答對才計分）、兩種工作記憶分數，均達顯著相關。若以全部兒童為計算基礎，音碼提取效率與閱讀理解、聲母、注音、兩種工作記憶、押韻與不押韻的序列回憶有相關，但顯著水準降到邊緣程度。

　　討論　兒童的錯誤率都不高，除了弱讀兒童在「是否同音」判斷錯誤率達 8.3% 之外，兩組兒童錯誤率都在 3.6% 以下，可見兒童對實驗使用的漢字都相當熟悉。從音碼提取效率均為正值可看出兩組兒童在做「是否同音」的判斷時，用了比「是否同形」更長的時間。再看錯誤率，「是否同音」的錯誤率都比「是否同形」來得高，亦即從判斷的時間和錯誤率看來，

「是否同音」都比「是否同形」的判斷用更長的時間，這和研究者的預期一致。唯這兩組兒童的音碼提取時間（即「同音時間－同形時間」），未達統計顯著水準（z = 1.35，$p>0.05$），這可能是本研究所用之文字與其相對應語音的配對，對兩組兒童而言都一樣熟悉，是以兩組兒童在「同音」與「同形」的判斷時間並沒有不同。

再看表 3-7 和 3-8 的相關分析，我們再一次看到，配對組兒童的音碼提取和閱讀理解之間的相關並不顯著，但對弱讀兒童而言，音碼提取和閱讀理解相關達顯著水準（r = 0.22，$p<0.05$）。研究者的解釋是，配對組的閱讀理解已跨過「解碼」的門檻，是以音碼提取這個解碼的基礎步驟與其他的變項不再有相關。但對弱讀兒童而言，其閱讀理解仍然需要耗用大量的認知資源與低階的解碼，因此，只就弱讀兒童來看，音碼提取的效率和閱讀理解及其他相關變項存在正相關。

5. 工作記憶

研究者以兩種記分方式計算工作記憶的得分，一是回憶的「內容」及「順序」都正確才給分（稱WM順），另一是只要回憶的內容正確就給分（稱WM不順）。研究結果發現，在WM不順的狀況下，弱讀者與配對組無顯著差異，但在WM順的狀況中，弱讀者與配對組的回憶廣度有顯著差異（t = 3.42，$p<0.001$）；顯然「順序」的要求帶給弱讀者較大的認知負荷。工作記憶和閱讀理解的相關僅在以「弱讀組」及「全部兒童」為計算樣本時，才達顯著水準，在配對組中，工作記憶與閱讀理解的相關並不顯著。

討論 許多文獻指出弱讀者短期記憶的量顯著地小於同齡的一般讀者（Mann et al., 1980; Liberman, Shankweiler, & Liberman, 1989; Shankweiler, Smith, & Mann, 1984; Wagner & Torgesen, 1987），但此現象只有在記憶的材料為「字詞」或「有名稱的物件」（nameable objects）時才存在。當記憶的材料是無意義的圖形和不認識的人臉時，弱讀者和同齡一般讀者的系列回憶量就沒有差異（Katz, Shankweiler, & Liberman, 1981; Liberman et al., 1982）。本研究以具象的名詞為回憶材料，發現弱讀兒童在講究順序的工

作記憶容量顯著地小於配對組兒童,與上述各家的發現一致。

6.字形處理(真字情況答對題數－非字情況答對題數)

表 3-10 呈現兒童在真字及非字兩種狀況的平均答對題數,弱讀者及配對組在真字狀況的得分都顯著大於非字狀況($p<0.01$),paired-t 值分別為 4.91 與 5.04。亦即兒童在做字形判斷時,確實受到字形熟悉度的影響,判斷熟悉的真字比不熟的非字快了許多。但兩組的非字處理沒有顯著差異(paired-t = 1.95,$p>0.05$);兩組的真字處理也沒有達顯著差異(t = 1.83,$p>0.05$)。從這個結果看來,兩組兒童的字形處理能力並無差別。此外,字形處理指標和閱讀理解及其他所有變項均無相關。

● 表 3-10 兒童每分鐘真字、非字字形判斷平均字數(SD)

	弱讀組(n = 70)	配對組(n = 70)	全部(n = 140)
真字狀況	42.91(8.11)	46.19(7.78)	44.55(8.09)
非字狀況	38.00(9.03)	40.18(8.22)	39.09(8.55)

說明: 1.全部題數為六十題,以上數據為九十秒時限內答對題數。

   2.因研究程序有誤,二十四名兒童此測驗的資料不能使用。

討論 直覺地推測,閱讀是一種視覺的活動,字形的辨別在閱讀歷程中應該占有「必要條件」的重要地位,亦即「字形辨別有問題,閱讀歷程即有問題」應該是不辯自明。值得注意的是,此推論的意義並不等同於「閱讀障礙的原因出自於視知覺的困難」──因為有可能所有的兒童都沒有這個困難。

本研究分別以「真字」和「非字」測驗來測量兒童的字形辨別能力,非字測驗材料和真字測驗相同,唯一的差異在於非字把真字「左右」兩部件以「右左」的方式呈現,兩組兒童對真字的熟悉度或有差異,但兩組兒童對實驗中所使用的非字都是生平首見。研究結果指出,配對組兒童在真字狀況表現顯著比弱讀兒童好,但在非字狀況則無差異,這個結果可以合理地用「對字形的熟悉度」的解釋來說明:一般組兒童閱讀能力較佳,閱

讀經驗較豐富，對字形的熟悉度也比較好，在真字測驗中，自然贏過閱讀經驗較少、對字較不熟悉的弱讀兒童。非字測驗則可說是比較純粹的視覺判斷作業，兩兒童對字形熟悉度的差異既經控制，在比對作業中的表現差異便隨之消失。

這個結果並不在意料之外，許多國外關於「視知覺處理」的回顧文獻也指出，初習閱讀有困難的兒童之視知覺能力與配對組一般兒童並無差異（Benton & Pearl, 1978; Stanovich, 1981; Vellutino, 1979），洪慧芳（1993）、陳美芳（1985）以台灣兒童為對象的研究也有相同的發現。總之，雖然本研究的受試者閱讀的是字形複雜的漢字，但研究結果仍支持「閱讀困難不是因字形處理困難而起」的說法。

7. 詞界限處理

這一部分的研究假設參與者在「跨詞界」的狀況下較容易發現字詞倒置的錯誤，在「未跨詞界」的狀況下較不容易發現，若詞界限處理能力優劣確能造成閱讀能力的差異，研究者預期弱讀兒童在跨詞界與未跨詞界兩狀況間的差異將有別於配對組，配對組兒童在兩狀況的表現差異應大於弱讀組，Wilcoxon 無母數考驗結果指出，這個論點未獲得支持（z = 0.43, $p>0.05$）。本研究所用之詞界限處理測驗有設計不當之處，研究結果先予保留。請參考第五節表 3-12 與相關的討論。

8. 聽覺詞彙

正常的兒童先會說話才學閱讀，在能閱讀之前，兒童早就擁有許多聽和說的詞彙，這些詞彙隨著年齡增加，本研究稱之為「聽覺詞彙」。理論上，個別兒童聽覺詞彙的豐富程度與閱讀發展之間有互為因果的關係，有較佳聽覺詞彙對兒童閱讀理解較為有利，而閱讀理解較佳者其詞彙的增加也會較快（Perfetti, 1985）。依此預測，兒童到了高年級，弱讀組和配對組的聽覺詞彙應該會有差異，本研究的結果支持了這個預測（$p<0.0001$）。在相關分析中，以「所有兒童」和「一般組兒童」為計算樣本時，聽覺詞彙分數與閱讀理解均達顯著相關，這也和理論的預測相符。但單就弱讀兒童來看，聽覺詞彙與閱讀理解未達顯著相關，研究者的推測是弱讀兒童聽

覺詞彙的變異較小,標準差只有 6.47(而配對組是 9.17),因而不容易達到顯著相關。

第五節　綜合討論:研究限制及建議

一、主要發現及弱讀學童閱讀困難起因的臆測

　　為了閱讀的方便,表 3-11 重新以非數字的方式整理了第四節的結果。因為工具設計上的疏失,研究者將「詞界限處理」從成份列中剔除,其原因將在「研究上的限制與建議」中說明。

　　本研究發現,在單變項的比較上,弱讀及一般兩組兒童在字形判斷及音碼提取效率等二變項上沒有差異,亦即這二變項應該不會是造成弱讀及配對組兒童閱讀理解分數差異的因素。除以上二項之外,兩組兒童在所有的變項都達顯著差異。以比較籠統的分類,本研究發現「字形(視覺)處理能力」不會是閱讀困難的致因,弱讀兒童發生困難的可能原因在於「聲韻相關能力」、「工作記憶能力」和「聽覺詞彙能力」。

　　換句話說,可能導致兒童閱讀困難的因素似乎不在低階的「知覺」處理過程如「視覺字形辨別」的部分,而在於較高階的「語言學」或「心理語言學」的心智處理部分。

　　另一個有趣的發現是,中文的「字形—字音」關聯雖不像拼音文字般直接,但中文的閱讀仍與「聲韻能力」有關,這些結果和國內(如洪慧芳,1993)、國外(如 Liberman et al., 1989)過去的研究結果相當一致。

　　對這些結果的理解,研究者提出二個值得注意的地方:(1)以上的說法並不能等同於「中文閱讀與視覺字形處理無關」,本研究結果顯示,真字處理效率和閱讀理解成正相關,只是弱讀兒童與其配對兒童在字形處理上並沒有顯著差別;(2)根據國外的閱讀模型,「聲韻相關能力」和「工作記憶能力」有密切的關係,本研究的結果也支持這個看法,到底兩能力之間

● 表 3-11 以非數字方式表達的研究結果

成份名稱	弱讀 vs 配對組 在此成份是否有差異	與「閱讀理解」的相關	
聲調處理	*	全部兒童	*
		弱讀兒童	*
		配對兒童	N.S.
聲韻（假音）處理	*	全部兒童	*
		弱讀兒童	*
		配對兒童	N.S.
押韻與不押韻 短期記憶	*	全部兒童	*
		弱讀兒童	*
		配對兒童	N.S.
音碼提取	N.S.	全部兒童	*
		弱讀兒童	*
		配對兒童	N.S.
順序工作記憶廣度	*	全部兒童	*
		弱讀兒童	*
		配對兒童	N.S.
字形（視覺） 處理能力	N.S.	全部兒童	N.S.
		弱讀兒童	N.S.
		配對兒童	N.S.
聽覺詞彙	*	全部兒童	*
		弱讀兒童	N.S.
		配對兒童	*

註：*表示兩組有顯著差異；N.S.表示兩組無顯著差異。

的關係如何，本研究的設計無法回答，尚待探討。

再看相關分析的部分。邏輯上推想，如果某一成份真的是造成「弱讀

兒童」及「配對兒童」閱讀能力差異的致因，則兩組兒童除了在該成份會有顯著差異外，這個成份也應該和「閱讀理解」分數成正相關。本研究將「全部參與者」、「弱讀兒童」及「配對兒童」為分析對象時，表 3-11 中達顯著差異的五個成份都和「閱讀理解」達顯著正相關。有趣的是，「配對兒童」在其中的四個成份（聲調、聲韻、押韻與不押韻短期記憶、順序工作記憶廣度）與閱讀理解分數的未達顯著相關，「弱讀兒童」在上述四成份與閱讀理解分數的相關情形，則與「全部兒童」類似。唯一的例外成份是「聽覺詞彙」，配對組與全部兒童的此成份都和閱讀理解分數成正相關，弱讀兒童的相關則未達顯著水準。

研究者對上述現象提出一個與解碼相關的「自動化門檻說」來解釋：閱讀能力正常的配對組兒童，前四成份的認知處理過程已經跨過自動化門檻，只要跨過了這個門檻，這些成份就不再和閱讀理解成顯著相關。反之，弱讀組解碼能力較差，仍然在「自動化門檻」前努力，所以其分數變異情形和閱讀理解息息相關。至於唯一例外的「聽覺詞彙」，它的測量方式與其他四成份比較起來，是唯一較偏「長期記憶」，而不涉及「文字解碼自動化」與「短期保留」的，其訊息處理的方向比較偏向於「由上而下」，其他的四成份則比較偏向「由下而上」，而且，理論上聽覺詞彙的能力是無上限的，其他成份都有其上限。除此之外，從發展上看，聽覺詞彙和閱讀能力之間的關係可能是相生相因的，它先對初習閱讀者有正向指導作用，閱讀能力提升之，兒童經由閱讀也提高了聽覺詞彙的能力，如此周而復始，循環不絕。反之，弱讀兒童聽覺詞彙與閱讀理解的相關情形，也可以從這個角度得到合理的推論——弱讀兒童的聽覺詞彙尚未達到「對閱讀有正向影響」的情況，所以與閱讀理解無顯著相關。

二、研究上的限制與建議

本研究在結果解釋及推論上的限制來自於「研究工具」及「研究設計」兩方面，以下分別討論之。

*1.*工具上的限制：第一個限制來自於工具的設計。有三項成份的測量

是以兩種不同的工具所測得的分數相減而得，如詞界限（跨詞－未跨詞）、音碼提取（同形－同音）及聲韻轉錄（不押韻－押韻）等，這樣的設計有一個缺憾，當受試者在兩種不同工具的表現相關很高時，兩種分數相減，所得的差能夠解釋閱讀理解的可能事實上大為降低，而且這樣得到的差，已不能符合母數統計的基本假定，只能以無母數的檢定方式檢驗兩組之間的差別，許多連續性的資料被轉換成次序性的資料，相當可惜。若未來的研究可以設計單一的評量工具，而不必以相減的方式處理，當可減少此問題。

2. 研究設計：在詞界線偵錯的測驗中，經過再三的審視資料，研究者發現跨詞狀與未跨詞狀況的比較是有問題的，因為兩狀況中每一詞句的錯誤數並不相等，在跨詞組中會產生兩個錯誤目標，但在未跨詞組中只有一個；如此，在解釋受試者在兩種狀況中的偵錯差異，根本不用訴諸於「跨組」或「未跨組」，只要以「錯誤數的多寡」就可以解釋。這是研究工具設計上的缺失，建議的修正方式是讓兩種狀況的錯誤數目相同，如表 3-12 所建議的例子，以排除「錯誤數多寡」此一混淆變項的干擾。

● 表 3-12　本研究設計測驗發生的錯誤及建議修正方式

	跨詞狀況舉例	錯誤數	未跨詞狀況舉例	錯誤數
本研究測驗	蟋仍蟀然快樂的唱著	2	蟋蟀仍然快樂的唱著	1
建議修正方式	蟋仍蟀然快樂的唱著	2	蟋蟀然仍快樂的唱著	2

第二篇

聲韻覺識與中文閱讀障礙

第|四|章

聲韻覺識歷程與閱讀障礙：文獻探討

❖ 摘要 ❖

　　過去三十幾年在拼音書寫文字系統的研究，學者們一再指出「聲韻覺識」的困難是導致閱讀障礙的最主要原因，這個結論已廣為教育及心理學界接受。我們也見到第三章中文閱讀歷程成份分析的研究結果中，聲韻覺識相關變項在兩組間有顯著差異，和拼音文字的結論相當接近。為了更進一步了解聲韻覺識的本質，本章將引介聲韻覺識的概念與重要文獻，本章分為六節，深入討論聲韻覺識、工作記憶與唸名速度的定義，及彼此之間錯綜複雜的關係。

第一節　聲韻知識與聲韻覺識

　　在進一步說明「聲韻覺識」之前，研究者先說明何謂「聲韻知識」。

一、聲韻知識

　　受到 Chomsky（1965）的「語言習得機制」（language acquisition device, LAD）概念的影響，許多語言學家把語言視為人類種內特有的（speciespecific）的行為，動物的溝通方式和人類的語言不只是在傳遞的訊息「量」上有差別，在「質」上也有根本的差異。根據 Liberman 等人（1989）的見解，動物在溝通時，只能以一個訊號（視、聽、嗅不拘）表示一個特定的意義，例如白尾鹿舉起尾巴，只能傳遞一種意義——「危險」，牠們沒辦法把幾個訊號排列組合，傳遞複雜程度不等的訊息，這種溝通方式，使動物能夠產生、使用的意義非常有限，新的訊號／意義連結的學習也相對困難。

人類的溝通卻不是這樣。人類的發聲器官可以極快的速率發出數目有限的「語音成份」，而神經系統中有一個管理者，依循「某個原則」管理這些「有限的」語音成份，使這些「有限的」成份可以排列組合成「無限多個」可能的詞（words），這個對語音成份「排列組合」的潛能，就是人類的「聲韻規則」。根據 Liberman 等人（1989）的說法，此乃與生俱來的、人類獨有的語言能力中之一項，它在認知過程中的運作完全自動化，說話的人毫不費力就可以進行。而這個能力是如何習得的呢？Liberman 等人（1989）接納了 Chomsky 的 LAD 假說，認為神經系統正常的幼兒只要暴露在足夠的語言環境下，聲韻能力就可以自然發展出來，並不需要刻意去學；換句話說，每一個人只要會說話，都已具備該種語言的聲韻知識。

二、聲韻覺識

聲韻覺識的原文為 "phonological awareness"，"awareness" 也可以譯成「覺察」，但是「覺察」在中文裡經常被當成動詞，不符本文的題旨，因此譯成「覺識」，比較像是個名詞。前段文字說明，每一位能說話的人，都具備聲韻知識，但這並不表示每一位能說話的人都可以覺察到自己具有這種知識，這種「不知亦能行」的現象，在人類的認知過程中屢見不鮮；例如，我們聽到一個外國人說了一句中文：「她很美麗的」就會覺得怪怪的，會給建議說，這個句子不該加「的」，「她很美麗」就可以了。可是再問老中為什麼？絕大多數的老中，即使說了幾十年中文，也說不出個道理來。在此，這老中雖然具備有中文語法的能力（他不會說出不合文法的

句子），但他卻對中文語法的內在結構沒有覺識。

　　聲韻覺識可以定義成：人類對自然的、連續不斷語音之內在結構的認識，簡言之，即「個體對語音內在結構的後設認知」。心理語言學實驗中所謂的聲韻覺識，常操作定義成「個體操弄語音中聲韻音段（phonological segment）的能力」，在實驗的作業上，所謂的操弄，包括區隔（segmentation）及混合成音（blending）兩種能力。

　　所謂語音的內在結構，根據 Goswami 和 Bryant（1990），尚可細分為音素（phoneme）、首尾音（onset and rime）和音節（syllable）三個層次，其中「音節」的單位最大，音素的單位最小。根據他們的概念，研究者舉出表 4-1 中幾個中英文字的例子，以便說明。

● 表 4-1　字音分節的三種層次：中文與英文的例子

			單位愈來愈小，愈來愈抽象 ⟶
字	音節	首尾音	音素
「家」	ㄐㄧㄚ	ㄐ-ㄧㄚ	ㄐ-ㄧ-ㄚ
「拆」	ㄔㄞ	ㄔ-ㄞ	ㄔ-ㄚ-ㄧ
"cat"	Cat	k-at	k-a-t
"string"	String	Str-ing	S-t-r-i-n-g

　　從表 4-1 中的「家」例，可看出注音符號把「音素」表徵出來了。再看「拆」例，我們發現注音符號表徵的單位不全是音素，「ㄞ」還可再分成「ㄚ」和「ㄧ」兩個音素，「首尾音」的概念倒比較適合用來描述如「拆」般的例子。換句話說，我國國小閱讀教育所使用的注音符號在某些狀況表徵「音素」，在另外一些狀況表徵「首尾音」。音素是最抽象的單位，西方的閱讀研究也對它最感興趣，咸認音素的能力與學習字母原理（alphabetic principle）息息相關。而且，根據 Yopp（1988）和江政如（1999），測量聲韻覺識時，操弄的單位各個研究不同，依常見的機會排

序分別為：音素、音節、首尾音都有。操弄的方式，有的作業只需要比對，但有非常重的工作記憶負荷；有的作業是紙筆測驗，用聽寫或選擇題的方式進行；有的則只需要口頭回答。Yopp（1988）的實證研究指出音素分割（phonemic segmentation）和刪音（phoneme deletion）測驗與兒童的閱讀變項相關最高，聲韻覺識相關的實證研究絕大部分也都是在測量「音素」層次的操弄能力。因此，以下我們將先對「音素」這概念進行較仔細的探究。

第二節　音素：語音的最小單位？

一、什麼是音素？

假如我們能夠列一張單子，把某種語言中所有可能的聲音通通寫上去（這事實上是不可能的，每一種語言都包括無限多種的聲音，因為沒有人可以發出完全同樣的聲音兩次），這張單子能夠幫助說母語者（native speakers）來明白這些聲音的價值嗎？答案恐怕是否定的，每一種語言中，總有一群一群的聲音被視為相同的聲音，譬如，英文中，"pin" 和 "spin" 的 /p/ 稍有差異，前者是送氣（aspirated）的，後者不送氣，雖然在語音學（phonetics，研究語音物理性質的學問）上，這兩個音並不一樣，可是以英文為母語的人卻不認為這兩音不同，英文中送氣的 /p/ 和不送氣的 /p/，都是用字母 p 來表徵。講 Hindi（印度的一種方言）的人，卻絕對不能忽視這兩音的差異，因為有送氣的 /p/ 和沒送氣的 /p/ 加上母音之後，在 Hindi 中可能造成意義完全不同的兩個字。

以上的說明到底告訴了我們什麼呢？第一，每一種語言都包含無限多種物理聲音；第二，人類的認知結構，並不把這個「無限」當「無限」來處理，無限多個聲音被歸成有限的、一類一類的語音群；第三，語音分類的原則並不只是依據其「物理屬性」，而是根據各種語言使用者的語言習慣來分。

研究人類的認知過程（及結構）如何替這些物理屬性各異的聲音做心理學的分類，這就是「聲韻學」的主要研究課題之一。

聲韻學的研究是從歐洲開始的，歐洲的語言系統在單字的層次，不像我們中文有聲調的變化，早期的聲韻學家就以他們的語言系統為對象，進行研究語音分類的研究。他們想知道「人類有沒有什麼自然的語音元素？所有的語言都可以用這些元素組成？」找了半天，他們的答案是「音素」。聲韻學家常用「最小對比詞」（minimal pair）在操作的層次來界定音素，最小對比詞實施起來相當容易，先找到一個母語使用者，唸兩個相近的音給他分辨「這兩音是否是同一個字？」這兩個字除了一點點的差別之外，幾乎完全相同，而就因這個音的不同，這兩個字就有不同的意義。漢語中「爸」和「怕」，唸起來只有 /b/ 和 /p/ 不同，但聽到這兩個音，說漢語者一定做一個「不同！」的判斷，語言學家就把「怕」和「爸」看成一個「最小對比詞」，換言之，我們知道 /b/ 和 /p/ 是兩個不同的音素。同理，英文的 "bin" 和 "pin" 也形成一個最小對比詞，在這裡 /p/ 和 /b/ 則是兩個截然不同的音素。

其實早在聲韻學發展之前，人類就發現了音素的概念，而且有相當好的應用——拼音文字就是這個發現的最好例證。印歐語系的拼音文字都是表徵音素的，拼音文字的最小單位就是音素，所以，音素會成為聲韻學研究的重點，是可以理解的。

「音素是拼音文字的最小單位」是不是等同於「音素是自然語音的最小單位」呢？最近聲韻學的研究結果開始懷疑「音素」這個概念到底是不是「自然地存在」（built-in）人類的語言系統中（Kaye, 1989）。

二、音素並非人類的自然語言成份：非線性語音學的觀點

Kaye（1989）的書《Phonology: A cognitive view》，對近代聲韻學的發展做了詳明的介紹，以下先以這本書的內容為主幹，說明傳統「音素」概念如何受到近期觀點的挑戰。再引語音模擬學者的立場，從不同的角度來看「音素」到底是不是自然語言的一部分。

Kaye（1989）認為音素不過是一個錯覺罷了，他引拉丁文為例來說明他的觀點。拉丁文中有多少母音？傳統上認為拉丁文有十個母音：五個短母音（I、e、u、o、a）和五個長母音（i：、e：、u：、o：、a：），每一個母音都和其他九個不同。換句話說，根據上面講的「最小對比詞」方式，我們可以找到許多詞對，詞與詞間不同的地方只有母音的長短。

但從現代聲韻學的觀點來看，拉丁文真的有十個母音嗎？這個答案十分可疑。譬如，/a/ 和 /a：/，獨立地看這兩個音（不和其他子音或母音一起考慮），它們事實上沒有差別。傳統上音素的區別不是在音節結構上做判斷的，但就這個例子來說，/a/ 和 /a：/ 卻只有在音節結構裡才有不同。如果必須參考音節結構的訊息，才能做音素的判斷，則我們很合理的提出「音素到底是不是一個獨立的語言單位」的質疑。

再看具有聲調的語言（tone language，如國語、台語），在音段的層次（segmental level），國語有五種音調（一至四聲，加上輕聲）及ㄧ、ㄨ、ㄩ、ㄚ、ㄛ、ㄜ、ㄝ等七個單母音（其他的母音由這七音組成，或加上鼻音，或加捲舌音）。到底國語有七種母音？還是有七乘五等於三十五種母音？大概不會有人認為「無」和「舞」有兩個不同的母音，但根據前述「最小對比詞法」的原則，「無」和「舞」對說漢語的人說起來，已經形成了最小對比詞，照傳統的音素理論，應該是兩種音素。

到目前為止，我們先討論「音素」本身，後來又考慮了「聲調」，如果再加上其他的因素，問題就更複雜了。

假設有一種語言具有五種母音、五種音調，而每一母音又可以分成帶鼻音（nasal）和不帶鼻音的兩種情況，到底這種語言有多少種母音呢？五乘五乘二，照傳統方法學，答案應該是五十種母音，可是我們可以很直覺地判斷這一定不可能，「五種母音」聽起來才是合理的答案。

討論到這裡，我們已經知道傳統聲韻學的「音素」概念，並不能適用於所有的語言，是應該修正了。

古典的衍生聲韻學（generative phonology）只提出單一層次（level）的聲韻結構，表徵只分成橫軸和縱軸二個向度，在橫軸上可以標出每一個別音段（segment）的屬性矩陣，在縱軸上則可以標出其聲韻特質。但就現代

的聲韻學家看來，光只有兩種向度是不夠的，從上述的例子，我們「至少」要再加上 tone 和鼻音兩個向度，換句話說，原來是平面的、線性的表徵系統，現在變成多維的、非線性的了。所以用「至少」兩字是因為可以再加進來的向度絕不只這兩種，另一種已被引進的重要向度是「音節」，但本文不擬在此討論這個問題。

在語音模擬（phonetic implementation）的研究上，Fujimura（1992）也偏向使用一個比音素大的單位來做為基本的描述單位，他的論點大致如下：

1. 反正音素還不能算是語音的最小構成單位：最小的單位是「辨義特質」（distinctive features）（從音素的層次看，「爸」和「怕」之間的差別，在ㄅ和ㄆ間的不同，但再追根究柢，不同之處在「送氣或不送氣」這個辨義特質。在此「送氣或不送氣」，會在中文造成不同的意義，Fujimura 認為最小的語音構成單位應該在這個層次談）。

2. 如果音素是語音最基礎的功能性單位，則我們可預期，在語音學或心理語言學上，每個音素應該是個別獨立的，每個音素也可以包含一組它獨有的、完全的特質（whole set of feature value）；但是從人類的語誤（the slip of the tongue）上來觀察，我們看不到這樣的獨立性。本文作者觀察到的例子是，許多學英文不久的台灣人會把「兩個相鄰音節」的第一個子音調換，如把 "kitchen" 誤說成 "chicken"，但作者從未聽過學英文的人誤把 "kitchen" 說成 "ki-netch"。亦即人把「同一音節」前後兩個子音倒置的可能非常低。如果人類真的是以「音素」為語音的基本單位，則如 "ki-netch" 這般的語誤應該是可能，而且出現的頻率該不比 "chicken" 低。

3. 如果音素可以個別獨立存在，則任兩個音素都應可組成一個可以發聲的語音，但事實上音素之間的組合有許多限制，如，在英文裡，/f/ 和 /t/ 可以放在一起，如 left，但只能 /f/ 在前，/t/ 絕對不能在 /f/ 之前。從這些限制，我們知道音素不是獨立的語音單位，應該不會是語音的基本單位。

談到這裡，我們可以做一個結論，「音素」的概念不能適用於所有人類的自然語言現象，它不是造物主內建（built-in）在人類語言系統中的語

音單位,它不是天生的,而比較像是因著拼音文字發展出來的人工(artificial)概念。

第三節　聲韻覺識與拼音文字的閱讀

如果「音素」不是人類「天生的」語言成份,則個體必須耗工夫、智力去學,才會察覺它們的存在,或進一步進行複雜的操弄,則我們可以依此有至少以下四點推論,研究者將逐項討論之:

1. 拼音文字的字母或字串表徵的是「音素」,因為音素不是自然的語言成份,所以拼音文字的閱讀習得(reading acquisition),勢必比口說語言的習得(oral language acquisition)困難。
2. 音素概念出現在形式教育(formal education)之後,沒有受過訓練的、不識字的人,「音素」的概念應該很差。

如果個體區辨語音的能力差,則其閱讀習得會有困難。亦即:

3. 聲韻覺識和拼音文字的閱讀分數會有顯著正相關。
4. 聲韻覺識與閱讀間有因果關係,早期的聲韻覺識可以預測晚期的閱讀,而且有效的聲韻訓練課程,可以提升兒童的閱讀能力。

以下我們分別討論這四個推論。

一、閱讀的習得比說話難

這個推論可以根據一般常識得到回答——不但拼音文字如此,連非拼音文字的習得也都如此。嬰幼兒只要暴露在適當的口語環境下,不必特別教導,自然就可以學會該種語言。但只要牽涉到閱讀,不論閱讀的是哪一種文字系統,都需要經過相當長時間的正式訓練或教育才可能學會。此外,許多閱讀障礙者,說話卻沒有問題,從此可見「閱讀」比「說話」的習得更難。

二、音素覺識出現在形式教育之後，不識字者或弱讀者音素概念差

　　台灣的研究一致指出，音素覺識的出現和小學的注音教學息息相關，國小一年級的前十週都在教注音，入學前，兒童音素層次的測驗操弄能力幾乎都不會做，入學十週後，就幾乎都會做了（柯華葳、李俊仁，1996a；黃秀霜，1997），學生對中文音節的聲韻分析，也都是基於他們小時候學過的注音符號，而非音節的組成音素（Bertelson, 1987）。Adams（1990）回顧美國兩種閱讀教學法，「全語法」（whole language）和「語音法」（phonics）的成效研究文獻，語音法基本上認為「音素概念的發現」及「音素與字母（串）間的配合」是需要學的，不是自然就會的，因此強調解碼，如音標、拼字的教學等。全語法則將解碼留待兒童自己發現，而不直接教導；Adams 的結論是語音法的教學成果較佳。「音素乃後天習得」的論點，在此又得一旁證。

　　「不識字者音素覺識差」這個推論，也在不同語系國家得到實證研究的支持，Morais 和他的同事在葡萄牙用「增音法」（例，把 "alhaco" 唸成 "palhaco"）和「刪音法」（把 "Purso" 唸成 "urso"）來測量該國母語使用者的音素知識，發現不識字者的音素知識遠比識字者差（Morais, Cary, Alegria, & Bertelson, 1979）。在「音節操弄」層次上，兩組受試者則沒有差異（Morais et al., 1986）。

三、聲韻覺識與閱讀能力相關

　　聲韻覺識是否和閱讀有關呢？答案在拼音文字國家均為「是」，支持這種相關的實證證據來自不同語系國家的研究。在英文方面，Ball 與 Blachman（1988）、Blachman（1984）、Bradley 與 Bryant（1983）、Fox 與 Routh（1980）、Treiman 與 Baron（1981）和 Vellutino 與 Scanlon（1987）等研究都是。在其他語系如瑞典語（Lundberg, Olofsson, & Wall, 1980）、

西班牙語（de Manrique & Gramigna, 1984）、法語（Alegria, Pignot, & Morais, 1982）及義大利語（Cossu, Shankweiler, Liberman, Tola, & Katz, 1988）也都有類似的結果。

四、聲韻覺識與閱讀間有因果關係，早期的聲韻覺識可以預測晚期的閱讀，而且有效的聲韻訓練課程，可以提升兒童的閱讀能力

如同第二章所討論的，想要探究聲韻覺識與閱讀間的因果關係，最好從尚未正式學習閱讀幼兒（以下簡稱幼兒）的縱貫研究著手。邏輯上，如果 A 導致 B，則 A 應在 B 之前發生；如果幼兒聲韻覺識的能力是閱讀能力的因，則幼兒對聲韻的敏感度應該會影響他們入學後的閱讀習得。下列三個分別是在瑞典、美國和英國進行的研究，這三個研究都是以學前幼兒為對象的追蹤研究，結論都是一樣的，都指出聲韻覺識與閱讀有「前因」與「後果」的關係。

Lundberg、Olofsson 和 Wall（1980）用兩百名六到七歲的瑞典學前兒童為受試，在入小學的前幾個月給與一群兒童與聲韻覺識有關的測驗，一年以後，研究者再到學校量測受試（只剩一百四十三人）的閱讀、拼字和語言技巧（linguistic skills），再過半年，再施測一次同樣的閱讀、拼字和語言技巧測驗。研究結果指出，前測中聲韻覺識能力最強的兒童，也就是在小學裡閱讀技巧進步最快的兒童；當兒童的智商以統計控制之後，這樣的關係仍然存在。

但這個研究有個明顯的缺憾——研究者只量了受試一年級「閱讀」和「拼字」的能力，這是不夠的。雖說理論上，聲韻覺識能力應該只和閱讀拼字有關，但實際上也有可能聲韻覺識只是智商之外的一種「一般能力」，和「所有的學習」都有關，亦即聲韻覺識說不定也和算術學習有關，不只是和閱讀有關而已。這種可能在 Lundberg 等人（1980）的研究中無法評估，因為他們只衡量了閱讀及拼字能力。

第二個研究由美國學者 Fox 和 Routh（1980）主持，這個研究有個有趣

的結果，如果兒童在六歲時有聲韻覺識的困難，三年以後，兒童九歲了，在聲韻覺識測驗上已沒有問題，但他的閱讀和拼字卻仍然很差。Fox和Routh 找了二十名一年級的六歲兒童，其中十名被診斷有閱讀困難，另外十名沒有，他們先要求兒童把幾個「音節」分析成「音素」，結果十名一般兒童毫不費力地完成此測驗，得到滿分；而閱讀有困難的兒童卻表現極糟。三年以後，兒童已經九歲，閱讀有困難的十名兒童這時已經可以把「音節」分析成「音素」，但和對照組比較起來，他們的閱讀落後得更多，拼出來的字母和想表達的字音根本扯不上關係。Fox 等人的結論是，兒童早期聲韻覺識的困難對閱讀和拼字有長期的影響，不論後來聲韻處理的問題是否仍舊存在。

　　這個研究的限制是，第一，和Lundberg等人（1980）的研究一樣，Fox等人（1980）只測量了閱讀和拼字，這是不夠的，理由如前所述；第二，Fox的研究樣本太小，推論上有所困難；第三，研究在兒童入學後才開始，也許兒童有困難的是「學校適應」或「學校學習」，聲韻知識的落後只是這些因素的衍生結果罷了，而不是閱讀的先備條件（prerequisite）。

　　第三個研究是Bradley和Bryant（1983）在英國做的，除了有預測性的相關設計之外，研究的第二部分是真實驗設計，這個研究本書第二章已有詳細介紹，不再贅述，簡單的說，Bradley 和 Bryant的研究，不但指出學前的聲韻覺識分數可以預測國小四年級的閱讀分數，也指出聲韻覺識的教學降低了兒童閱讀困難發生的可能。

　　從這樣縱貫的相關和實驗研究所得到的證據可知，在拼音文字中，學前的聲韻知識確實是學習閱讀的先備條件，兩者間不但有相關，且有因果關係。

第四節　中文閱讀、注音符號與聲韻覺識

　　以上談的都是拼音文字的文字，但「聲韻和閱讀息息相關」，甚至「聲韻覺識為因，閱讀為果」這樣的結論，是否適用於中文呢？

　　根據現有文獻，研究者認為這個問題可以從三方面思考，分別是無關、間接相關和直接相關，因為間接相關還可以再分成兩種情況討論，所以一共有四種可能情況。

一、可能一：無關

　　拼音文字表徵的是語言中的音素層次，聲韻覺識自然成為學習字母原理的先決條件，亦即讀者必須明白字母如何表徵字音，才有可能進行閱讀時的解碼。但中文的組字原則（orthography）不同於拼音文字，每方塊字表徵的不是音素而是詞素（morpheme），而且每詞素正好是一音節，中文讀者閱讀時，只要直接處理音節就好，而音節的處理是不需要上學就自然會的（Morais et al., 1986），因此中文閱讀的學習，似乎就是直截了當的方塊字與音節的連結，無需訴諸更細部的首尾音或音素層級的分析。從這個角度看，拼音文字研究用的聲韻覺識測驗（絕大多數是音素層級的操弄）所要測量的構念，應該與中文閱讀無關。Read等人（1986）也指出閱讀和聲韻覺識間的因果關係，但此關係和Bradley與Bryant（1983）所發現的方向相反。Read等人比較中國大陸上傳統教育出身、沒學過拼音的一群受試者，和一九四九年後學過羅馬拼音的另一群受試者，在聲韻覺識上的差別，他們發現前者雖然閱讀無礙，卻不像後者那般具有聲韻覺識的能力，因為中文不是一種拼音文字，Read等人便推論認為，聲韻覺識不但是語文教育（literacy）的產物，而且是「拼音文字教育」下的產物，是以中文學習可能和聲韻覺識毫無關係。

二、可能二：教育設計使然，非認知的必然

　　中文雖然不是拼音文字，但目前國內國小國語文教學卻是從拼音系統（注音符號）開始的，國小課程綱要規定，入學後第一學期的前十週，國語科全部教學時間（每週有十堂課，每堂四十分鐘）用以學習說話及注音符號，十週後，才漸漸引入漢字。這樣做是有道理的，因為在正常的狀況

下，兒童先會說話，再學閱讀。學習閱讀的早期，兒童所具備的「語彙」數遠超過其「字彙」數，在五年級以前，小學課文均旁註注音符號，只要兒童能掌握注音符號的拼音原則，雖不一定認得方塊字，也可以根據注音來觸接其既有的「語彙」，並進而有更高層的理解；因此，注音符號的使用有增加兒童閱讀時詞彙的效果。兒童要累積足夠閱讀的漢字需要相當長時間的訓練，但注音卻使兒童可以跨過字形直接觸接所表徵的詞彙。

如前所述，注音符號表徵的主要是音素層次，而音素並非人類自然的語言成份，必須後天習得，則我們預期「聲韻覺識」能力不佳者，學習注音符號必然有困難；也就是說，兒童在習得注音符號的使用之前，必須先察覺到一個一個的「字」（或音節）原來是可以分化成幾個音素的，如「八」這個字原來還可以分成「ㄅ」和「ㄚ」兩個音素等等。一直到兒童學會根據抽象的音素把聲音分節（phoneme segmentation），才有可能把書寫的、視覺的注音符號和它們內在所要表徵的音素連結，真正學會解讀和使用注音符號。如果經訓練，兒童還是掌握不到「音素」的概念，則即使學會了注音符號的寫法及音名，也不能算是學會注音符號。

由以上的分析，我們推測聲韻覺識的程度應該和「注音符號」的學習息息相關。而目前我國低年級的識字及閱讀教育是透過注音符號進行的，在五年級以前，所有的課文均旁註注音符號，在這樣的教育設計下，我們可以合理的推論，聲韻覺識能力差者，注音符號學不好，中文的識字和閱讀也跟著學不好了，圖4-1說明聲韻覺識和拼音文字的關係，可以看出聲韻覺識和拼音文字閱讀是直接相關的。圖4-2則是研究者臆測的聲韻覺識、注音符號學習與中文識字閱讀三者的關係示意圖，依此預期，聲韻覺識並不直接和中文閱讀有關。在實證研究中，聲韻覺識和中文識字閱讀之間會有正相關，這相關乃因我們的教育設計使然（透過注音來教導識字閱讀），而非認知歷程的必然。

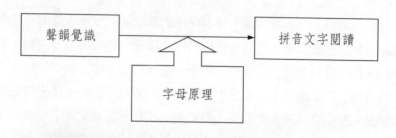

●圖 4-1　聲韻覺識與拼音文字閱讀有直接關係示意圖

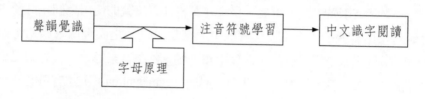

●圖 4-2　聲韻覺識與中文閱讀有間接關係：示意圖一

三、可能三：聲韻覺識和閱讀的背後有共因

　　以上回顧的文獻雖指出「聲韻覺識」與拼音文字的閱讀相關，理論上的解釋是，字母和字母串表徵的是「音素」，音素學不成，字母（串）表徵語音的原則學不會，閱讀自然跟著發生困難。但這個解釋在中文的適用性有問題，因為漢字的組字原則表徵的是詞素，而且每一詞素正好是一個音節，中文讀者閱讀時不必訴諸於更細部的首尾音或者音素層級的分析。因為這些結果還可有另外的解釋——人類語言系統中更深層的語言處理能力同時影響著聲韻覺識及閱讀（如圖 4-3），聲韻覺識測驗所測量的，正好是「語言處理能力」的一個好指標，聲韻處理的教學也可以對「語言處理能力」有幫忙，間接地對閱讀有所助益，所以中文的閱讀也有可能和聲韻覺識有關。

　　為什麼是「聲韻處理」而不是其他的機轉呢？許多證據顯示，人類的

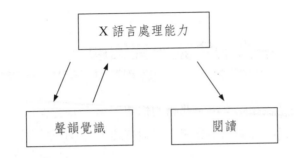

● 圖 4-3　聲韻覺識與中文閱讀之關係：示意圖二

閱讀基本上就是一種語言學的活動，和「口說語言」息息相關。在正常的情況下，兒童先會說話才開始學習閱讀，難怪幾乎所有的文獻都指出閱讀時個體必須把視覺的「字形」，轉換成語言學的「語彙」，這其中的過程就是聲韻轉錄（phonological recoding），不但拼音文字讀者如此，中文讀者也是如此（石瑞儀，1986；曾世杰，1989，2003；鄭昭明，1978；謝娜敏，1982；Tzeng, Hung, & Wang, 1977）。Cheng 和 Chen（1982）更提出兩項實驗來支持閱讀需經聲韻轉錄的說法，他們的結論是，閱讀時聲韻轉錄是一不由自主的（involuntary）的歷程，本質上具有強迫性和必然性。此外，Crain（1989）指出閱障兒童不只是「閱讀」有困難，他們對口說語句的理解同樣有問題，只是不像閱讀那麼明顯罷了。而 Liberman 等人（1989）在他們編輯的專論中不斷的提到，除了聲韻覺識之外，閱讀障礙者的困難也可能是心理資源有限（limited resource）所致，和語文工作記憶（verbal working memory）有關。從這些地方來看，聲韻覺識測驗所測量的構念有可能只是語言處理能力中的一部分。

四、可能四：因果關係

如果我們假定中文的閱讀歷程和拼音文字並無二致，則聲韻覺識必定為閱讀中文的必要條件，聲韻覺識的強弱，會直接與中文閱讀的強弱相關，和這部分已經在第三節討論，不再贅述。

第五節　中文的實證研究回顧

關於聲韻覺識和中文識字閱讀的相關，實證研究結果不像拼音文字這麼一致，有些指出聲韻和中文識字閱讀有關，有些則否，其中幾個重要的結果如下：

1. 聲韻覺識與中文識字或閱讀有關，且在低年級時相關更高（江政如，1999；洪慧芳，1993；柯華葳、李俊仁，1996a；曾世杰，1997；黃秀霜，1997；黃秀霜、詹欣蓉，1997；溫詩麗，1996；蕭淳元，1995）。

2. 在閱讀低成就或閱讀障礙兒童身上，這個聲韻覺識和識字閱讀的相關比一般兒童明顯（曾世杰，1997；黃秀霜、詹欣蓉，1997）。

但卻也有些研究指出聲韻覺識可能和中文識字或閱讀無關（Huang & Hanley, 1994a; Read et al., 1986; 柯華葳、李俊仁，1996b；陳淑麗、曾世杰，1999）。

Huang和Hanley（1994a）的研究發現，香港三年級學童在中文刪音測驗上有極大的落差，在異音測驗上兩組兒童也有顯著的差異，該研究亦比較香港兒童與英國同齡兒童在英語刪音測驗上的表現，發現兩組並無顯著差異。Huang和Hanley（1994b）亦發現，同樣是香港兒童，一組有學拼音，一組沒有，兩組都學中、英文，結果拼音組在中文的異音測驗、非字異音測驗及刪音測驗，都顯著高於非拼音組。

在教學實驗研究方面，陳麗琴、黃秀霜（2000）以兩個二年級普通班分別為實驗與控制組，探討聲韻覺識訓練對注音符號、中文字、英文字學習的影響及遷移，訓練共十八次，包括刪音、分析、切割、分類等內容。以中文年級認字量表、注音符號測驗、英文認字能力測驗為前後測。研究結果指出，兩組在所有測驗之後測結果並無顯著差異；實驗組經過聲韻覺識的訓練教學後，其英文認字能力與注音符號能力有顯著的進步，但是中文認字前後測差異未達顯著水準。

　　鐘素鵑（2003）將二十四位國小注音符號學習困難的低年級兒童隨機分派到實驗組與控制組，實驗組接受二十二次的聲韻教學，控制組則接受相同時間的說故事與繪本閱讀教學。其主要發現為，實驗組後測的聲韻覺識能力、注音能力都顯著高於控制組，但兩組在識字能力（洪儷瑜、張郁雯、陳秀芬、李瑩玓、陳慶順，2003）和數學能力並無顯著差異。

　　陳麗琴、黃秀霜（2000）及鐘素鵑（2003）這兩篇研究的結果都沒有支持「聲韻覺識訓練」的效果會遷移到「中文認字」，而低年級的注音和英文最主要學習內容本來就是聲韻覺識，聲韻覺識的訓練效果是在意料之中的。

　　從以上的相關研究和教學實驗研究，我們看出幾個結論：

1. 聲韻覺識和中文閱讀之間的關係尚無一致的結論。

2. 而聲韻覺識都是在注音符號或拼音教學後才發生的（Huang & Hanley, 1994b; 柯華葳、李俊仁，1996a），在注音或拼音教學之前，幾乎不可量測（曾世杰，1997），亦即聲韻覺識是個很倚賴形式教學的能力，它不會自然發展出來。

3. 聲韻覺識的教學效果非常特定——只對英文拼音（陳麗琴、黃秀霜，2000）或注音（鐘素鵑，2003）有幫助，目前沒有證據支持其效果會類化到中文識字或閱讀甚至數學上（Huang & Hanley, 1994a, 1994b；陳麗琴、黃秀霜，2000；鐘素鵑，2003）

　　對研究者而言，「聲韻覺識與中文的四種可能關係究竟何者為真？」是最值得探究的問題。表4-2說明了這四種可能的驗證方法，在第一列裡，只要有好的聲韻及閱讀量測工具，要檢驗「聲韻覺識與中文識字閱讀是否有相關」並不困難。可能二的個案研究是非常值得去做的，只要找到「聲韻不好，閱讀中文卻沒有問題的個案」，就告訴我們「聲韻覺識」可能不是中文閱讀的必要條件，這也就是第六、七章作者要做的。

● 表 4-2　聲韻覺識與中文識字閱讀的各種可能關係及其對研究的啟示

	可能的關係說明	實證研究的實驗假設
可能一	沒有關係	蒐集聲韻覺識和中文識字閱讀的變項，變項間為零相關
可能二	有間接相關：乃教育設計使然，非認知的必然	個案研究：應該可以找到聲韻不好、閱讀中文卻沒有問題的個案；只教識字不教注音，兒童也可以學會閱讀
可能三	有間接相關：聲韻覺識和閱讀的背後有共因	聲韻不好、閱讀中文卻沒有問題的個案不可能存在
可能四	有直接相關：聲韻覺識乃中文閱讀的必要條件	1. 聲韻覺識變項和中文識字閱讀變項有正相關 2. 聲韻不好、閱讀中文卻沒有問題的個案不可能存在

第六節　聲韻處理、工作記憶與唸名

一、聲韻處理與工作記憶

　　這段文字主要說明聲韻處理能力會某種程度地影響到工作記憶的容量。前面提的聲韻覺識，量測的是受試者「有沒有」將語音分節的後設語言能力，這裡要討論的聲韻處理能力主要指「工作記憶中的聲韻轉錄能力」。理論上，只要兒童過六歲，沒有聽覺障礙，應該都有這個能力，所以我們除了討論「有沒有」之外，討論的重點轉而為「有多少」，亦即，討論聲韻轉錄的「效率」與工作記憶間的關係。

　　絕大多數的人在學會讀、寫之前，都先會聽話和說話了，許多理論便

因此假定，閱讀時，讀者的字彙必須入碼成口語（speech）的形式；也就是說，對每一個「字」個體都需要經過一個對應的、口語式（speech-like）的表徵，才能進行下一步的理解，這個過程被稱作「話語轉錄」（speech recoding）或「聲韻轉錄」，本文一概稱之為「聲韻轉錄」。閱讀歷程中的聲韻轉錄有兩個不同的層次，一是「字彙觸接」（lexical access）中的轉錄，一是「工作記憶」中的轉錄。本研究並不探討字彙觸接層次的轉錄，而僅在工作記憶層次中討論它。工作記憶中的聲韻轉錄和閱讀有什麼關係呢？研究者回顧了文獻，這些文獻主要是根據Baddeley和Hitch（1974）的工作記憶模型提出研究問題，他們的共同結論是「工作記憶的容量和聲韻碼的處理有關」，證據來自對聲韻相似（phonological similarity）效果、詞長效果（word length effect）及話語速率（speech rate）三方面的研究。各舉一例說明之。在聲韻相似效果的研究上，Conrad（1972）在一九六二、一九六四、一九七二年，一再以實驗指出，當記憶項目以視覺的方式呈現給受試記憶時，其立即回憶的錯誤大都是語音上的錯誤，很少是字形或語義上的錯誤。例如，受試在回憶語音類似的字母，諸如「B」、「C」、「P」、「T」等同韻字母最容易被記錯，而像「V」、「M」和「X」這些不同韻的字母就不容易搞錯，亦即記憶的材料聲韻愈近似，受試者的工作記憶愈困難。而在工作記憶中，「多音節」的詞（如 table），比「單音節」的詞（如 chair）還要難記，這就是詞長效果。Baddeley、Thomson 和 Buchanan（1975）的實驗指出，個體對詞的構音時間愈長，工作記憶中能保留的字數愈少，反之，構音的時間愈短，所記的詞數愈多。他們宣稱，兒童在 1.8 秒內可以唸出的詞彙數，就是他們的工作記憶廣度。Baddeley（1986）進一步指出，兒童的記憶廣度隨年齡有所增長，這個現象完全可由兒童構音速度的進步來解釋。在讀音速度方面，Chen 和 Stevenson（1988）比較中國和美國三至五歲兒童的數字廣度記憶，發現中國兒童的記憶廣度顯著高於同齡的美國兒童。以統計方法排除可能的干擾變項後，Chen 和 Stevenson 認為唯一能解釋兩組兒童差異的，只有漢語和英語的阿拉伯數字話語速度的差異，他們發現中國小朋友每個數字的平均發音長度比同齡美國兒童短了100毫秒。根據Baddeley的工作記憶模型，讀音愈長，

工作記憶中一個子成份——構音迴路（articulatory loop）運作的單位愈大，能夠記取的量就少。

工作記憶的這些特質，似乎可以用一個菜籃子的比喻說明：菜籃的大小是固定的，裝柳丁（漢語數字發音）時可以裝九個，裝葡萄柚（英語數字發音）時就只能裝五個了。但這個看似合理的類喻仍有問題，它強調的是記憶項目在工作記憶中所占的「空間」，但研究者對「聲韻碼」這個概念進行了解之後，發現記憶項目在工作記憶中的運作「效率」，也可能對記憶廣度造成影響。

讓我們來看看到底什麼是「聲韻碼」？聲韻碼是不是就等同於語音（speech sound）呢？還是等同於話語動作（speech motor）的表徵呢？這個問題不容易從對正常人的觀察上得到答案，因為正常人說話時的聲韻處理、語音和話語動作是「三面夏娃」，同時存在個體的認知系統中。但有些個體因為天生的障礙，無法學會說話，沒有學到構音的方法，更發不出語音來，對他們的觀察正好可以回答上述問題。Bishop 和 Robson（1989）以生下來即無說話能力或說話能力嚴重受損的腦性麻痺患者為受試，發現他們和一般人一樣，工作記憶會受到「詞長」和「聲韻相似」的影響，因為這群受試者都不能說話，不可能發展出像常人一般高度的構音技巧，因此，在聲韻迴路的複誦中，藉由「抽象的話語動作」（abstract speech motor programming）進行的可能性等於零。Bishop 和 Robson 因此推測，複誦歷程中記憶的項目是以「抽象的聲韻表徵」存在，此表徵可以構建在話語知覺（speech perception）的基礎上。另一個研究（Hanson, 1989）以先天性全聾、且以手語為母語的美國大學生為受試者，設計實驗檢驗他們閱讀歷程中的轉錄現象，結果發現他們和聽覺正常的大學生一樣，有將視覺的文字刺激轉成聲韻碼的傾向。從這兩個研究，我們知道工作記憶中處理的表徵，並不是語音碼（聾人無語音經驗），也不是構音碼（上述腦性麻痺患者無構音能力），而是聲韻碼。

前面說過，聲韻能力指的是人類處理語音成份的抽象內在規則，聲韻碼則是這些抽象內在規則的表徵。試以籃球賽為比喻說明，在球場上，每一個球員表現出來的動作都不盡相同，但每個球員都遵守著相同的籃球規

則，雙腳移動或走步或踩線都會引來裁判的哨聲，亦即，一場有形的球賽背後，有一套無形的規則在規範著每一球員的舉止。人類的語言也是如此，說同一種母語的一群人，絕不會有兩個人說出來的語音在物理性質上完全相同，雖然如此，每個人卻都遵守著同樣的抽象聲韻規則，這些聲韻規則的內在表徵就是所謂的聲韻碼，Hanson 和 Fowler（1987）對這個抽象的概念有深入的討論。

既然工作記憶處理的是「抽象的聲韻規則」，則在解釋前述「聲韻相似」、「詞長」和「話語速率」的效果時，就不能只從「所占空間大小」的角度來看，從「訊息（聲韻）處理的效率」著手也許更合乎實際。Chen 和 Stevenson（1988）量測的讀音速率，可能量到太多的構音速率，而不是「純正的」聲韻處理速率。「詞長」的實驗只能分辨出音節數不同字組的記憶廣度，也無法量測到「效率」。研究者以為上述三作業中唯有「聲韻相似」的記憶作業，可以比較有效地作為工作記憶中聲韻處理效率的指標。

二、聲韻處理與唸名速度

在這裡指的唸名速度（naming speed），指的是快速自動化的將一系列的視覺刺激唸出來所需要用的時間，在文獻中經常被稱為 "Rapid Automatized Naming"（RAN）。在閱讀障礙的研究文獻中，一九九〇年以前，幾乎所有研究者的注意力焦點都在聲韻覺識上，但一九九〇年以後，閱障兒童在唸名上的缺陷，開始受到關注，本書將在第九章專門討論這個問題，本章只是簡單討論到它和聲韻處理間的關係。

從現有的證據看來，唸名速度和聲韻處理是不同的歷程。以下整理 Wolf 和 Bowers（2000）及 Cutting、Carlisle 和 Denckla（1998）的觀點，舉出支持聲韻和唸名乃不同認知歷程的五點證據：

1. 有理論支持 "phonological awareness" 和 "naming" 是兩種獨立的歷程。

2. 臨床上，可以找到「單純唸名障礙」、「單純聲韻障礙」和「雙重缺陷」的三種閱障者。

3.唸名障礙者只對唸名的補救教學有正向反應，聲韻障礙者只對聲韻的補救教學有正向反應。

4.三種閱障者可能因著文字的規則性，而有不同的出現率（Wolf, 1994, 1997）。

5.獨立於聲韻覺識和記憶變項之外，唸名速度在各種迴歸預測的研究中，一致地對閱讀有它獨特的解釋力。

在拼音文字的閱讀研究中，唸名速度被認為與閱讀速度息息相關，因為唸名的認知歷程和閱讀的低階認知歷程是相似的（Wolf, 1991），從另一個角度來看，由於認知歷程各階段的容量有限，因而閱讀低階處理的速度及其所花費的時間，亦會影響到閱讀的理解。因此唸名的速度與閱讀速度有極大的關係，讀者如有唸名速度的缺陷，亦會有閱讀的障礙（Denckla & Rudel, 1976a, 1976b），而 Spring（1987；引自 Spring & Davis, 1988; p. 330）的研究甚至指出，數字唸名速度可以從一般讀者中區辨出閱障者來，其正確率高達 84%。

雖然唸名速度和聲韻覺識可能是不同的歷程，但是實證研究中，它們卻經常彼此間有顯著的相關，為什麼呢？這可能和工作記憶的中介有關，實徵研究發現了工作記憶廣度與閱讀理解成正相關（Daneman & Carpenter, 1980），甚至有研究報告指出，閱讀的障礙和工作記憶處理困難有關（Siegel & Ryan, 1988; Siegel, 1994）。近幾年的中文閱讀研究中，也指出工作記憶速度和中文的閱讀有關，工作記憶處理困難可能是導致中文閱讀障礙的重要原因之一（陳淑麗、曾世杰，1999）。如前所述，工作記憶的量和話語速率（speech rate）有關，唸得愈快，記得愈多（Baddeley et al., 1975; Chen & Stevenson, 1988）。唸名速度和話語速率的概念極為近似，差別只在前者需要個體唸出視覺的刺激而已，Lorsbach 和 Gray（1986）甚至提出唸名速度和記憶廣度間有因果關係的看法，作者因此合理的推測，唸名速度愈快，語文工作記憶的容量會愈大，也間接地對閱讀理解有幫助。若是唸名太慢，除了直接影響解碼的速度之外，也可以間接的導致閱讀的困難。

三、結論

討論到這裡，我們可以得到以下幾個結論：

1. 聲韻覺識和拼音文字的閱讀息息相關，和中文閱讀也可能有相關，但未有定論。
2. 工作記憶和閱讀理解息息相關。
3. 個體的構音速度、唸名和使用聲韻轉錄的程度可能會影響其工作記憶的容量。

以上的結果均來自西方拼音文字的閱讀研究，而拼音文字系統與中文大相逕庭，國外對於唸名速度、聲韻覺識與閱讀的研究結果，是否適用於中文讀者呢？這個令作者感到興趣的研究課題——聲韻處理、唸名速度與中文閱讀間的關係在目前仍然沒有肯定的答案。

第|五|章

漢語深層失讀症個案報告

摘要

　　本章報告兩位男性深層失讀症的個案，第一位個案CF，十七歲，是後天性的失讀症，腦傷前他是資優生，但在腦傷之後，所有表音而無意義的符號，如注音符號和英文字母，他都無法唸出來。他的識字錯誤都是基於語意近似的錯誤，例如，將「伯父」唸成「叔爸」，而不像一般人的錯誤大多基於聲韻近似的錯誤。意義性不高的功能詞，如「所以」、「可是」等，他幾乎完全無法唸出。研究者推測 CF 詞彙觸接（lexical access）的聲韻管道出了問題，他只能透過語意的管道識字。CF的情況，讓我們推想，在詞彙觸接的歷程中，「聲韻」和「語意」管道有相當的獨立性。

　　接下來的問題是，這兩個管道可不可能單獨運作，卻仍然達成成功的閱讀呢？

　　另一位發展性失讀症的個案YY，是智力正常的國小二年級學童，他一樣有聲韻的障礙，他的注音是國語考試中最弱的一項，英文拼字極端困難。在中文閱讀上，YY出現的錯誤和CF相同，也是基於語意上的相似，也就是說，這個聲韻困難的個案，閱讀的解碼時用的主要是語意路徑而不是聲韻的路徑；和CF不同的是，YY可以流利的閱讀難度甚高的文章。CF讓我們見到，中文閱讀在詞彙觸接的階段，除了聲韻的管道之外，還有語意的管道；YY 則讓我們見到，成功的中文閱讀，在詞彙觸接的階段，聲

韻覺識可能不是一項必要的條件。

第一節　緒論

　　第二章我們已經簡單的提及，聽覺正常者在閱讀時，在詞彙觸接的層次，有個普遍的現象，會將視覺的字形刺激轉錄成聲韻的形式，這個過程就叫作「聲韻轉錄」。對聲韻轉錄有兩派看法，一派認為讀者必須把書寫字於內在心理歷程中轉成一個相對的「聲韻碼」，這樣才能觸接這些「書寫字」的意義，這就是所謂的「聲韻轉錄」或「間接觸接」（indirect access）說。另一派則認為讀者只要看一眼，從該「書寫字」的字形就可直接觸接到該字的字義，這派被稱為「直接觸接」（direct access）說。有許多證據指出，字彙觸接的管道可能不是單一的，而是可以「雙管齊下」的（McCusker, Hillinger, & Bias, 1981），也就是說個體可依不同的狀況，進行不同的字義觸接，影響的因素有字頻、字形與字音間的關係、有無同音異義字等。

　　這方面的研究最讓本書作者感興趣的是，許多閱讀障礙者有聲韻處理的困難，聲韻管道既然發生障礙，讀者還能夠自動化的閱讀嗎？直覺來推想，拼音文字就是表徵聲韻的，是表徵音素的，一個人若聲韻管道有障礙，閱讀拼音文字勢必大受影響。但是漢字並不表徵口語中的音素層次，如果聲韻管道損壞，也有可能仍然保留著閱讀的能力，若真如此，這對中文閱讀障礙者的復健或補救教學將有重大的啟示。

　　Shallice 和 Warrington（1975）發現，腦傷的音素型失讀症（phonemic dyslexics）患者出聲閱讀所讀錯的字，往往與目標字有類似的意義，但很少有語音的關聯，例如將 "sick" 讀成 "ill" 等，而且這類患者無法讀出無意義的假字，如 "brane"，也沒有辦法分辨兩個字是否同韻（rhyming），由於上述患者無法藉「形—音」轉換的方式閱讀，所以其剩餘的能力便可歸之於以視覺為基礎的觸接歷程，因此以字形直接觸及「內在字彙」的歷程是可能存在的。這類型的腦傷病人，後來就被稱為「深層失讀症」（deep dyslexia; Coltheart, 1980），簡稱 DD。DD 患者最主要的症狀如同上述，他們無法從字形讀出字音，卻能讀出字義，至少是相關的字義。閱讀書寫詞時所發生的錯誤，主要是基於意義的相近，而非語音的相近，本章的第二、三節，將分別報告一位後天的 DD 和一位發展性的 DD。所謂「後天」（acquired）指的是因腦傷所致的障礙，而所謂「發展性」（developmental）指的則是先天的障礙。

第二節　一個後天的深層失讀症個案

一、個人史及病史

　　CF，獨子，一九八三年四月生，右利，長於福建，外祖父為台東阿美族人，因戰爭滯留大陸，開放後，於一九九五年與外祖父、母親、父親遷回台灣，CF 在台灣重讀五年級，學業適應良好，父現為計程車司機，母在旅館工作。CF 國中時因跳遠冠軍，保送進國立體育實驗中學，品學兼優。一九九九年十一月，CF 高一，在柔道課練習過肩摔時左腦受傷，CF 一直想將眼皮睜開，卻沒有辦法，然後身體漸漸失去平衡，自忖「這下完了」；送到馬偕醫院急診，左腦硬腦膜下出血，出血部位從前額葉、頂葉到顳葉，呼吸心跳停止，緊急動手術取出血塊 100cc 後，生命跡象恢復。手術後不能認父母，脾氣不好，總拳打腳踢。CF 轉入普通病房後，馬偕的復健醫師表示，CF 時地失去定向，無法分辨白天晚上，不知道當天日期，也不知道自己在哪裡，計算能力喪失，表達困難，動作也有問題。復健過程其部分能力雖然呈現漸漸恢復的現象，但仍有語言與閱讀的障礙。二〇〇四年四月，CF 被轉介到台東大學，由研究者帶領同仁及學生到體育實驗中學為 CF 進行各種評估。

二、各種能力的初步評估

㈠右視野失明

研究者雙手平舉，面對CF，請CF看著研究者的鼻子，再要求CF以餘光判斷哪一隻手的手指在動，CF無法看到右手手指的變化情形，顯示其右視野失明，這個現象與CF的受傷部位在左腦相符。

㈡情緒與性格

CF的性格是否改變？說法不一，父親說CF變得幼稚，和孩子玩在一起，經常在房裡哭，不知道自己以後怎麼辦。CF的導師陳師則指稱，CF的性格沒有變，CF本來就叛逆性強，只是傷後控制力較弱，有時講話太大聲，陳師請他小聲一點，CF反而吼回道「我本來就是這樣啊！」這是以前沒有的。CF的特教教師林師則表示，CF的情緒穩定，師生互動情形佳，學習態度也很好。CF的性格是否改變，雖然無法獲得一致性的看法，但從CF與人日常的互動情形來看，顯示CF日常互動能力未明顯受損。

㈢一般認知能力

CF在WISC-III的測驗結果為語文智商71（PR＝3）；作業智商60（PR＝0.4）；全量表智商63（PR＝1）；語文理解指數72（PR＝3）；知覺組織64（PR＝1）；專心注意81（PR＝10）。各分測驗的成績如表5-1。

CF在受傷前為品學兼優的學生，在校成績名列前茅，相較於目前的智力測驗結果，顯示其智力受損。CF在做智力測驗的過程中非常投入，但其處理、思考與反應速度顯著較慢；例如，「狗有幾隻腳？」、「一年有哪四季？」、「一天有幾小時？」每一個問題CF都花三十秒以上的時間回答；此外，CF的接受性詞彙（receptive vocabulary）也明顯減少，例如，襯衫、膝蓋、元旦等詞都想不起來，常識性的問題也有困難，例如，「電

● 表 5-1 CF 的 WISC-III 魏氏智力測驗分量表分數

語文分測驗	量表分數	非語文分測驗	量表分數
常識	2	圖畫補充	2
類同	6	符號替代	2
算術	5	連環圖系	1
詞彙	3	圖形設計	9
理解	8	物型配置	3
記憶廣度	9		

燈泡是誰發明的？」、「胃的功能？」都未得分。推論這些現象會使CF在語文作業方面的常識、詞彙、類同的得分都受到影響。

在短期記憶方面，其順向數字記憶較沒問題，但逆向記憶則有困難，研究者進一步以詞彙材料評估其記憶能力，要求CF覆誦「牙齒、電扇、手錶」，隔七、八分鐘再問，CF只能正確回憶出「手錶」，牙齒回憶成「牙膏還是牙刷什麼的？」其數字廣度記憶的量尺分數為 9，但與其傷前在校成績相比，短期記憶似有損傷。但是在新近與久遠的事件記憶上（recent and remote episodic memory）則沒有問題，他可背誦唐詩，知道自己過去住在大陸，幾歲時來台灣，自己的運動專長，腦傷害的經過；也知道早上吃了什麼，以及昨天發生的事。

在非語文作業方面，CF有普遍困難，例如在圖畫補充作業中，無法發現相當明顯的錯誤，如梯子（少一級踏板）、鋼琴（少了黑鍵）、電話（少了電話線）、哨子（無氣孔）；在連環圖系作業中，無法將一組圖卡排出有意義的順序。

㈣語言能力

1. 聽覺理解

CF一般日常語言的理解沒有問題，但有時會要求重複。研究者以Kol-berg 丈夫偷藥的故事評估其語言的理解，他能理解故事內容，並做判斷：

「該偷呀，因為那醫生太小氣了。」但是施測過程經常要求重複，可能短期保留容量較差，聽覺詞彙也有障礙，理解可能因而受影響。

2.口語表達：語彙提取困難

CF講話速度稍慢，時有停頓，但表情生動自然，沒有文法上的問題。CF語言表達最大的困難是有「命名」（anomia）的問題，談話中經常找不到適切的詞，出現了繞著中心概念說話，卻又說不出來的迂迴語（circum-locution）的現象。

例1.問CF早上吃了什麼？他說不出早上吃了什麼，說：「昨天我奶奶住在我家，早上做早餐，（比手勢），就是可以這樣打開，蛋放裡面，拿起來這樣吃那個……」「饅頭蛋？」「對了，饅頭蛋。」

例2.指天空問其顏色，CF想了幾秒，唱歌「藍藍的天，白白的雲」，才答「藍色」，取紅筆問其顏色，CF也想了許久，說「紅綠燈」，才答「紅色」。

例3.以誇張的動作說明他的運動專長為「健力」和「跳遠」，動作之後可說出這兩個詞。

例4.想說「外公」說不出來，反問我們：「我媽媽的爸爸叫什麼？」

研究者推測詞彙的常用頻次，是影響他是否識字或叫名成功的關鍵。例如，指「電視」、「電話」、「窗戶」、「門」等常用詞他都說得出來，但是連續二個星期教他「桌巾（罕用詞）」，第三個星期再問，還是說不出來；又例如，「樹葉」他會，「樹根」總說不出來。

3.說不出來，但寫得出來

在口語表達方面，CF出現「說不出來，但寫得出來」的現象。

例1.研究者問：「有一種動物，大約這麼大（用手比），尾巴蓬蓬的，會在樹上跳來跳去，那是什麼動物？」個案想了許久，又以動作模仿，表示他知道這個動物，可是說不出來，最後他說：「我會寫。」拿筆就在紙上寫出「松」字，但即使面對自己寫出來的「松」字，他仍然不會唸。

例 2.主試說「金銀島」，個案很興奮說：「我會寫」，隨即寫出「金銀」兩字，可是隔一會兒再拿他自己寫的「金銀」兩字給他看，他仍然不會唸。

例 3.CF 自發性地寫出「耍」，問主試：「這個字怎麼唸？」

三、閱讀障礙的評估：字詞、注音及字母的閱讀

漢字閱讀主要是評估其「單字」和「雙字詞」的閱讀能力，研究者以黃秀霜（1999）的「中文年級認字量表」評估單字閱讀能力，雙字詞的材料則是研究者臨時編出，將黃秀霜的認字測驗發展為雙字材料。單字閱讀四十個字叫名時間九分四十五秒，錯誤率為 18/40。雙字詞四十個字叫名時間四分二十五秒，錯誤率 12/40。結果顯示 CF 閱讀「單字」比「雙字詞」時慢很多，孤立的漢字錯誤率高於雙字詞，因為現代漢語中，大多數的詞是雙字詞，雙字詞的意義性遠高於個別漢字，也許「意義性高低」就是解釋他在「雙字詞」和「個別漢字」差異的主要原因。

㈠閱讀字、詞的錯誤類型分析：CF 閱讀時所發生的錯誤，絕大多數為語意的錯誤，又可分成以下四類

1. 詞內漢字倒轉現象

「已」唸成「經」，「經」唸成「已」。單字詞也出現倒轉現象，例如「機」唸成「車」、「貝」唸「殼」、「寬」唸「宏」、「昏」唸「黃、亂？」、「業」唸成「畢」、「吵」唸「架」、「背」唸成「包，書包，是書還是包？」，這些詞內漢字倒轉的現象整理如表 5-2。從最後一例可看出，CF 看到「背」，先觸接到「背包」的原型概念，在長期記憶中檢索出「書包」來，再從「書」與「包」兩字中擇一說出，其可能的歷程如圖 5-1。

從詞內漢字倒轉的現象，研究者推測，CF 是先引意義較具體、明顯清楚的「詞、句」來認字，CF 再透過漢詞中字與字之間的聯想觸發全詞閱

●表 5-2 CF 在字和雙字詞層次的語意錯誤舉例

目標字	CF 唸成	目標詞	CF 唸成
機	車	結婚	分離
昏	黃？亂？	綠色	顏色！藍色嗎？
吵	架	胃酸	吐
貝	殼	伯父	叔爸
寬	宏	供桌	拜桌
業	畢	淹水	溺水
背	書包？書？包？	輪椅	板凳
		除濕	加蓋

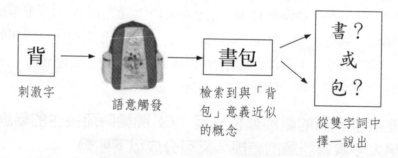

●圖 5-1 CF 語意錯讀可能的心理歷程

讀，然後才再次分解嘗試達成單字閱讀。這種引先備知識認字的策略還出現「歌詞認字」、「文章認字」的現象，CF 喜歡唱歌，經常看到一個字就說：「這字在某一首歌裡面有。」然後開始從那首歌的第一句開始唱起，唱到該字就停下來，說出答案；或是「這個字在某一篇課文裡面有」就從頭開始背。

2. 詞意錯誤：可分成「單純詞意錯誤」與「唸出錯字，錯字聯想」兩大類

(1)單純詞意錯誤：CF 會唸出與目標字詞「同一語意類別」的錯誤詞

彙，如表 5-2 的右欄。例如，「綠色」說成「是顏色，藍色？」「結婚」唸「分離」；「輪椅」唸成「板凳」。這類的錯誤還可以看出，「字的辨識」會影響「詞的辨識」，例如，在「伯父」唸成「叔爸」的例子裡，因為「叔爸」不是一個存在的詞，CF 不可能引「雙字詞」層次的先備經驗來閱讀，所以他最可能是在單字的層次處理的，就是把「伯」唸成「叔」，把「父」唸成「爸」。其他的例子有：「供桌」唸成「拜桌」；「淹水」唸成「溺水」；「工匠」唸成「工兩」（看到匠裡的斤字，唸成斤兩的兩）。

(2)讀出（錯）字，再從（錯）字聯想：例如，「除濕」，CF 把「除」唸成加減乘除的「加」，又從「加」聯想出「蓋」來。

3.低意義度詞彙辨識極為困難

如果 CF 詞彙觸接必須經過語意的管道，那麼低意義度的詞彙，如連接詞、時間副詞等，CF 的辨識應該會有相當大的困難。結果正如研究者所預測的，CF 在低意義度的詞彙錯誤率為 18/20，因為、所以、可是、雖然、仍然、然後、可以、以及、已經、後來、不過、難道、不但、為了、如果、除了、可能、即使、而且、並且等二十個低意義詞中，只能唸出「可以」和「可是」兩個詞。

4.英文、注音符號及阿拉伯數字閱讀

英文符號的辨識，大寫英文字母：A、B、C、D、E、K、W、M、Q、S、O 等十一個正確，呈現小寫字母時，CF 問：「這是什麼字啊？哪一國的？我真的學過嗎？」最後只會 a 和 o 兩字母。注音符號的辨識，對隨機呈現的注音符號，只唸出「ㄧ」，其他都不會了，但可以背注音符號的順序，並且依注音符號的順序猜測。對於阿拉伯數字，功能完好，CF 可快速唸出隨機排列的十個阿拉伯數字。

以上的描述又再度支持 CF 是以語意觸接路徑來閱讀符號的──英文字母和注音符號是表音的，本身不帶意義，CF 就唸不出來；但阿拉伯數字攜帶的數量意義清楚，CF 閱讀就不成問題。

㈡聲韻能力

聲韻能力的評估是以聽覺呈現刺激，要求口語反應，CF在聲韻結合（主試者唸出注音符號，請CF唸出假音，例/ㄊㄟ/）、音節分割（主試者唸出假音音節，請CF唸出注音符號，例/ㄈ//ㄠ/）、聲調判斷都極為困難，一開始不能理解研究者要他做什麼，舉了幾個例子之後，他試著發出來的語音含糊不清，均無法得分。在判斷漢字是否同韻方面（呈現國字：問是否押韻），CF無法理解什麼叫押韻，因此無法進行，即使主試以「床前明月光，疑似地上霜，舉頭望明月，低頭思故鄉」每句的最後一字，試圖教以押韻的概念，他仍然無法理解。

CF讓我們看到一個中文的成人閱讀障礙者，他在習得閱讀能力之後，因腦傷而失去該能力，但是，他也讓我們看到中文閱讀有語意的路徑，聲韻能力雖然失去，仍有可能透過語意的路徑觸及詞彙。但CF有極嚴重的閱讀困難，會不會失去了聲韻的路徑，他就不能閱讀了呢？研究者找到一位國小四年級學生，他從入學開始就有相當清楚的深層閱讀障礙的症狀，但是現在卻能快速的閱讀金庸武俠小說，這類個案的存在，告訴我們聲韻管道在詞彙觸接階段也許不是中文閱讀的必要條件。

第三節　一個發展性深層閱讀障礙兒童

一、個人史及病史

YY，男生，一九九四年十一月生。其母親的三級以內的男性家屬中，有許多患有妥瑞氏症（Torrette's syndrome），這是一種與遺傳有關的神經學疾患，以肌肉和聲音的抽搐為主要症狀，患者三分之一有學習障礙的問題。

YY的魏氏智力全量表智商為116，由此看不是智能障礙，同時分量表

的分析指出，YY 的專心注意、語文理解都在平均值之上，YY 身心健康，沒有明顯的疾病或感官的異常可以解釋其注音的困難，YY 的父母親皆在大學任教，父母看重教育及文化接觸的機會，因此，YY 也不可能因文化家族不利造成學習及閱讀的問題。

二、YY 在聲韻覺識上的困難

父親根據家族病史，早就擔心 YY 可能會有閱讀的困難，因此在 YY 唸幼稚園中班時，就開始教他認字，YY 入學前就已經認得四、五百個方塊字。雖然如此，二〇〇一年九月入學後，國語課仍然是 YY 最不喜歡的課，他的注音學習遭遇困難——子音的分辨困難：如「ㄅ、ㄆ」、「ㄉ、ㄊ」、「ㄍ、ㄎ」等最小對比音（minimal pairs），YY 到二年級上學期分辨的正確率才能達到 90% 左右；第二、三聲和「ㄢ、ㄥ、ㄤ、ㄣ」到四年級上學期仍然經常出錯；每次定期考查，注音都是被扣分的最主要理由。

YY 就讀的學校一年級開始就有英文課，YY 的英文拼字也遭遇到極大困難。YY 主訴，最不喜歡的課，第一是英文，第二是國語。YY 閱讀上的困難，不只發生在漢語上，連英文也有類似現象。他就讀的學校一年級就開始上英文課，一年級時，YY 也被送到兒童美語班上過一個月的課，他的父母親都有到美國留學的經驗，父親在他二年級的暑假給他和另外三名兒童上過自然發音法（phonics）的教材二個月；從三年級起，每個星期五晚上，YY 都參加一個唱英文詩歌的教會團體，因此，和一般兒童比較起來，他學英文的環境算是不錯。

但是，他到四年級了，仍然沒有掌握拼字和發音之間的關係，他花了很久才學會幾個拼字的規則，但是很不穩固，從底下幾個例子，可以看出他的聲韻困難。從例 1 和例 2 看來，YY 不但聲韻困難，而且他用的是和 CF 類似的語意觸接策略。

　　例 1. 四年級上學期（二〇〇四年十月五日），老師給了三個生字——"living room"、"bedroom"、"kitchen" 要 YY 回家背誦其拼字，他好不容易說他背好了，拿去給爸爸口試，爸爸就問「廚房

怎麼拼？」，YY不假思索立刻回答「c-o-o-k」（廚子），這個例子再度告訴我們，YY閱讀時用的是語意的策略，而不是聲韻的策略。

例2.到了四年級，YY約認識了一百多個英文單詞，看到詞，就能發出音來，但是這些詞的意義性、具體性是決定YY到底唸不唸得出來的重要因素。他最感困難的是如 "is, are, under, above, it, that, this, her, him, can, do" 這些最常用但意義不清楚的代名詞、be動詞和介係詞，但常用名詞如 "window, door" ，罕用名詞如 "zebra, farmer" 都是一學就會，而且可以記很久。四年級時，父親要求他每天要朗讀英文十五分鐘兩次，有一天看到他自己用手掌打腦袋，要哭出來的樣子，原來是他唸不出 "are" ，他說他明明就會的，他記得的，可是不知道為什麼就是唸不出來（二○○四年九月二十一日）。

例3.三年級時，YY參加教會唱英文詩歌的團體，爸爸怕他跟不上，要他在家裡聽CD，拿著歌詞跟著唱，有一天看到YY在哭，問他怎麼了，YY指著他四歲多的弟弟說：「你看他啦！」眼淚就掉下來。原來，YY聽了半天，還是記不起來，弟弟從來沒有學過英文，在旁邊遊戲玩耍，聽著聽著，英文歌就已經朗朗上口了。

三、字詞閱讀錯誤類型分析

YY常有「語意錯讀」的現象，例如把「他」讀成「你」或「我」，把「秋」讀成「夏」或「春」、「西」讀成「東」；詞內錯置閱讀的例子有「隊」讀成「員」、「機」讀成「車」、「說」讀成「話」，整理如表5-3的左欄，值得一提的巧合是，YY和CF一樣都有把「機」讀成「車」、「說」讀成「話」等完全相同的錯誤。

跳離字的層次，YY在詞的閱讀也經常發生「唸錯，但意義近似」的現象，表 5-3 右欄的前四項整理了父親在YY四年級以後記錄到的錯誤，最後一個例子最為有趣，發生在二○○三年二月，他和爸爸在看徐仁修寫

● 表 5-3　YY 在字和詞層次的語意錯讀舉例

目標字	YY 唸成	目標詞	YY 唸成
西	東	屏息以待	憋氣以待
他	你？我？	就此失明	就這失明
秋	夏？春？	摔了出去	倒了出去
隊	員	Kitchen	cook
機	車	覺得	感得
說	話	螞蝗	蟻后

的中華兒童叢書——《婆羅洲雨林探險》，YY 看見新詞「螞蝗」，想了兩秒，唸出「蟻后」。

「螞」和「蝗」兩字都是形聲字，而且聲旁的發音和本字完全相同，「有邊讀邊」應該是最容易的解碼途徑，但 YY 顯然不循此道。這兩字在「螞蟻」和「蝗蟲」的詞中，YY 都可以正確唸出。換句話說，YY 閱讀時的處理單位，經常不在於一個個個別的漢字，而是詞，究其內在歷程，應該是看到「螞」，腦中出現「螞蟻」的語彙，再從「螞」和「蟻」兩字中，挑出比較有意義的字，唸出「蟻」來，然後再從「蟻」字激發起相關的字詞「后」，后字可能是從「蝗（皇）后」錯讀而來，因為「蟻后」是他既有的詞彙，而且和前後文對照起來，這個位置應該插入一種動物的名稱。

YY 能在一瞬間發生這種「錯得有道理」的語意錯讀，顯見其充分利用先備知識，閱讀時十分偏重由上而下的歷程。

而這些現象和 CF 的閱讀行為中「語意錯讀」和「詞內錯置閱讀」的現象都非常類似。

四、喜愛閱讀的 YY

CF 已經失去閱讀的能力，和 CF 不同的是，YY 非常喜愛閱讀。父親從小就每天唸繪本給 YY 聽，在閱覽過許多遍的眾多圖畫書中，YY 最喜歡《射雕英雄傳》的漫畫版，前兩遍是爸爸逐字唸給他聽的，他完全能領會

書中的故事，後來，爸爸唸一句，他唸下一句，最後他開始自行獨立閱讀，整套三十七本的漫畫書，總共唸了不下二十次。三年級下學期，漫畫看煩了，他到圖書館去借了文字版的《射鵰英雄傳》。第一冊的前半本，是爸爸讀給他聽的，然後，爸爸讀單頁，YY讀雙頁，到最後自己讀。剛開始時，YY唸得非常慢，但是到後來，他總算把《射鵰》看完。他又去借了《神鵰俠侶》，一兩個星期能看完一本，《神鵰》看完，二〇〇四年的九月，開始看《倚天屠龍記》。在讀《射鵰英雄傳》和《神鵰俠侶》之前，YY都有看過它們的漫畫版，對故事的梗要已有了解，因此閱讀時可以發揮由上而下歷程的功能。《倚天屠龍記》YY沒有讀過漫畫版，但閱讀時也無任何困難，大約五天就能讀完一本。

　　此外，YY的學校推動閱讀不遺餘力，從二年級起，每位兒童都有一張閱讀紀錄卡，以十二生肖為記，每讀十本，就能得到一個生肖戳章，十二生肖一輪，可以換得一獎章，YY是全班閱讀量最多的一位，已經換過兩輪，也就是至少讀了二百四十本繪本和兒童讀物。

　　簡單的說，YY讓我們看到的是一位具有發展性深層失讀症狀的兒童，他的症狀和CF非常類似——聲韻覺識有困難，閱讀出現許多語意的錯誤，但他的症狀似乎沒有影響到他中文閱讀的流暢性和理解。

第四節　綜合討論與結論

一、個案是否為深層失讀症患者？

　　認知神經心理學家從神經損傷以及錯誤型態的角度將後天性失讀症分為三種亞型：深層失讀症（deep dyslexia，以下簡稱 DD）、聲韻失讀症（phonological dyslexia）和表層失讀症（surface dyslexia）（Catts & Kamhi, 1999）。

　　主要的特徵有三：⑴無法閱讀符合組字規則的假字（例如 brane、

flig）；(2)字形─字音關聯規則的損壞；(3)閱讀時，所犯的多為語意類型的錯誤。就第三點而言，各種詞類受損情形不同，動詞、名詞損傷較輕，功能詞最嚴重（Coltheart, 1980; Price, Howard, Patterson, Warburton, Friston, & Frackowiak, 1998; Marshall & Newcombe, 1980; Sasanuma, 1980）；簡單的說，DD 患者失去了閱讀時所必須的聲韻處理管道，只能從語意的管道進行文字的訊息處理，也因此患者會經常出現語意的錯誤。而聲韻失讀症主要是音似的錯誤；表層失讀症主要則是形似的錯誤（Sasanuma, 1980）。從 CF 及 YY 閱讀的錯誤型態來看，上述 DD 的三種特徵都有出現。因此，推測兩個案應該都是 DD 患者，但 CF 是後天的（acquired deep dyslexia），YY 則是先天的（developmental deep dyslexia）。

二、詞彙觸接的路徑

根據 Coltheart（1980）的說法，閱讀歷程中詞彙觸接，主要有兩個途徑，一是直接觸接（direct access），即字義觸接不必經過音的途徑，直接觸接詞意；另一是間接觸接（indirect access），字義觸接必須經由聲韻的途徑以獲得詞意。拼音文字系統的閱讀研究，已經清楚指出，聲韻在閱讀歷程中扮演重要角色，聲韻途徑是一個強勢途徑，所有研究者蒐集到的 DD 報告，個案都失去了閱讀能力；這個結果是可以預期的，因為拼音文字的字形就是用來表徵語音裡的聲韻結構的，失去字形素─音素對應（grapheme-phoneme correspondence, GPC）的能力，閱讀拼音文字自然困難重重。

從 CF 及 YY「音韻的困難」、「詞彙提取困難」、「說不出來，但寫得出來」等現象，反映其聲韻途徑的損壞，但缺少這個途徑，兩個案都走另一個途徑，從字形直接觸接詞意，這個現象除了驗證中文閱讀也有兩個途徑外，CF 和 YY 的產出也與 DD 的特徵相符，拼音文字國家的成人 DD 在閱讀時無法依賴形素─音素轉換規則，經常必須依賴視覺空間（visuo-spatial）或組字規則（orthographic process）。CF 和 YY 的例子和國外 DD 患者的情況極為相似，說明了不同文字系統在閱讀的訊息處理歷程上有其

普世性。但不同書寫系統有沒有差異性呢？要回答這個問題，必須對照不同文字系統的研究發現。日文存在兩種不同表徵的文字系統——kana（假名，拼音系統）和kanji（漢字系統），對於了解不同書寫系統的認知差異極具價值，Sasanuma（1980）分析六位後天失讀症患者在假名和漢字系統的閱讀行為，研究結果發現，病人在假名語詞和漢字語詞的產出表現出現分離（dissociation）現象，漢字語詞的閱讀出現較多語意的錯誤，假名語詞閱讀出現較多聲韻的錯誤；六個個案中有五個個案出現漢字語詞的表現比假名語詞好，這個現象反映出聲韻途徑的損害，對漢字的影響較小；此外，病人在漢字的產出表現出現詞優效應（word superior effect），亦即，單獨的漢字比較不容易辨識，漢字在詞裡比較容易辨識，這現象CF及YY也有。Motomura、Nakanishi、Okamura和Murata（2004）也報告兩位左腦受傷的病人MY和TO，他們口語流利，讀寫假名都沒有問題，但MY讀寫漢字時，十個字中只能讀出五個來，TO情況更為嚴重，完全讀不出漢字。Sasanuma及Motomura等人的個案研究不僅支持了雙重入碼（dual-coding）假設，同時也反映不同文字的訊息處理歷程是有差異的。就以上的日語失讀症患者而言，同一個人，同一種口說語言，讀寫假名和漢字的大腦系統顯然是可以分離的（dissociative）。中文的文字系統接近日文的漢字文字系統，CF和YY的產出出現詞優效應、較多語意的錯誤等現象，與漢字語詞的 DD 一致。此外，CF 的產出還出現幾個獨特的現象，例如「說不出來，但寫得出來」，從這些現象我們推測中文閱讀「聲韻」和「字音觸接」兩者的關係，與拼音文字的閱讀可能不盡相同，拼音文字字母（串）表徵的是音素，形素和音素之間具有對應規則，因此兒童的聲韻覺識能力自然成為「學習閱讀」的先決條件，聲韻與字音觸接二者也是一個必然的關係，但中文閱讀「聲韻」和「字音觸接」關係是否也是如此？值得進一步探究。

國內早有實證研究指出，中文的詞彙觸接也有聲韻轉錄的現象，聽人如此（石瑞儀，1986），聾人也如此（曾世杰，1989）。但是中文和拼音文字不同，方塊字表徵的聲韻層次不在音素層次，而在音節層次，因此，失去形素—音素轉換的能力，未必會直接影響中文的閱讀。在本研究中，YY 的案例就支持了這個推論。

三、結論：CF和YY帶給我們的啟示

　　除了先、後天之別，本章兩個案最大不同的地方在於CF不只是聲韻管道和識字、閱讀能力的受損，他的口語表達、語詞檢索、命名、甚至一般智力也都有明顯的損傷。因此CF不能閱讀，我們無法判斷他到底是哪個因素造成的。更聚焦一點，就本書的目的而言，我們無法從CF的個案清楚的知道，聲韻能力的損喪會對CF的中文閱讀造成多大的影響。CF在本章中只說明了一個重點——中文閱讀時，語意和聲韻的管道是可分開的，各有其生理基礎，而且聲韻管道損壞時，患者的詞彙觸接仍然有機會透過語意管道去完成。

　　但YY卻是比較單純的DD，他除了聲韻能力較弱之外，其他的認知功能都是正常的；他閱讀字詞經常有語意錯誤，這個現象更進一步支持了他的閱讀在詞彙觸接階段是經常透過語意管道的，而非聲韻管道。YY喜愛閱讀，閱讀速度不但快，而且理解不成問題。亦即，YY雖然聲韻能力弱，雖然在詞彙觸接階段他沒有透過，或經常沒有透過聲韻管道，但這並沒有妨礙他成為成功的中文讀者。

　　討論到這裡，任何人都不禁要浮起「聲韻能力真的是中文閱讀的必要條件嗎？」的疑問，而這個問題也就是第六章嘗試要回答的問題。

第|六|章

音素覺識在中文閱讀習得歷程中的角色：個案研究[1]

摘要

　　本研究旨在檢驗音素覺識在中文閱讀歷程中的角色，研究者運用紙筆測驗、錄音、錄影、訪談與實際教學等不同的方式，對三類具有不同特質的個案蒐集資料，他們分別是：⑴一名曾接受國小注音符號教學及多次補救教學，但始終缺乏聲韻能力的國小六年級智障女童；⑵三名從未接受任何拼音文字訓練，平均七十八歲的老人家；⑶一名六歲的早慧學前女童，她先學會識字及閱讀，進入小學接受注音符號教學後，才發展出聲韻覺識的能力。研究者發現這三類個案均無法以既有的測驗工具測量出其音素覺識能力，其閱讀能力卻與同儕相當，為了檢驗這種「不具音素覺識能力，卻能閱讀」的現象，是否為極罕見的特例，研究者對兩名尚未學習注音符號的學前兒童施予識字教學，教學後再指定文章閱讀，並施予閱讀測驗，結果發現學齡前兒童在不具備聲韻處理能力之前，只要認識相關的漢字，即可進行中文閱讀，並獲致理解。本研究的結果支持「音素覺識並非中文閱讀的必要條件」此一論點。過去的研究指出，聲韻覺識和中文閱讀理解有高相關，研究者認為這有可能是教育設計（透過注音學國字）使然，而

---

[1] 讀者引用本章資料時，參考文獻請引用曾世杰、王素卿（2003）。音素覺識在中文閱讀習得歷程中的角色：個案研究。台東大學教育學報，**14**（2），1-28。

不一定是認知上的必然。

第一節　緒論

一、研究背景和動機

　　閱讀障礙學童為什麼會遭遇閱讀的困難？西方拼音文字系統的研究者這三十年來普遍的共識是：聲韻處理缺陷（phonological processing deficit）是核心問題（Bradley & Bryant, 1983; Cossu et al., 1988; Fletcher, Shaywitz, Shankweiler, Katz, Liberman, Stuebing, Francis, Fowler, & Shaywitz, 1994; Fox & Routh, 1980; Lundberg et al., 1980; Vellutino, Fletcher, Snowling, & Scanlon, 2004; Wagner & Torgesen, 1987; Wolf & Bowers, 1999），兒童若有聲韻覺識的困難，就會導致閱讀解碼歷程的失敗，以下我們把這個共識簡稱為「PA假說」。

　　支持PA假說的學者相信，閱讀是一種語言學活動，在書面文字中，字母（串）表徵的是音素，形素和音素之間有一套對應規則，一個人若無法察覺口說語言中的語音結構，例如，無法察覺 "bag" 原來是/b/、/æ/、/g/三個音素組成，而且這三個音素分別由 b、a、g 三個字母來表徵，他就無法理解為什麼這個詞要寫成 "bag" 的樣子。簡單的說，一個人若不知道音素的存在，他當然學不會形素—音素對應規則，因為實證研究經常把聲韻覺識操作性定義為「音素的分解、結合與操弄」，因此本研究討論操作性層次的問題時，以「音素覺識」來代替「聲韻覺識」。閱讀障礙兒童在相關的聲韻覺識測驗中，有顯著的困難，他們不能察覺日常溝通中的口語詞彙是由更小的語音成份組成的，因此難以學會「詞彙可以分解成音素，音素也可以組合成詞彙」的道理，更不用說將這套分解、組合的規則自動化了。閱讀障礙兒童聲韻覺識上的困難，導致閱讀拼音文字時解碼歷程又錯又慢，消耗了太多認知資源，最終導致閱讀理解的失敗。簡單的說，PA假

說認為，聲韻覺識的能力是閱讀的必要條件，聲韻覺識的能力不佳，閱讀就發生困難。

但PA假說具備普世性（universality）嗎？它能解釋中文的閱讀嗎？第五章中報告的發展性深層失讀症兒童YY，雖然聲韻能力弱勢，但似乎沒有影響到他的中文閱讀，這只是一個特例嗎？

中文的組字原則（orthography）與拼音文字大相逕庭，每個方塊字表徵的語音單位是音節，直覺上，閱讀中文時不需要分析到音素的層次。因此，研究者認為中文是一個非常理想的研究題材，可用來說明人類的閱讀歷程中，聲韻覺識是否為必要條件，或者只是拼音文字中的必要條件而已。這是本研究在理論上的動機。

中文非拼音文字，但我國的閱讀教育卻從拼音系統開始。注音符號是國小一年級前十週的學習重點，一至四年級的教材文字全部旁註注音符號，課程及教材的設計讓兒童透過注音學習新的國字，注音因此成為通往識字及閱讀的重要途徑。注音的基本原則和拼音文字無異，都需要聲韻覺識的能力。我們因此可以預期，就台灣的學童而言，聲韻覺識能力應該和中文閱讀有顯著相關。但是，聲韻覺識能力和中文閱讀間的關係，究竟是認知的必然？亦或教育設計使然？若是前者，則特教中對閱障兒童的補救教學絕對不可少了注音符號教學及聲韻覺識訓練；若是後者，則不學注音、聲韻，直接進行識字教學，應該也可以學會閱讀。這個問題仍然無實證的答案，因此構成了本研究應用上的動機。

第二節　研究問題與假設

本研究將透過文獻探討及個案研究來回答我們的主要研究問題——「音素覺識是否為中文閱讀的必要條件？」根據上述的探討，如果PA假說是對的，研究者的研究假設是「音素覺識能力闕如或不佳者，即無法進行中文閱讀。」在邏輯上，這個假設等同於——「能正常閱讀中文者，必定具備音素覺識能力」。相反的，如果有個案音素覺識不好，卻能正常閱讀，這

個結果就不支持PA假說了。因此本研究以四類聲韻覺識有困難的個案來檢驗PA假說，研究者對前三類個案做靜態的描述，其特質分述如下：

1. 能正常閱讀，但在學校幾經補救教學，仍然學不會音素覺識的學齡兒童。

2. 沒有學過注音符號及任何形式的拼音系統，音素覺識闕如或者相對較弱的老年人。

3. 能識字閱讀，但尚未發展出音素覺識能力的早慧學前兒童。

另外，這樣的個案研究，可能導致研究方法上的質疑：「會不會以上三類個案，都是稀有、少見的特例？特例是無法推出通則的。」因此，研究者再找了第四類個案：一般學前兒童，來檢驗我們的研究問題，以收異法同證的效果。

4. 認知能力正常、尚未學習識字閱讀的學前兒童。

如果PA假說是正確的，則可推出以下兩個研究假設：

假設一：因不具備PA能力，第一、二、三類個案都不能閱讀，或閱讀有嚴重困難。

假設二：因為不具備PA能力，第四類的個案即使學會足夠的漢字，也無法閱讀。

第三節　文獻探討

研究者先澄清聲韻覺識與音素覺識的關係，再列舉西方文獻中支持PA假說的證據，其次說明中文組字規則與拼音文字不同之處，最後再舉出與「PA與中文閱讀」相關的實證研究，這樣安排文獻的目的，在於突顯直接引用「拼音文字文獻」來解釋中文閱讀歷程的不合理性，從而說明研究問題的重要性。

一、聲韻覺識與音素覺識

這兩個詞在英文中分別為 "phonological awareness" 及 "phonemic awareness"。 "Phonoloy" 在我國語言學界則被譯為「聲韻學」，指的是研究人類語音結構及規則的學問，至於 "awareness"，《韋氏新國際辭典第三版》（*Websters III new international dictionary of the English language*; Webster, 1981）有三種解釋：「被察覺的程度」、「防衛、監看、警覺」及「以被理解、知覺、知識著稱：意識的、感知的、認知的」，從這些解釋我們可以知道 "awareness" 是在描述當事者對特定事項有意識清楚的認識、警覺或察覺。曾世杰（1996）因此將聲韻覺識概念定義為「對語音結構的後設認知」。研究者歸納眾多研究者的聲韻覺識定義，發現可分為以下兩類的概念：⑴聲韻覺識僅包括對音素（phoneme）的覺識，即對語音中的音素分割、操弄的能力（Yopp, 1988）；⑵聲韻覺識包括對音節內次單位及音素之覺識能力，如 Goswami 和 Bryant（1990），他們把語音的內在結構細分為音素、首尾音（onset and rime）和音節（syllable）三層次，他們所指的聲韻覺識包含這三層次結構的察覺和操弄。

"Phoneme" 在語言及心理學界則被譯為「音素」。傳統聲韻學中，組成語音的音段（segment）單位，從大到小排序，有音節、首尾音和音素，音素通常被視為組成語音的最小音段（Goswami & Bryant, 1990）。閱讀障礙的相關實證研究中，雖然絕大多數用的字眼是「聲韻覺識」，但是只有「音素」的覺識能力與閱讀有關，音節和首尾音的覺識，被證實與閱讀無關──學童聲韻覺識中有困難的單位在於音素，而不在音節（Liberman, Shankweiler, Fischer, & Carter, 1974）；即使是文盲，他們察覺音節和首尾音的能力，和閱讀能力良好者並無差別（Morais et al., 1979; Morais, Bertelson, Cary, & Alegria, 1986）。因此，本研究在操作的層次，只討論「聲韻覺識」中的「音素覺識」，文章主要的用詞是音素覺識，這樣在操作上會更明確，只有在引用文獻時，沿用其他研究者的用詞，會出現「聲韻覺識」、「音韻覺識」或「語音覺識」等字眼。

二、音素覺識與拼音文字閱讀之關係

　　在西方拼音文字有關閱讀的研究發現音素覺識的歷程在了解學童的閱讀技能時，扮演重要的角色。

　　Perfetti、Beck、Bell 和 Hughes（1987）認為音素覺識和閱讀能力互為因果，他們以八十二名一年級的學生為研究對象，分成三組，給與不同的教學法，第一組學生接受「字母—字音關係」的教學。第二組接受一般閱讀教學，不直接教導字母與字音的關係，其閱讀能力與第一組無太大差異。第三組與第二組一樣，沒接受字母—字音的教學，但接受一些音的分析教學。所有學生接受起始能力測驗（T0），並在三個階段教學完成後，分別接受三次測驗（T1、T2 和 T3），總計共四次。該研究結果認為聲韻覺識一方面受到閱讀能力的影響，另一方面閱讀的發展又影響聲韻覺識，兩者間有互為因果的關係。

　　最有名的當屬第二章末介紹過的 Bradley 和 Bryant（1983）的經典研究，在此僅簡述其結果；他們四年的追蹤研究指出，學前時的音素覺識分數可以有效地預測四年後的閱讀成就。此外，音素覺識和數學成就卻沒有任何相關，說明了音素覺識並不是一種「一般的能力」，它和數學能力無關，只和閱讀息息相關。而在實驗研究中，結果顯示接受聲韻教學的兩組實驗組，後來的閱讀及拼字的成就顯著高於兩組控制組，這些證據支持了 PA 假說；也就是說，在拼音文字中，學前的音素覺識確實是閱讀的先備條件，兩者之間不但有相關，而且有因果關係——音素覺識是因，閱讀是果。

　　支持 Bradley 和 Bryant（1983）的說法，認為聲韻覺識能力為閱讀能力的先備條件的研究不勝枚舉（例如 Byrne & Fielding-Barnsley, 1989; Catherine & Manis, 1996; Lance, 1997; Liberman et al., 1989）。統合這些學者的想法，他們相信聲韻覺識與個體的先天素質有關，在這方面有困難的兒童，不像一般兒童可以在幾週的閱讀教學後發展出音素覺識的能力，因而音素覺識可以視為是拼音文字閱讀習得的重要指標。

　　近十年也有許多研究找到 PA 假說的生理學證據，例如，Temple、Deutsch、Poldrack、Miller、Tallal、Merzenich 和 Gabrieli（2003）以實驗教學配合功能性核磁共振照影的評量得到一個結果，和一般兒童比較起來，讀寫障礙者左腦的兩個區域是比較不活躍的，但經過八週，每週五天，每天一百分鐘的聲韻電腦遊戲訓練後，這些讀寫障礙兒童左腦的那兩個區域也活躍了起來。從這個研究我們見到，PA 假說不但可以得到心理及教育測驗上的證據，也是有生物基礎的。

三、漢字、聲韻覺識與中文閱讀

研究者先就聲韻學方面，來探究漢字與拼音文字的差異性，並回顧國內有關中文閱讀的實證研究，最後再就漢字標音系統的演變做一番說明。

(一)漢字的特性

中文與其他語系的文字系統有幾個主要的不同點：(1)中文是個「語素—音節」文字（裘錫圭，1994），在絕大多數的情況下，每個方塊字就是一個語素（morpheme），而且一字一音節；(2)中文有字調變化，一字一調，具有變調的規律；(3)在字形上，中文的筆劃繁複，不像拼音文字那樣只用少數的字母組成所有的文字。以下特別就中文的「字形」及「字音」特性提出探討。

1. 字形上：裘錫圭（1994）《文字學概要》書中指出，各種文字系統所使用的字符，大體可歸納為三大類，即意符、音符和記號。與文字所表的詞在意義上有聯繫的是「意符」，在語音上有關聯的是「音符」，在語音和意義上都無聯繫的是「記號」。漢字三類符號皆使用，但拼音文字只使用音符，為兩者不同之處。

2. 字音上：漢字的特性之一是音節結構固定，其音節結構為（C）（M）V（E），V 表主要元音，C 表輔音，M 表介音，E 表元音之後的元音性或輔音性韻尾，每一音節中最多包含四個音素。所謂的單音節是指漢語詞素中只有一個聲母和元音群（可能有韻化輔音韻尾）構成的，意即主要為聲母與韻母的組合。反觀，拼音文字

則是多音節，每個詞包含的音素較多，所以同音字較少，漢字則較多。漢語的聲調也和許多語言不同，聲調則是指一個音節中語音頻率高低變化的情況，它既非音長的不同，也不是絕對音高的不同；假使以統計圖表來表示，則聲調是音高變化的曲線。漢字中有句調（語調）來幫助表達情意，與別種語言類似；不過其四聲具辨義的功能，是西方語言所沒有的。漢字中的四個聲調除辨義作用外，其高低變化，尚有助於音節的立體化及音節界線的劃分。此外，漢字一字一調，並具有變調規律的特性，常見的有上聲變調等，這樣的規律並無法在書寫的漢字中顯現，此一特性是不同於印歐語系的。綜言之，漢字與拼音文字無論在字形及字音上皆大相逕庭。

中文文字系統與西方拼音文字系統有著如此大的差異，閱讀習得的歷程會不會因而有所不同呢？西方「音素覺識的能力與閱讀理解息息相關」的研究結果，是否能適用於中文閱讀習得歷程呢？

㈡中文閱讀習得相關研究

許多研究指出漢字含有字形、字音、字義的成份，兒童在識字時均會使用這些語言成份做為識字策略，且隨年齡的變化，所使用的策略會有所不同（李祈雯，1992；柯華葳，1993）。方金雅（1996）也指出：⑴國小學生在一般字彙知識的表現，包括「組字規則知識」、「部首表義知識」及「聲旁表音知識」均隨年級的增加而逐漸穩定成長；⑵一般字彙知識與認字能力、國語文學業成就有顯著正相關，一般字彙知識能有效預測認字能力與國語文學業成就，並能有效區辨不同國語文學業成就的學生。吳敏而、黃琪芬（1983）的研究則發現，初入學的一年級學生無法辨別真字、非字和假字，但兒童在國小一到三年級已逐漸發展出「漢字組字規則」。由上述研究，我們可以清楚的明白字形、字音與字義的識字線索在識字時具有相當重要的地位，聲旁與部首在訊息處理的過程中均有實質的重要性，而這些研究發現，亦可說明漢字的特性對於中文認字的重要性。因此，有些學者建議在識字之初，若先培養漢字字彙規則概念，將有助於漢字的學習（曾志朗，1991；萬雲英，1991）。但是，漢字的學習仍有其他管道，

標音系統（如注音符號）就是最重要的學習管道之一。

㈢注音符號在閱讀習得中的角色

漢字的發展以形為始，標音系統是後來才出現的，早期標音系統的發展大致依照「讀若」、「直音」、「反切」的方法，民國之後才有「注音字母」的發展，台灣目前用的注音符號就是其中一種。

注音符號是根據漢字的篆體改寫而成，注音符號與漢字比較接近，比較容易學習，此為其一大特性（例如：「ㄅ」與「包」字比較接近，是由「包」字演變而來的）。注音符號是漢字的重要偏旁，大部分是現行字典中的部首，由於和漢字形體一致，透過它學習漢字，有助於學習者了解漢字筆劃和結構。

在發明注音符號之前，並不牽涉到音素層次的分析，國民教育普及之前的閱讀教育是從識字開始的，兒童先經由誦讀《三字經》、《百家姓》、《千字文》記誦每個方塊字的發音，繼而透過反切法學習新的字彙。因此，研究者推論，從漢字及注音符號發展的歷史看來，漢字先出現，標音系統後出現，注音符號等標音系統應該不會是漢字識字閱讀的必要條件。這個「學習層面」的推論，當然並不能等同於在「認知層面」中「漢字的學習不需要音素層次的覺識」，但是如前段所述，漢字一字一音節的特性，使讀者不需要分析字裡的語音結構，尤其不需要音素層次的分析。依此推論，音素覺識也有可能不是學習漢字的必要條件，這樣的說法與拼音文字研究的主流信念是不同的。

四、音素覺識在中文閱讀習得中的角色：實證研究回顧

㈠支持 PA 假說的相關性研究

柯華葳、李俊仁（1996a）以五十四名一年級新生，以縱貫法研究語音覺識與認字能力的關係，結果發現低年級時，語音覺識相關因素確實與認字之間具有顯著正相關，在早期是藉由聲韻來幫助認字的發展，因此研究

者認為語音覺識與語言教學有很大的關係，對字的學習應是一種輔助性的角色。曾世杰（1997）在台灣北、中、南、東四區各選取國語文高、中、低成就者共計三百六十六人，其中二年級為一百八十三人，五年級為一百八十三人，施測「聲韻覺識」（六個分測驗，包括聲調、聲母注音、韻母注音、聲韻母注音、母音分類、子音分類）等六個聲韻處理的相關變項，並以洪儷瑜與陳美芳（1996）編訂的學習特質檢覈表來排除因智能、感官、健康、情緒和學習不利因素造成閱讀低成就兒童。研究結果顯示，第一，不管是二年級或五年級，高、中、低三組國語文成就組，他們在聲韻處理的六個相關變項上，有顯著的不同，且這六個聲韻處理的變項可以有效預測「閱讀理解」。黃秀霜（1997）以四十四位（二十二位男生，二十二位女生）國小學童，做縱貫性的研究，研究結果指出兒童在接受十週的注音符號教學以後，在音韻覺識上有明顯的進步；音韻覺識能力是唯一與當時的認字能力存在顯著相關的因素，具有即時預測力。

更值得注意的研究是 Ho 和 Bryant（1997）在香港探究聲韻角色對兒童學習中文閱讀的影響，他們選取一、二年級各四十五名，其中一年級平均年齡七歲，智商 110.9；二年級平均八歲，智商則為 105 的學童為受試者，測量閱讀能力的方式以雙字真詞、形聲字、形聲假字等；同時以韻頭及韻尾相異者測驗做為音素覺識測驗。研究結果如下：

1. 兒童確實使用聲韻策略閱讀，他們唸出「規則的漢字」（依聲旁發音）的正確率高於「不規則的漢字」，且在形聲字唸音錯誤中，與音根有關的錯誤占 62.4%。

2. 一年級學童同韻偵測作業的分數與形聲真字及假字的唸音分數有顯著相關。

Ho 和 Bryant 由此結果推論，一、二年級的受試者需依賴音根的暗示來唸出其字音，且在學習漢字音規則性上，音素覺識的學習是重要的歷程。表示中文閱讀的習得歷程除了義符階段（logographic stage）外，尚包括音素覺識的階段；他們因此認為，中文的音素覺識和拼音文字一樣重要。但是，由於此研究為事後回溯設計，也許音素覺識的發展是在學習漢字之後才發展出來的，或是透過其他拼音文字的學習才衍生出來的，這兩個可能

在 Ho 和 Bryant 的研究設計中均無法檢驗。音素覺識在中文習得的歷程中是否真的那麼重要，並未有確鑿的證據。

(二)不支持 PA 假說的相關研究

另有一些研究則持相反的觀點。Read等人（1986）以兩組中國大陸的成人為研究對象的研究，他們發現未接受過拼音教育者，雖然能閱讀中文，但其聲韻覺識能力顯著低於受過拼音教育的對照組；簡單的說，即使有四十年的中文閱讀、書寫經驗，也不一定能發展出音素覺識的能力。柯華葳與李俊仁（1996b）則以嘉義市一所國民小學的補校，年齡在四十至六十歲之間的成人，探討音素覺識（柯文稱語音覺識）與閱讀理解能力的相關研究，結果發現成人音素覺識與閱讀能力上的表現相關不高，且初學識字的成人，其去音首的能力並未隨著識字的增加而增加，成人聲韻處理的能力很可能是在學會注音符號之後才學會的。音素覺識可能是「拼音文字從這個研究看，教育」下的產物，與中文閱讀無關。Huang 和 Hanley（1994b）比較香港地區拼音組和非拼音組在音素覺識、視覺技巧和閱讀能力上的差異，也認為是學習拼音促進音素覺識能力和中文閱讀的連結，是屬於學習拼音後的效果。

從以上三個研究，我們可以得到兩個主要的論點：一為音素層次的音素覺識可能不是天生就會的，而是在拼音系統的學習之後才發展出來的；二是音素層次的音素覺識似乎與中文閱讀沒有太大的關係，缺乏音素覺識的能力也可以學會中文閱讀。

綜觀我們現行的閱讀教育是從一套聲韻系統（即注音符號）的學習開始的，在這種設計下，注音成為學習中文閱讀的主要媒介，注音有困難，閱讀的習得就會發生困難；反之，注音的能力好，閱讀就相對的容易。再者，黃秀霜（1997）和柯華葳、李俊仁（1996a, 1996b）的研究都指出，不論是兒童還是成人，都在十週的注音符號教學後，音素覺識能力有明顯的進步；換言之，注音學習之前，個體不會在音素覺識，注音訓練之後，就有明顯的進步。這樣的結果指出，音素覺識能力是注音訓練後「學來的」。注音符號原理學習事實上就是音素覺識的學習，所以音素覺識與閱讀能力

才會有正相關，因此研究者希望透過不同類型的個案來檢證「中文閱讀與音素覺識」兩者間是否有必然的關係。本研究將針對四類個案，以實際教學或訪談的方式，蒐集資料以回答本研究的研究問題及假設。

第四節　研究方法

一、研究架構與參與者

目前國內有關聲韻覺識的研究，多為量化研究，以平均數來代表所有群體，而平均值兩端的特殊案例，容易被忽略，或在統計過程中喪失其個別的特殊意義。本研究則以個案研究法進行，研究者採用觀察、訪談、測驗、實驗等方式，蒐集有效且完整的資料，目的在獲取對每一位參與對象有系統和深度的資訊。本研究以不同年齡和特質的四類個案，檢證「音素覺識是否為中文閱讀的必要條件」這個研究問題，如圖6-1。下面就四個子研究說明之。

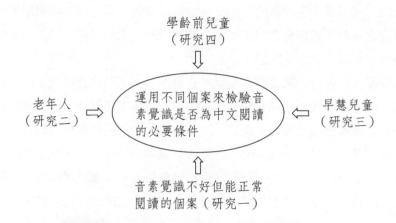

● 圖 6-1　研究架構：以四類個案檢驗同一個問題

研究一：對一位音素覺識不好但能正常閱讀的個案進行深度觀察及描述，MM，十三歲的國小女童，對她進行音素覺識的測驗、閱讀理解與能力等測驗。

研究二：尋找不會注音符號的老年人，研究者到台東縣兩個榮民之家，先對二十位老榮民進行音素覺識、閱讀理解能力等測驗，就「不具備拼音能力，卻能正常閱讀者」中選取三位，以進行深度的了解。

研究三：早慧學童，研究者一九九九年在一次研討會上，發現一位六歲的小女孩SH，正在閱讀武俠小說《神鵰俠侶》，那時她還不會注音，而能閱讀小說。

研究四：學齡前兒童XH與TZ，分別為五及六歲，未受過任何文字教育。研究者先確定兩兒童不具備音素覺識的能力，再進行實際識字教學。

二、資料蒐集與測驗工具

本研究資料蒐集方式以觀察、訪談、札記分析和測驗等四種方式進行。研究者進到個案的環境中，觀察個案生活中與閱讀有關的行為，並對個案本人、家長、老師訪談，了解個案是如何學會閱讀的，其間發生了什麼困難？如何克服？因著研究的目的，研究者特別注意詢問個案是否學過拼音文字或注音符號的經驗，觀察及訪談結果均立刻以隨身筆記記下。本研究以下列的研究工具對個案進行診斷與評量：

1. 中文年級認字量表（黃秀霜，2001）：本認字量表旨在評量學生認字能力，係採個別施測方式，依Stanovich（1986）提出沒有上下文脈絡影響之認字能力可以有效的區辨讀者與弱讀者而編之。認字測驗之施測所費時間不長，在個別測試中，又可獲得學生口頭反應之訊息。

2. 音素覺識測驗（江政如，1999）：本測驗採用江政如（1999）所編製的一套具有理論基礎及信效度的中文音素覺識測驗。本研究以其

中的同韻判斷、聲韻結合能力與字的分解三項分測驗來測量個案的音素覺識能力。這三個分測驗各有二十題，都以假音為題目，主試者以口語施測，受試者以紙筆或口語回答，主試記錄受試者之反應。測驗的形式，分別舉例其練習題如下：

(1)同韻判斷：聽到「ㄋㄚ、ㄋㄛ」，這是不同韻的，你就打「×」。聽到「ㄋㄚ、ㄎㄚ」，這是同韻的，你就打「○」。

(2)聲韻結合能力：我說「/ch/、/i:/」，你說「七」。我說「/ch/、/i:/、/a:/」，你說「掐」。我說「/ch/、/I:/、/a:/、/u:/」，你說「敲」。

(3)字的分解測驗：我唸「ㄇㄚ」，你唸「ㄇ」、「ㄚ」。

3.閱讀理解困難篩選測驗（柯華葳，1999）：本研究採用柯華葳（1999）所編的閱讀理解困難篩選測驗，本測驗分為兩種，一為二、三年級卷，另一為四、五、六年級卷，以團測的方式進行。測驗內容有字義題、命題組合題和理解題等三種類型，二、三年級題本為十八題，四、五、六年級題本增為二十題。

4.成人閱讀理解測驗：這一份成人適用的中文閱讀理解測驗是由曾世杰（1996）所編製，依照 Pearson 和 Johnson（1978）的說法，將閱讀理解分成表層文義的理解、深層文義理解及涉及個人經驗的理解三個層次。受試者在閱讀完短文後，必須回答這三個層次的選擇題，測驗六篇閱讀理解測驗，每篇有五個選擇題，由易至難排列，共有三十題。

第五節 研究結果與討論

一、音素覺識不好但能正常閱讀的兒童

㈠個案描述

個案 MM，台南縣某國小啟智班六年級的中度智障女童，導師告訴我們：「六年內試過教注音符號很多次，她就是不會」。表 6-1 是 MM 的各項測驗結果：她在中文識字及閱讀的測驗表現上與同齡一般兒童類似、甚至超過同儕，但在音素覺識測驗的表現極差，三十七個注音符號她只認得三個；同韻判斷得分低於隨機猜測；聲韻結合及字的分解方面，她都得零分。總之，我們完全找不到證據說明她具有音素覺識能力，她卻能成功的識字及閱讀。

㈡結果討論

從表 6-1 可發現，MM 在閱讀及識字方面的表現與同年齡的學童不相上下，但其音素覺識方面的能力卻未隨著識字能力而發展，閱讀與聲韻兩者似乎是各自發展，有相當的獨立性。在閱讀及識字的表現上，無論從非正式閱讀、中文年級認字及閱讀理解三項測驗上皆可得知 MM 的閱讀能力是沒有問題的。

就 MM 音素覺識的研究結果，可歸納成三點：第一，她無法進行判斷聲母（以 C 表示）、韻母（以 V 表示）層次的作業；第二，她對於結合 CV 層次的作業也有困難；第三，她也無法將一個音節分成兩個或三個音素。以上均屬於簡單且基礎的音素覺識作業，可發現 MM 的音素覺識能力是較差的，應該無法流暢地閱讀，但 MM 這個中度智能障礙的六年級女生，學不會注音符號，卻可以流利的閱讀，這個發現與「PA 假說」的預測不符。

● 表 6-1　MM 各項測驗的作業說明及正確率

項目 測驗		作業說明	總題數	答對題數	百分等級或答對率	說明
閱讀識字測驗	中文認字量表	測驗內容共有二百字，由易到難，答對一字一分，連錯二十個字即停止施測。	二百字	一百三十四字	PR＝64	認字能力屬中等程度。
	閱讀理解	受試者在閱讀完短文後，必須回答表層文義、深層文義及涉及個人經驗三個層次理解的選擇題。共有六篇文章，由易至難排列，共有三十題。	三十題	十五題	50%	理解能力與國二的學生相比，不相上下。
音素覺識能力測驗	認讀注音	認讀三十七個隨機排序的注音符號。	三十七個	三個	8%	只能認讀一、ㄨ、ㄩ。
	同韻判斷	例如：「ㄈㄛ、ㄅㄛ」韻母的部分是相同的，就畫「○」。「ㄊㄝ、ㄆㄤ」韻母的部分是不相同的，就畫「×」，隨機猜對的機率為50%。	二十題	五題	25%	答題時不確定聲母、韻母，得分低於隨機猜測的分數。
	聲韻結合	將個別注音符號組合成字的能力，例如：「ㄇ」、「ㄚ」→「ㄇㄚ」，第二部分，三音素：「ㄋ」、「ㄨ」、「ㄚ」→「ㄋㄨㄚ」，第三部分複韻母：「ㄎ」、「ㄚ」、「ㄨ」→「ㄎㄠ」。	二十題	0 題	0%	受試者無法進行任何聲母和韻母結合的工作。
	字的分解	測量學童將字分解成音素的能力，例如：「ㄅㄝ」→「ㄅ」、「ㄝ」，「ㄇㄨㄚ」→「ㄇ」、「ㄨ」、「ㄚ」。	二十題	0 題	0%	無法進行音素分解的作業。

二、不具備音素覺識的老年人

㈠個案描述

　　研究者首先函請台東市某一榮民之家推薦二十位能閱讀的老先生，並以訪談篩選掉閱讀能力太弱或心智、體能、視力無法配合的榮民，再篩掉曾經學過標音系統（英文、日文、注音等等）的榮民，最後留下三位老先生（YN、LE、CH），接著做更深入的訪談，並施測閱讀理解測驗及音素覺識能力的測驗。表 6-2 整理出這三位老先生提供給我們的重要訊息。

　　1. 訪談結果：如表 6-2，可看出三位都能閱讀，都不能拼音。

　　2. 中文年級認字測驗結果

　　　⑴YN二百個字中識得一百八十七個字，識字正確率為94%（187/200字），其錯誤類型依黃秀霜（1999）的歸類原則，可區分為「字形加字音」錯誤（如訶唸成可）、「字形錯誤」（准唸成准）二類。

　　　⑵LE二百個字中識得一百五十二個字，識字正確率為 76%，錯誤類型為「字音類似」（如蠻的ㄌ唸成ㄇ）、「調值錯誤」（如飪字唸第四聲改為第二聲）、「字形加字音」錯誤（如措唸成惜）三類。

　　　⑶CH二百個字中識得一百四十二個字，識字正確率為71%（142/200字），錯誤類型為「字音類似」（如酤的ㄍ唸成ㄎ）、「字形加字音」錯誤（如侑唸成有）、「字形錯誤」（泠唸成冷）三類。

　　3. 成人閱讀理解測驗結果：YN和CH在總題數三十題的測驗中，分別答對了二十六題及二十三題，正確率分別為87%及77%；LE因眼睛疲累，所以二十一題之後，無法繼續其他的題目，但LE所填答的二十一題完全答對，正確率為100%。

　　4. 閱讀報紙的正確率

　　研究者剪下當天報紙的一則新聞，請求老先生唸出報紙上的文章內

●表 6-2 三位不會標音系統但能閱讀的老先生訪談結果整理

個案 項目	YN （七十四歲）	LE （八十六歲）	CH （七十五歲）
學歷	初中畢	國小畢	私塾三年
閱讀（識字）策略	強記、背誦、默寫	強記、部首 及偏旁記憶	記憶、背誦 字形及讀音
是否學過注音或拼音？	學過國音符號，全忘了，不會拼音	沒學過任何 拼音系統	沒學過任何 拼音系統
閱讀的情形	流暢，理解力高	流暢，速度慢	流暢，記憶力強

容，再計算出他唸對的總字數，研究者計算閱讀的錯誤率及所花費的時間。

(1) YN 以三分二十秒唸完這則報導，錯誤率僅有 2%。

(2) LE 以五分七秒唸完這則報導，錯誤率有 10%。研究者發現他的視力情況會影響他閱讀的速度。

(3) CH 以四分四十三秒唸完這則報導，錯誤率僅有 5%。

5.音素覺識能力測驗結果

音素覺識有三個分測驗，各二十題，連續錯五題就停止施測。

(1) YN 在「同韻判斷」的得分為 0，連續錯五題，「聲韻結合」的表現很差，雖學過「國音符號」，卻無法進行聲母與韻母結合的動作，研究者發現他似乎在聲韻結合方面有明顯地困難，得分仍為 0 分。在「字的分解」上，他僅能將「ㄊㄣ」與「ㄏㄜ」兩音節做音素分解二題，其餘皆不會，研究者認為以猜測的機率居多。

(2) LE 在「同韻判斷」、「聲韻結合」與「字的分解」三個子測驗的表現皆為 0 分，原因在於他完全聽不懂研究者要他做什麼，以至於無法回答問題。如前所述，他從未學過注音符號或任何拼音系統。

(3) CH 在「同韻判斷」表現為六分，研究者發現施測時，他聽到相

似或同一聲調的音，就猜測可能是相同韻母，也以猜測回答的機率居高，他在「聲韻結合」只答對「ㄉ、ㄢ」與「ㄎ、ㄣ」兩題。「字的分解」則得 0 分，他無法將「ㄊㄣ」這個音節，區分成「ㄊ」、「ㄣ」兩個音素。圖 6-2 歸納三位在各項測驗正確率，三人的共通點為閱讀及識字的能力明顯優於音素覺識的能力。

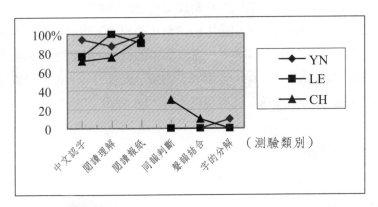

● 圖 6-2　三位老先生各項測驗的正確率比較圖

(二)結果討論

　　首先，從圖 6-2 得知，三位老先生在開始學習認字和遇到生字時的處理方式，皆採取「記憶」及反覆「背誦」的策略，並沒有藉由任何拼音系統的輔助來習得識字與閱讀。他們缺乏音素覺識的訓練，研究者也無法以現有的工具發現他們具備音素覺識的能力，但是他們卻能流暢地閱讀日常生活中書報雜誌等讀物。

　　再從歷史的角度思考，當漢字出現，拼音系統（如：反切、注音）尚未產生時，人們如何習得漢字？這方面的了解將使我們可以跳脫個人或個案的層次，去探討這個現象是否可能發生在某個世代的「每一個」人身上。王鳳陽（1989）指出，漢字發展分成三個階段：(1)圖畫提示文字階段（夏代以前）；(2)象形表義文字階段（夏代至秦）；(3)記號表義文字階段（秦漢至今）。在「記號表義文字階段」，才發展出以形聲表達意義為主的記

號文字，形聲字由形旁和聲旁組成，形旁具有範圍類群的區別功能，聲旁則具有語音與意義的表達功能。亦即在漢字的演變過程中，其「形聲」的特質是比較晚才出現的（約秦漢以後）。若依 Ho 和 Bryant（1997）的說法，「形聲」的識字策略也是一種聲韻覺識，則在秦漢之前根本就無形聲字可言，則我們可以合理的推斷當時閱讀與學習漢字只需強記「漢字」與「音節」的連結即可，不必也無從訴諸更細部的音素覺識。從這三位老先生學習識字的策略窺得，他們識字的策略正是經由記憶與背誦「字形」與「字音」間的連結，輔以漢字「一字一調」的特性，他們並未透過「音素覺識」的輔助達到識字。從「音素覺識測驗」表現得知，他們音素覺識能力不佳，卻能流暢地閱讀，此發現再次與「PA 假說」的預測不符。

三、早慧學童

㈠個案描述

　　SH是女生，父母親均為大學教授，研究者在二〇〇〇年八月的一場學術研討會外認識正在津津有味地閱讀《神雕俠侶》的她，一問之下才發現那時她尚未入學，根本就沒學過注音符號，雖然她無法完全讀懂為大人寫的武俠小說，但閱讀能力似乎遠超過同齡兒童，研究者因此徵得家長同意，將SH納入本研究個案，SH在瑞文氏彩色圖形推理測驗百分等級為 88，其他的測驗及質性資料如下：

　　　1. 閱讀、識字及聲韻測驗結果：各種測驗的結果整理如表 6-3，從表中可以看出 SH 的閱讀識字相當優秀，注音及音素覺識能力的測驗則未見理想。
　　　2. 質性資料蒐集
　　　　⑴注音學習：SH 接受訪談時，談到她剛上一年級時非常的痛苦，因為老師用的注音符號她全部看不懂，考試也考的很差。她說：「我都已經能看懂課本中的國字，為什麼要學這麼多的注音符號？而且注音和國字看來都不像，兩個注音合在一起好難喔。」

● 表 6-3　SH 各項測驗的作業說明及正確率

測驗類別	項目	作業說明	總題數	答對題數	百分等級或答對率	說明
閱讀識字測驗	中文認字量表	測驗內容共有二百字，由易到難，答對一字一分，連錯二十個字即停止。	二百字	七十字	PR＝99	認字能力高於同年級學童。
	國小二、三年級閱讀理解	測驗的內容包含字義題、命題組合題與理解題，共有十八題，每題一分，目的在測試受試者的閱讀理解與推論能力。無一年級常模	十八題	十五題	83%	無常模對照，但推估比同儕程度高出很多。
注音及音素覺識能力的測驗	認讀注音	認讀三十七個隨機排序的注音符號。	三十七個	三十五個	95%	1. 未學注音前，SH 無法進行此四項測驗，因此在注音符號教學之後實施。 2. 同韻判斷僅略高於猜測水準。
	同韻判斷	例如：「ㄈㄛ、ㄅㄛ」韻母的部分是相同的，就畫「○」。「ㄊㄝ、ㄆㄤ」韻母的部分是不相同的，就畫「×」。	二十題	十二題	60%	
	聲韻結合	將個別注音符號組合成字的能力，例如：「ㄇ」、「ㄚ」→「ㄇㄚ」，第二部分，三音素「ㄋ」、「ㄨ」、「ㄚ」→「ㄋㄨㄚ」，第三部分複韻母：「ㄎ」、「ㄚ」、「ㄨ」→「ㄎㄠ」。	二十題	十二題	60%	
	字的分解	測量學童將字分解成音素的能力，例如：「ㄅㄝ」→「ㄅ」、「ㄝ」，「ㄇㄨㄚ」→「ㄇ」、「ㄨ」、「ㄚ」。	二十題	九題	45%	

（二〇〇〇年十月十四日訪談紀錄）。除此之外，SH的老師經常以課堂中的「注音聽寫」來實施形成性評量，研究者蒐集了SH二〇〇〇年十月四日以前的八次聽寫成績，滿分100分，SH這八次聽寫分別得分為 50、20、70、70、60、60、20、90，簡而言之，SH學習注音並不像學習識字閱讀這麼容易。

(2)非正式閱讀觀察：研究者取國編版國語課本一至十二冊，請SH唸出每一冊課本中其中一課的課文，唸完後並請SH說明課文大意。SH從第一冊唸到第六冊都沒有遭遇任何困難，在唸第六冊第四課「大海裡翠玉」時，她唸得非常流利：「大海裡的翠玉……就像大海裡的滾滾波浪，蘭嶼站立在台灣的東南方，它像藍色大海裡頭的一顆翠玉，在白浪間閃耀碧綠的光芒……」「蘭嶼」、「閃耀」等低頻字詞都難不倒她，她沒有遇見任何生字。閱讀到第十冊第十四課時，她的閱讀速度較慢，遇到的生字也較多，在看不懂的地方，她會從上下文來推斷字或詞的意義。第十冊以後，即使課文中遇到十個以上的生字，她也能正確說出課文大意（二〇〇〇年十月十四日錄音及札記整理）。

㈡結果討論

從表 6-3 可發現，SH的閱讀識字能力皆明顯高於同年齡的學童，非正式閱讀的表現上能閱讀並理解五年級的國語課本；而音素覺識的測驗結果顯示，她在接受十週注音符號教學後，其聲韻結合、判斷及音素分解的能力，依然有所困難。研究者對 SH 的印象有二：

1. 從發展的順序來看，音素覺識不可能是 SH 閱讀能力的因：研究者由 SH 閱讀及音素覺識兩方面的測驗結果，推論其音素覺識能力是一項後天習得的能力。由上述的結果可知 SH 是先學會「識字」，累積一些識字量後進而開始「閱讀」，在接觸學校教育後，才開始學習「注音符號」。對她而言，「注音符號」是一個鮮少存在於自然語言環境中的文字符號，她在學習上曾經有相當大的挫折；她的識字和閱讀發展在先，音素和注音的處理能力學習在後。黃秀霜

（1997）的研究也發現，兒童在十週的注音符號教學後，音素覺識能力有明顯的進步，換言之，在注音符號學習之前，兒童都不會音素覺識的技巧，十週訓練之後，兒童有明顯的進步，這些結果指出，音素覺識能力是注音訓練後「學來的」。

2. 音素處理的能力和漢字識字閱讀的能力，有相當的「獨立性」：SH的音素覺識能力較差，但閱讀理解與識字能力的表現卻很好，並不符合「PA假說」的推論。因此研究者推論，由於漢字與西方拼音文字實屬不同的文字表徵系統，即使學童缺乏音素覺識的能力或表現較差，仍能學會識字與閱讀。

四、學齡前兒童的識字教學

㈠個案及教學程序描述

1. 研究參與者：兩位一般的學前兒童，XH與TZ，分別為五歲女生及六歲男生，智能正常，無身心障礙，未受過任何文字教育，均不具備音素覺識能力。

2. 研究及教學設計：研究背後的想法是，「聲韻覺識」與「中文識字閱讀」分離的現象，應不限於資優兒童，一般兒童若經識字教學，累積足夠的字彙後，應該也能成功的閱讀。研究者依據漢字特性與「猜猜看教學法」來教識字，協助個案分辨字形及連結文字本身的形、音、義。自二〇〇〇年十一月至二〇〇一年三月進行為期十五週的教學，教學分為兩階段。第一階段選擇故事性強、字彙難度低、具有豐富圖像的繪本八本（如表6-4）做為教材，共區分為四個單元的閱讀材料以進行教學，第一階段目的在使個案能藉由閱讀八本兒童繪本，並以書中的漢字做為生字教學材料，累積足夠的「識字量」，以利第二階段教學之進行。第二階段教學的進度及內容如表6-5，選編教學材料乃選取一本兩位小朋友從未讀過的兒童繪本《小荳荳》，預計實施的教學內容為研究者先教導他們學會課文中的生

● 表 6-4　第一階段教學進度及教材

日期	教學單元進度	閱讀材料名稱
2000.11.16	單元一	月亮、地球、太陽（郝廣才）
2000.11.27	單元一	誰在裡面？（光復書局）
2000.11.28	單元二	我會得到什麼？（光復書局）
2000.12.04	單元二	我們一起玩（光復書局）
2000.12.15	單元三	出去真好玩（南茜‧海倫）
2000.12.16	單元三	我是恐龍（光復書局）
2000.12.23	單元四	小貓咪（光復書局）
2000.12.30	單元四	我的衣裳（西卷茅子）

● 表 6-5　第二階段教學進度及教材

日期	教學進度	教學材料
2001.2.24	複習	單元一至四的生字複習（以字卡的形式）
2001.3.01	生字教學	教以《小荳荳》書中的生字與新詞教學
2001.3.15	造詞、造句	以《小荳荳》文中的字詞進行造句比賽
2001.3.22	複習	猜讀字卡，進行字卡拼圖遊戲教學
2001.3.28	綜合性評量	進行認讀課文生字測驗、故事理解問答測驗、兒歌朗讀三項測驗評量其閱讀能力

　　字與新詞，但不教導他們任何故事內容，最後再以認讀課文生字測驗、故事理解問答測驗、兒歌朗讀三種方式來測量二位小朋友對這本故事書的閱讀能力，目的在檢視兩位兒童在沒有音素覺識訓練的情況下，是否能夠成功地閱讀中文。

　　此外，研究者製作可供個案操作的詞卡。第一種，自製長方形詞卡製作以簡單為原則並呈現不同的顏色來代表詞彙的難易，並在詞卡的背面繪製圖像，用意除了可提升學生的學習興趣外，亦可增加其視覺上的線索，

以提高識字學習的成效。第二種字卡，用於生字教學上，以漢字六書造字的原則為主，字卡正面為單獨的漢字（包含部首及書寫順序），背面為漢字字彙的知識（包含六書、記憶術、常用詞、易混淆字、字族及字謎等方式的綜合），藉以輔助教學之用。

(二)結果與討論

　　第一階段教學評量結果如表 6-6，教學者在每一教學單元結束前，進行該單元之形成性評量。評量方式是讓二名個案分別認讀每一本繪本內所有字彙的正確率（答對字數／總字數）及生字詞造句正確率（答對題／總題數），目的在了解個案的學習效果，並立即提供訂正與回饋。而透過造句比賽可讓他們除了能識得如「悲傷」這個詞彙外，更能將「悲傷」與字義做連結，進而真正理解一個字詞在句子中的用法及意義。

　　從表 6-6 可知，兩位兒童從第三單元起，識字及生字詞造句就漸入佳境，從他們的表現，我們有理由相信，兩位兒童已經具備以下的後設語言（metalanguage）的能力，他們已經可以發現「字是代表口語語音的」、「每個字唸成一個音節」、「相同的字可以結合起來形成詞」及「詞和詞可以形成句子」等等。總括來說，兩位兒童在第一階段的評量結果皆呈現進步的現象，並達到教學的目的，已累積足夠的識字量，以利進行第二階段的教學。

　　第二階段的評量重點在於讓兩位兒童進行研究者自編三項閱讀理解能力的測驗，測驗一是「認讀課文生字測驗」，兩位兒童被要求認讀《小荳荳》書中的內容，研究者計算全部唸對的字數除以總字數；測驗二為「故事理解問答測驗」，研究者依據 Pearson 和 Johnson（1978）的三個理解層次：字面理解、推理理解及判斷理解來進行試題的編製，以測量兒童對《小荳荳》閱讀理解的程度；測驗三是「兒歌朗讀測驗」，研究者以所教之生字自編教學短篇兒歌，編製特色在於依照《小荳荳》故事情節構思，且編排成押韻的短文。

● 表 6-6　第一階段形成性評量結果表

形成性評量 單元一至四	測量材料名稱	認讀每一本繪本 的識字正確率	生字詞造句 正確率
單元一	月亮、地球、太陽	80%（TZ）	80%
		65%（XH）	85%
單元一	誰在裡面？	85%（TZ）	85%
		80%（XH）	85%
單元二	我會得到什麼？	90%（TZ）	85%
		85%（XH）	90%
單元二	我們一起玩	95%（TZ）	90%
		95%（XH）	95%
單元三	出去真好玩	95%（TZ）	95%
		90%（XH）	95%
單元三	我是恐龍	99%（TZ）	95%
		98%（XH）	95%
單元四	小貓咪	100%（TZ）	100%
		100%（XH）	100%
單元四	我的衣裳	100%（TZ）	100%
		100%（XH）	100%

　　表 6-7 呈現兩名兒童三項測驗的結果,主要的發現是,兩名個案雖然沒有讀過《小荳荳》書中的內容,但在接受研究者直接進行識字教學後,由測驗的結果發現他們不但可以完全理解故事所敘述的內容,更能運用推理、判斷能力描述與回答和故事情節有關的問答題,而且認讀生字的正確率也分別高達 100%及 99%。二人的學習效果反映在測驗的表現上,由此

● 表6-7　第二階段總結性評量結果表

測驗 姓名	測驗一 認讀課文生字 正確率	測驗二 故事理解問答 測驗（十題）	測驗三 兒歌朗讀正確率
TZ	正確率：100% （277/278字）	十題全答對，正確率100%，完全理解故事內容，運用推理、判斷能力回答本測驗問題。	正確率100%，朗讀時節奏及押韻清晰，可講解兒歌內容的大意。
XH	正確率：99% （275/278字）	十題全答對，正確率100%，她能運用回憶及推論的能力詳細地回答每個問題。	正確率100%，十分正確的朗讀兒歌，並解說兒歌內涵。

可知對學齡前兒童進行識字教學有助於他們獨立閱讀，結論是學前兒童在尚未接受注音符號訓練前，可透過直接識字教學學會閱讀。

第六節　結論與建議

一、結論

綜合本研究四類個案的研究結果與討論，可歸納出以下幾點結論：

1. 天生缺乏音素覺識能力、在特教班中投入大量的人力時間仍然學不會注音的身心障礙兒童 MM，仍可透過其他方式學會中文閱讀。

2. 不具備音素覺識能力的三位老先生，他們學習識字的策略是強記「字形」與「字音」間的連結，並未借助任何拼音輔助系統，當然也不熟悉注音符號的使用規則。研究結果也指出他們的音素覺識能力很弱，但是他們所熟識的字彙量足以流暢地閱讀理解一般書報雜誌。

3. 早慧學童 SH 在各項測驗結果發現，閱讀及識字能力明顯高於同年齡的學童，而非正式閱讀的表現也顯示她閱讀理解的程度具備五年級學童的能力水準。音素覺識的測驗結果則顯示，她在接受十週注音符號教學後，其聲韻結合、判斷及音素分解的能力，依然低於閱讀識字上的表現。SH 讓我們見到，音素覺識可能在中文識字閱讀之後才發展出來。

4. 兩位能力一般的學前兒童，在未施予任何音素覺識的情況下，只教予生字、生詞，即可成功閱讀從未讀過的文章。可見音素覺識不會是中文閱讀的先備條件。

總之，本研究的主要發現有二：(1)音素覺識不是中文閱讀習得歷程的必備條件；(2)直接教導兒童識字亦為學習中文閱讀的一種方式。上述的結論和第五章的結論相符，皆支持「音素覺識並不是中文閱讀的必備條件」的說法，過去的研究指出，聲韻覺識之所以和中文閱讀有關，可能不是認知上的必然，而是教育設計（透過注音學國字）使然。

二、建議

1. 教學應用上的建議

本研究中各類型個案的研究結果顯示，音素覺識能力不好，仍然可以正常地閱讀與識字。現行普通班的國語科教學，抑或是資源班的國語科補救教學，在識字方面的課程皆自注音符號開始，研究者在二○○○年八月針對台東師院暑期進修的在職老師的一項調查研究中發現，60%（180 人／321 人）的國小老師認為「學生學習閱讀，一定要先學注音符號。」這樣的信念，會使少數學習障礙的兒童不斷的接受學校的注音補救教學，因為老師們認為必須先學注音，才能識字。研究者曾發現有位兒童，從小二開始接受注音補救教學，一直到六年級進入國中後，仍然學不會注音符號，老師並未考慮跳過注音直接教以識字，更不用說閱讀了。因為老師們的信念就是，學不會注音符號，就無法識字與閱讀，這種補救教學的想法，忽

略學生認知上的缺陷。建議第一線的教師們應該結合中文獨特的文字性質，嘗試以「中文識字」為主的課程，不一定要透過傳統的注音符號教學來學習中文閱讀。

2. 未來研究上的建議

本研究礙於時間上的限制，未能覓尋更多符合本研究類型的個案，因此研究者建議未來研究可擴增研究對象的人數，並進一步追蹤這些個案的學習歷程及成長變化，對於音素覺識有缺陷的個案有很大實質上的助益。若能針對音素覺識有障礙的個案，進行長時間的縱貫研究與識字補救教學方案，對於閱讀歷程與補救教學理論的建立，當有更大的貢獻。

第三篇

快速自動化唸名與中文閱讀障礙

第 七 章

唸名、雙重缺陷假說與閱讀障礙：國外與台灣的文獻回顧

❖ 摘要 ❖

　　本章介紹與唸名速度（naming speed）相關的國內外文獻，緒論中將簡略說明閱讀歷程研究的主流——聲韻覺識假說及其限制。Wolf 和 Bowers（2000）因此提出一個雙重缺陷假說（double deficits hypothesis）來解釋閱讀障礙——除了聲韻覺識之外，「唸名速度」是另外一個可能造成閱讀障礙的認知致因；在他們的假說裡，聲韻覺識和唸名速度是兩個獨立的認知成份，任一成份出現困難，或兩個一起出現困難，都會導致閱讀障礙。要強調唸名的重要性，有幾個關鍵問題必須澄清，如唸名和閱讀障礙之間的理論性關聯為何？唸名是否為穩定可測量的特質？有沒有典型個案支持雙重缺陷假說？唸名和聲韻歷程會不會是同一回事？在迴歸分析時，唸名是否可獨立於其他的預測變項，對認字或閱讀有獨特的貢獻？本章將分別討論唸名的定義與簡史、唸名的工具、唸名速度和聲韻覺識、唸名速度與閱讀障礙等主題，最後對未來可能進行的研究提出建議。

第一節　緒論

　　第六章第一節中提到，閱讀障礙學童的聲韻覺識缺陷是其閱讀歷程中

的核心問題，這是三十年來西方拼音文字系統研究的普遍共識。拼音文字系統字母（串）表徵的是音素，形素和音素之間具有對應規則（grapheme-phoneme correspondence rules），從拼音文字的這個特性來看，不難理解為什麼「聲韻覺識」在閱讀歷程中扮演著重要角色。但主張此一聲韻處理缺陷的研究及依此發展的診斷、介入策略，卻面臨了許多挑戰（如 Wolf, 1999; Rudel, 1985; Blachman, 1994; Torgesen, Wagner, & Rashotte, 1994），這些研究者指出，單單以聲韻覺識來說明閱讀障礙是不夠的，因為：(1)有些閱讀障礙的孩子對聲韻覺識的補救教學，全無反應；(2)另有些閱讀障礙的孩子，因為根本沒有聲韻覺識問題，而在學障鑑定時被忽略。看來除了聲韻覺識，應該還有別的認知原因導致閱讀障礙。Wolf 和 Bowers（2000）因此提出一個雙重缺陷假說（double deficits hypothesis）來解釋閱讀障礙——除了聲韻覺識之外，「唸名速度」是另外一個可能造成閱讀障礙的認知致因；在他們的假說裡，聲韻覺識和唸名速度是兩個獨立的認知成份，任一成份出現困難，或兩個一起出現困難，都會導致閱讀障礙。

　　唸名速度的引入，在閱讀歷程理論、閱障篩選鑑定、亞型分類、閱障補救教學上都有其重要的貢獻。在 Academic Search Premier 及 ERIC 資料庫中，以 "naming" 及 "dyslexia or reading" 等關鍵詞檢索，二〇〇一年三月至二〇〇六年四月間，就可以找到四百六十五篇文獻，可見其受重視的程度。

　　若 Wolf 和 Bowers（2000）的說法成立，則中文的字形—字音間的規則和拼音文字迥異，中文是一種語素—音節文字，讀者從字形判斷出正確字音的機率不高，而且每一方塊字正好是一音節，是以在閱讀時，讀者有可能根本不必訴諸於細部音素覺識，因此，唸名在中文閱讀習得過程中所占的角色，就更值得探究了。中文的組字原則，不但提供了檢驗這個假說的一個機會，這個假說的驗證，也可能對國內閱讀障礙的兒童有實質的助益。中文不是拼音文字，讀者即使「聲韻覺識」有困難，可能也有機會學會閱讀。但唸名有困難者，可能造成嚴重的閱讀障礙，但國內對這個議題卻了解不多，只有研究者與研究夥伴（曾世杰，1997, 1999；曾世杰、邱上真、林彥同，2003；簡淑真、曾世杰，2004）及其學生（林彥同，2001；陳姝嫈，1998；張媛婷，2000；周蘭芳，2002；連芸伶，2003；劉家智，

2002）曾經做過一些基礎研究。

　　研究者以下將分成幾個部分進行討論，分別是唸名的定義與簡史、唸名的工具、唸名速度和聲韻覺識、唸名速度與閱讀障礙，最後對未來可能進行的研究提出建議。

第二節　唸名：定義與簡史

　　所謂唸名，是指個體看到一個或多個有名字的視覺刺激，就從長期記憶裡檢索出相關的辭彙，並啟動構音器官，把它（們）唸出來的過程，這個過程所用的時間就是唸名速度。在實證研究中蒐集唸名速度時，指導語都會有「要盡量唸得正確，同時，我會給你計時，所以你要唸得愈快愈好」的字眼，這理論上要量測的是「快速自動化唸名」的程度，其英文為 "Rapid Automatized Naming"，國外的文獻常用 "RAN" 的縮寫來代表。

　　研究者是怎麼發現唸名和閱讀障礙有關的呢？我們必須從近四十年前的一篇神經內科的醫學個案報告說起。

　　Geschwind 和 Fusillo（1966）報告一個被診斷為「沒有書寫問題的純粹失讀症」（pure alexia without agraphia）的中風個案，除了無法閱讀文字外，個案的辨色能力正常，他卻失去了顏色唸名的能力，因為他仍能書寫、拼字，可見從口語詞彙到視覺動作表徵的通路依然健全，相反的方向——「從視覺到口語詞彙」的通路，卻已經受損。Geschwind 認為顏色唸名和閱讀一樣，都牽涉到許多相同的認知、語言、知覺的歷程，它們都需要提取一個語言詞彙來對應所見到的抽象視覺刺激，因此 Geschwind 推論，早期的顏色唸名，應該可以後向預測兒童的閱讀能力。

　　此外，這個讀和寫分離的個案，讓人聯想到發展性的讀寫障礙是不是也有類似的問題呢？根據這個想法，Geschwind 的學生 Denckla（1972）以小學一年級讀寫障礙兒童為研究對象，測量他們是否有顏色命名的困難，她所用的工具是醫學界用來做神經檢查用的。

　　根據 Denckla 和 Cutting（1999），早在 Geschwind 受醫學訓練的年代，

當時醫學生人手一本 Denny-Brown 寫的《心智檢查手冊》，裡面就有一張由五種顏色，各隨機出現十次，總共五十個顏色方塊的卡片，那是用來評估腦傷病人的復原狀況。之所以採用顏色而不用其他刺激，主要是因為顏色是每個人年紀很小的時候就學的，每天都在用，而且醫生們大多能聽懂以不同的語言說出的顏色名稱。一直到現在，各研究所用的測驗都不脫這個樣式。Denckla（1972）用一種大號版的顏色命名卡片來蒐集幼稚園兒童的唸名常模。後續的研究，以顏色唸名卡為樣版，在學院派心理學家 Rita G. Rudel 的協助下，又發展出圖形、阿拉伯數字和小寫字母三種唸名刺激卡。Denckla（1972）當年研究的結論是，讀寫障礙兒童並非「完全無法顏色唸名」，但是他們的速度非常緩慢，Denckla 的用詞是「自動化不足」（lack of automaticity），也就是說，是唸名的「速度」，而非「正確率」，才能從一般兒童中區辨出讀寫障礙的小朋友來。

從神經內科的病人，聯想到幼稚園小朋友，又剛好有現成的工具，「唸名」就上路了。

Denckla 和 Rudel（1974, 1976a, 1976b）的後續研究一再指出，唸名速度是預測閱讀能力的良好變項，這系列的研究開始讓教育界注意到這個議題的重要性。許多後續的研究（如，Blachman, 1984; Stanovich, 1981; Vellutino, Scanlon, Sipay, Small, Pratt, Chen, & Denckla, 1996; Wagner, Torgesen, & Rashotte, 1994; Wolf, Bally, & Morris, 1986），不管是複製或拓展 Denckla 和 Rudel 的研究，都一致指出唸名速度是閱讀研究不可忽視的變項。

第三節　唸名速度的測驗工具

一、個別 vs.連續唸名

唸名速度測驗有「個別唸名」（discrete-list）和「連續唸名」（continuous-list）兩種，而連續唸名又分為「簡單型」與「交錯型」，如圖7-1。

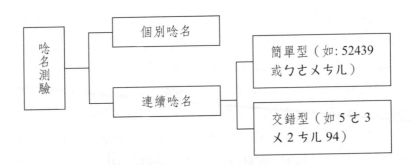

● 圖 7-1　唸名速度測驗的種類圖說

　　個別唸名就是單純出現一個熟悉的視覺刺激，例如一個顏色方塊字元、一個數字或一張物件的圖形。而連續唸名則是同時有數個（個數愈多，樣本愈大）參與者熟悉的視覺刺激，呈現在同一平面上，若這些刺激屬於同類，例如都是數字或都是顏色方塊，就叫「簡單型」；若刺激在兩類以上，例如有顏色也有數字，就叫「交錯型」。現在本書作者所擁有的唸名測驗都是連續唸名，計有數字、字母（注音）、顏色、物件、語文交錯、非語文交錯及語文非語文交錯等七種。

　　個別唸名刺激項目是個別呈現的，蒐集個案對五十個刺激的個別反應時間後，再求項目的平均反應時間。傳統的連續唸名，五十個刺激項目都呈現在同一張卡片上，研究者蒐集參與者對五十個刺激的總反應時間。提倡個別唸名的研究者認為個別唸名時，可以控制許多變數，參與者不必用到諸如視覺掃瞄、序列處理和動作處理等歷程，這樣測量到的才是真正的唸名（Wolf, 1991: 128）。但提倡連續唸名的研究者則認為，就是這些特定的成份（如，視覺掃瞄、序列處理和動作處理），才能反映文章閱讀時人們所用到的重要認知歷程。

　　到底個別唸名能不能區辨優讀者與弱讀者呢？研究的結果並不一致。Perfetti、Finger 和 Hogaboam（1978）指出，個別唸名與閱讀、閱讀基本能力之間，例如詞彙，並無相關。Stanovich（1981）的研究亦支持了 Perfetti 等人的報告。因此，Katz、Shankweiler 和 Liberman（1985）與 Wolf 等人（1986）均建議，若欲研究閱讀中的有關低階自動化歷程（如視覺處理、

字詞彙辨識），以連續唸名速度測驗為佳，因為連續唸名速度的歷程牽涉到與語言處理歷程較為相似的「序列處理（sequential processing）認知歷程」，這就是連續唸名與閱讀歷程關係會較個別唸名密切的原因。

但也有相反的發現，Bowers 和 Swanson（1991）直接以這兩種形式的唸名速度測驗，對低年級的兒童施測，並加以比較，結果發現兩種形式的唸名速度測驗在低年級的一般讀者與弱讀者間均有顯著的差異。另一個相似的研究是 Wolf、Michel 和 Ovrut（1990）做的，他們設計似影片的連續唸名作業，要求參與者在不同的呈現速率和不同呈現時間下唸名，結果發現，不論以個別唸名速度或連續唸名速度來評量參與者時，都可自一般讀者中區別出失讀症者來，且失讀症者在這兩種形式的作業表現上成高相關。Walsh、Price 和 Gillingham（1988）發現，個別唸名和低年級的閱讀有相關，不過，在他們的研究裡，二年級的個別唸名速度不能預測三年級的閱讀能力。

不同的結論可能與參與兒童的發展階段有關，此外，如 Wolf（1991）所說，這些不一致的發現可能和所用的樣本中孩子的嚴重程度不同有關。無論如何，「個別」唸名是否能區分出優弱讀者，仍未有定論。

連續唸名的研究結果則非常一致，這些研究一再指出，連續唸名是一項穩定的特質，可以將讀寫障礙者從同儕中區辨出來。Korhonen（1995）連續九年的追蹤研究發現，相距九年，閱障兒童與其同儕連續唸名的相對地位仍然沒有改變。

此外，研究指出，連續唸名和個別唸名比較起來，有其特定屬性，Bowers 和 Swanson（1991）指出，即使強迫把個別唸名先放進預測閱讀能力的迴歸公式，連續唸名仍然有其獨特的解釋力。從這個研究中，我們見到連續唸名確實比個別唸名牽涉到更多的認知活動。Spring 和 Davis（1988）解釋道，個別唸名有可能是「自動化的前身指標，而不是自動化本身」。

二、台灣的唸名工具發展

　　曾世杰（1997）仿Denckla唸名工具的樣式，設計了一套唸名的工具，包括數字、注音、顏色（紅綠紫灰白）、圖形（傘手樹筆鐘）、語文交錯、非語文交錯及語文非語文交錯唸名等七種測驗。但在試用時，發現有些低年級的兒童，捧著卡片唸一唸就分了神，不知道自己唸到哪裡了，即使用了複本也再度發生。為了克服這個困難，曾世杰（1997）將一橫行十個刺激，從中間插入小小的間隙，例如「6092896802」，編排上改變成「60928　96802」，這樣的安排果然使後來的施測減少了困難。頭一年發展的工具七種測驗各有兩個複本，每一測驗有五十個刺激，十個一橫行，一共五行的方式呈現在一張護貝好的卡片上，施測時要求兒童拿著卡片，以最快的速度唸完所有的刺激，施測者以碼錶計時。一九九七和一九九八年我們對同一群兒童做相同的測驗，數字、注音、顏色、圖形、語文交錯、非語文交錯及綜合交錯唸名等七種測驗隔年再測信度，分別為 0.77、0.65、0.74、0.76、0.77、0.72、0.79。曾世杰等人（2003）以國小一到三年級為研究對象，數字、注音、顏色、圖形、綜合交錯等五種測驗的複本信度，分別為 0.96、0.80、0.88、0.91、0.86。另外一個相隔四年的再測信度，仍然有顯著關係，語文唸名都在 0.6 左右，非語文則在 0.45 左右（連芸伶，2003），我們因此可以看到唸名工具有相當好的穩定性。曾世杰（1999）的驗證性因素分析也指出，「唸名」和「聲韻」、「構音」、「工作記憶」、「聲韻轉錄」等因素是分開的，所有的唸名測驗都歸在一類，這和當初的工具設計理念是一致的，唸名工具的構念效度得到進一步的支持。

　　而國內各類唸名速度測驗的編製除陳姝嫈（1998）將刺激項以電腦呈現、記錄受試唸名速度外，為測驗的便捷考量，曾世杰（1997）、張媛婷（2000）、林彥同（2001）皆是以卡片方式呈現。表 7-1 呈現三個連續唸名測驗版本的比較，張版測驗值得稍作說明，因受試對象為學前兒童，卡片尺寸放大為 A4 橫式大小，除認讀注音符號卡片上有三十七個字元外，每張卡片有二十個字元（數字、色塊、物件），分兩列排，每列十個。為

●表 7-1 台灣三種唸名工具之比較表

編製者	曾世杰	張媛婷	林彥同
編製年代	1997	2000	2001
尺寸	200mm × 130mm	297mm × 210mm A4 橫式紙張	200mm × 130mm
刺激項	五十	二十	五十
對象	小學	學前大班	五到九歲
物件	傘手樹筆鐘車球 （七種）	牛車鐘筆狗燈球花 （八種）	手門飯樹豬 （五種）
數字	1-9（缺 3、4）	1-9 隨機	1-5
顏色	紅綠黃灰紫黑白 （七色）	紅黃藍綠白黑 （六色）	紅黃藍白黑 （五色）
（注音）	七種	三十種	ㄅㄧㄚㄇㄨ
非語文 （色—物）	顏色—物件		顏色—物件
語文交錯	符號—數字		符號—數字
綜合交錯	數字—顏色		含顏色、物件、 數字、符號

什麼是二十個呢？這和陳姝嫈（1998）的基礎研究結果有關。陳姝嫈（1998）的研究探討了許多唸名測驗的基礎問題，值得提出討論，她的個案是二年級和五年級的閱障組及配對組，和工具有關的研究問題有以下二個：

1. 「連續唸名速度」及「個別唸名速度」是否可將中文閱讀障礙兒童和配對學童區分出來？

2. 唸名的項目數不同（二個、五個、十個、二十個），量測得到的唸名時間是否具有不同的區辨效果？

　　結果發現，連續唸名確實較能區辨閱障組和配對組學童，當唸名刺激的項目數為二十個的時候，不論年級，除了非語文交錯唸名之外，閱障兒童和配對兒童在所有項目的連續唸名都有顯著的差異。當項目數逐漸降為十、五、二時，兩組兒童在唸名上的差異就愈來愈不清楚，如表7-2所示。當我們研究對象年紀愈小，其專注力愈不容易進行，如曾世杰等（2003）的五十個刺激的測驗（圖7-2），這個發現告訴我們，二十個刺激項目的區辨性已經夠穩定，這就是張媛婷（2000）的唸名卡片刺激數降到二十個的實證基礎，這也告訴我們，未來的研究或學障鑑定發展工具時，唸名測驗有可能設計得更省時間。

●表7-2　閱障組和對照組在不同刺激項目數的各種唸名卡片表現的差異〔根據陳姝嫈（1998）的數據製表〕

項目數（種類）	數字	注音	顏色	圖形	語文交錯	非語文交錯
2		V	V			
5			V			
10（兩列）	V	V	V			
10（一列）	V	V	V			
20（兩列）	V	V	V	V	V	

註：V表示閱障組和對照組的唸名速度有顯著差異。

　　林彥同（2001）和劉家智（2002）的碩士論文以接力的方式分別完成了「幼稚園至國小三年級」及「四年級至六年級」兒童各類唸名速度的常模，並分析唸名速度與閱讀、認字的相關。圖7-3是小一到小六常模平均值構成的曲線，有了這些信效度良好的工具，各種唸名研究才有立足點，可以進一步深究我們關心的問題。

5 ■ 1 ㄅ ✋ 一 🐷 ■ 4 ▨

■ ▤ ㄚ 3 ■ □ ㄨ 1 🌳 3

▨ 2 ㄨ 🐷 4 ✋ 5 ㄇ ■ ㄅ

🌳 ㄅ □ ▤ ▨ 一 ■ 🌀 ㄚ 🐷

■ 🥣 一 2 ■ 🌳 ㄇ 5 ✋ 3

3 1 2 5 4   1 3 5 2 4

5 2 4 1 3   4 1 3 5 2

2 3 4 5 1   5 1 4 2 3

1 4 2 5 3   2 5 3 1 4

4 5 3 1 2   3 5 2 4 1

ー ㄅ ㄇ ㄚ ㄨ　　ㄅ ー ㄚ ㄇ ㄨ

ㄚ ㄇ ㄨ ㄅ ー　　ㄨ ㄅ ㄇ ㄚ ー

ㄇ ー ㄨ ㄚ ㄅ　　ㄚ ㄅ ㄨ ㄇ ー

ㄅ ㄨ ㄇ ㄚ ー　　ㄇ ㄚ ー ㄅ ㄨ

ㄨ ㄚ ー ㄇ ㄅ　　ー ㄚ ㄇ ㄨ ㄅ

4 1 ㄨ 5 ㄚ　　ㄅ ㄇ ー 5 1

4 1 ー 2 ㄇ　　2 ㄚ 4 ㄨ ㄅ

ー 3 ㄨ 5 4　　ㄅ 1 3 ー ㄇ

3 ㄚ 2 ㄅ ㄨ　　ー 2 5 ㄇ 3

ㄨ ㄇ ㄚ 1 3　　2 ㄚ 1 ㄅ 5

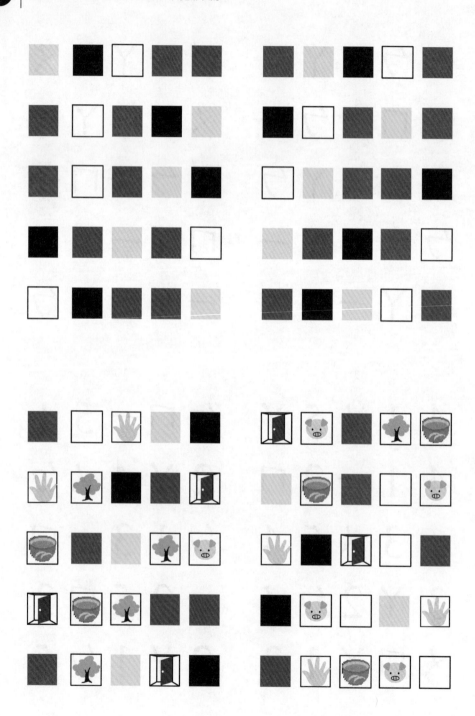

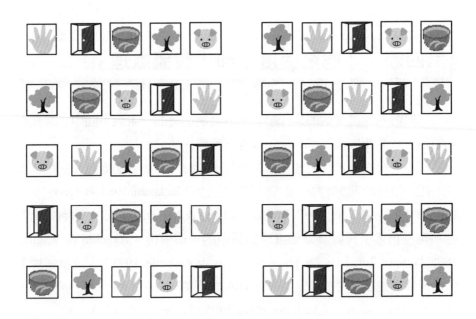

圖 7-2 五十項目之唸名測驗範本（依序為全部交錯、數字、注音、文字交錯、顏色、圖形及非文字交錯唸名）（附彩圖，見彩-1）

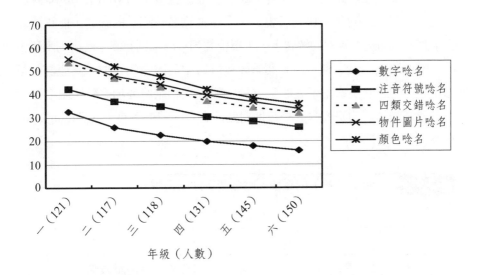

圖 7-3 小一到小六各類唸名常模平均值構成的曲線

第四節　「唸名速度」和「聲韻處理」

到底唸名速度量測的是什麼？這個問題引發的一系列爭論中，其核心議題為「唸名速度和聲韻處理到底有什麼關係？」

許多研究指出，唸名速度和其他能預測變項（如聲韻覺識和記憶）放在一起，仍能對閱讀能力有獨特的解釋力（如 Blachman, 1984; Bowers, 1989; Bowers, Steffy, & Tate, 1988; McBride-Chang & Manis, 1996），雖然如此，唸名速度仍然常被歸為聲韻處理領域中的一個成份（Torgesen & Wagner, 1998; Wagner, Torgesen, Laughon, Simmons, & Rashotte, 1993）。支持這種主張的研究者把唸名速度界定為「聲韻碼的提取效率」（efficiency of phonological code retrieval）（Vellutino et al., 1996; Wagner et al., 1993）。

但是也有研究者認為唸名速度並非聲韻處理的附屬成份，支持這種說法的證據來自兩方面：⑴臨床上，閱讀障礙者可以被分類成「單純唸名缺陷」、「單純聲韻缺陷」和「雙重缺陷」三種亞型（即 Wolf 和 Bowersy 於二〇〇〇年提出的雙重缺陷假說），「單純唸名缺陷」的讀者，能正確唸出字詞，但卻是慢吞吞的解碼者，「單純聲韻缺陷」則有識字解碼的困難，而「雙重缺陷」讀者則是所有閱讀障礙群體中最困難的一群，其亞群分類如表 7-3 的三個灰底格子；⑵獨立於聲韻覺識和記憶變項之外，唸名速度在各種迴歸預測的研究中，一致地對閱讀有它獨特的解釋力（Cutting et al., 1998）。

● 表 7-3　Wolf（1999）的聲韻、唸名雙重缺陷假說

聲韻覺識

		正常	障礙
唸名	正常	正常讀者	聲韻處理困難閱障
	障礙	唸名困難閱障	雙重障礙（嚴重閱障）

　　Wolf 和 Bowers（2000）的文章和 Cutting 等人（1998）異曲同工，也舉出支持聲韻和唸名乃不同認知歷程的四點證據：

1. 有理論支持聲韻覺識和唸名乃兩種獨立的歷程。
2. 臨床上，可以找到細格中的三種閱障者。
3. 唸名困難者只對唸名的補救教學有正向反應，聲韻處理困難者只對 PA 的補救教學有正向反應。
4. 三種閱障者可能因著文字的規則性，而有不同的出現率——在形素—音素對應情形較規則的國家，如德國、荷蘭、西班牙、芬蘭（和較不規則的國家比較起來，如英文），唸名會比聲韻提供了相對更好的診斷指標（Wolf, 1997）。

　　對「唸名速度歸屬於聲韻處理中的一部分」的說法，Wolf、Bowers 和 Biddle（2000）以一個唸名歷程的模型圖提出如下質疑：唸名所涉及的內在成份超出聲韻的歷程（phonological processes），由視覺唸名過程模式來看，唸名速度包含在注意力、知覺、概念化、記憶、聲韻、語意、啟動等各成份處理訊息時，所需精確時間的總合，聲韻是當中很重要的一部分，但也只是很多成份中的一部分。如圖 7-4 所示，視覺唸名涉及注意力、知覺、概念化、記憶、心理詞彙庫及構音的過程。首先是注意到視覺的訊息，而從視覺處理該訊息開始，便對不同特徵的訊息有不同的處理方式。如，低空間頻率（lower spatial frequencies）的訊息會在六十至八十毫秒內，處理該訊息的整體輪廓；而高頻（higher spatial frequencies）的訊息則會在一百五十至兩百毫秒內處理較精細的細節特徵。之後進入整合階段，將訊息轉為內在的表徵，並在此階段加以整合，而從注意到某一視覺訊息至唸出該視覺訊息的整個過程約需五百毫秒，過程當中所花費的時間將影響整合的品質。在這個模式中，我們能很明顯的看到整個唸名的過程，包含了聲韻的處理，但也涵括了聲韻處理之外的許多能力。

　　Cutting、Carlisle 和 Denckla 則在一九九八年（引自 Denckla & Cutting, 1999）為了釐清唸名速度和其他變項的關係，先根據理論推想了一個初步的閱讀模型，列出應測變項，尋找或設計適當工具，再找了七十九位一、二、三年級的一般兒童，確定不是學障也沒有 ADHD 後，蒐集資料，最後

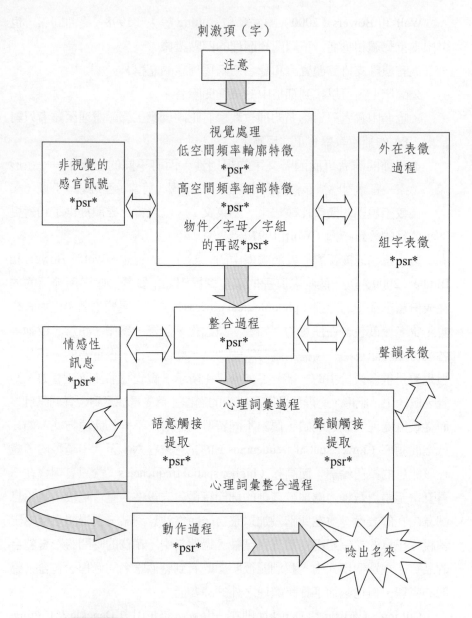

●圖 7-4　視覺唸名模型（Wolf, Bowers, & Biddle, 2000）

以路徑分析跑出一個模型來，嘗試說明各變項之間的關係。

這個模型的依變項是字詞閱讀（word reading），預測變項有聲韻覺識（以刪除音素代表）、記憶廣度（順向數字記憶廣度）、組字覺識（orthographic awareness；似字與否的判斷）及唸名速度。除此之外，研究者也納入了兩個理論上可能潛藏在唸名速度背後的變項，處理速度（用 Woodcock Johnson 心理教育測驗的既有分測驗）和構音速度（即重複唸一串數字及字母的時間）。

結果顯示，唸名速度在聲韻覺識及組字覺識之外，對字詞閱讀有獨特的貢獻。記憶廣度因為和聲韻覺識重疊，所以無法單獨地預測字詞閱讀。處理速度的確會影響唸名速度，但它也影響聲韻覺識和記憶廣度，構音速度則只對聲韻覺識有影響。此外，與其他研究一致的是，在這個模型裡，沒有哪一個個別的變項可以完全解釋唸名速度，所有的變項都投入迴歸公式時，唸名速度仍然對字詞閱讀有獨立的貢獻。總之，從圖 7-5 看來，唸名速度的變異量主要可由處理速度來解釋，它和聲韻覺識沒有直接的關係，因此對字詞閱讀各有獨立的貢獻。圖 7-5 也說明了為什麼在許多研究裡都看到唸名和聲韻的相關，因為兩者有一個共因——處理速度。

Wolf、O'Rourke、Gidney、Lovett、Cirino 和 Morris（2002）也有相似結果的研究，他們指出聲韻和唸名變項所預測的是不同的閱讀成份——聲韻覺識能解釋比較多的解碼或字詞分析技能（decoding or word attack skills）的變異量，而唸名速度則能解釋較多的字詞辨識。

以上的證據都支持了唸名和聲韻是對閱讀有重要影響的兩種獨立的認知成份。

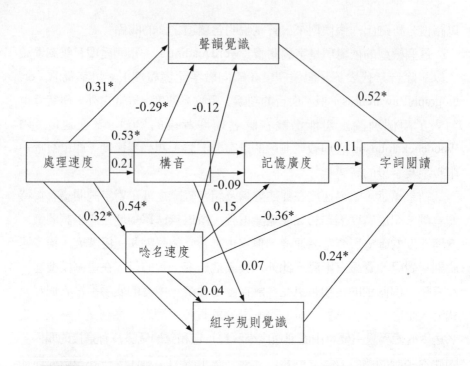

● 圖 7-5　一個字詞閱讀的變項路徑圖（Denckla & Cutting, 1999: 35）

第五節　唸名速度與閱讀障礙

一、不同群體間的連續唸名差異

連續唸名可以將讀寫障礙者從同儕中區辨出來，幼稚園兒童（Wolf et al., 1986）如此，以成人為研究對象也得到一樣的結果（Felton, Naylor, & Wood, 1990）。讀寫障礙兒童唸名速度（尤其是字母和數字的唸名），無論在哪一個年齡層，都比同齡的一般兒童慢（Snyder & Downey, 1995; Spring & Capps, 1974），比同閱讀配對組的兒童慢（Ackerman & Dykman, 1993;

Biddle, 1996; Segal & Wolf, 1993），也比其他有學習障礙的兒童慢（Acker-man & Dykman, 1993; Denckla & Rudel, 1976b）。

Stanovich（1986）對 Wolf 等人（1986）的研究提出方法上的建議，他大概的意思是，上述的結果當然有可能是「唸名缺陷為讀寫障礙的致因」，但也有可能因果相反，那些能讀、而且讀得多的兒童，因為較多的文字接觸，就造成了唸名速度的加快。為了要控制文字接觸的經驗，閱讀能力配對的對照組有其必要性。他的第二個建議是，如果唸名缺陷真的為讀寫障礙的致因，則可以預期「讀寫障礙者」的唸名速度仍應慢於「閱讀能力與智力水準相當的弱讀者」（nondiscrepant poor readers, NP）；第二個建議有其重要性，因為聲韻覺識變項在讀寫障礙和 NP 群體之間看來沒有什麼差異，如果唸名速度在這兩群體間有顯著差異，則「唸名與聲韻為不同的能力」的說法，可以得到進一步的支持。

Wolf 和同事們因此再回頭以兩種方式進行分析其縱貫研究的資料：第一，把年長的讀寫障礙兒童和年紀較小的一般兒童依閱讀水準配對，他們發現組間的唸名速度有極明顯的差異——四年級讀寫障礙兒童比二年級的配對兒童慢；三年級讀寫障礙兒童也比一年級的配對兒童慢。這個唸名的差異不太可能是閱讀文字的經驗所致，因為閱讀能力已經控制，高年級的讀寫障礙兒童不太可能接觸文字的經驗會少於小他們兩歲的、閱讀能力相當的配對兒童。

第二，他們再檢視資料中的閱讀能力與智力相當的弱讀者，結果發現他們的唸名速度在三、四年級時，和一般讀者沒有差別；後來 Biddle（1996）的研究也得到同樣的結論。亦即讀寫障礙兒童的字母和數字唸名，和閱讀能力與智力相當的弱讀者似乎根本上有認知歷程的差異。

台灣的研究結果和 Wolf 等人（1986）及 Biddle（1996）類似。

陳姝嫈（1998）探討唸名速度、工作記憶與國語文變項間的關係，結果發現閱障組與配對組的連續唸名平均值二、五年級都有明顯的差異。

曾世杰（1999）探討國語文低、中、高成就學童的工作記憶、聲韻處理及唸名速度，繪成成長曲線後，可以看到國語文低、中、高成就學童的成長線是不重疊的三條線，唸名速度隨年齡而加快，但低年級成長情形較

高年級明顯。在唸名速度測驗中，以數字唸名、注音唸名及語文唸名速度
最能有效地把低國語文成就兒童和其他兒童區辨出來。

　　謝俊明、曾世杰（2004）的研究在設計上較為嚴謹，他們以國小二到
六年級閱讀障礙組、同齡對照組及同閱讀能力組學童各三十一名為樣本，
所有學生都受唸名速度測驗（林彥同，2001）、認字（黃秀霜，1999）、
閱讀理解（陳美芳，2000）等測驗。研究發現，閱障組在所有（七種）唸
名測驗的平均唸名速度，都是三組學生中最慢的。閱障組（平均年齡一百
一十六個月）和同閱組（九十五個月）雖然只在注音、顏色和非語文唸名
上達到顯著差異，但閱障組年齡大了二十一個月，平均唸名測驗在七項唸
名卻全部落後這個結果看來，唸名的確是閱障組的弱項。本書將在第八章
中對這個研究提出討論。

二、不同種類唸名速度與閱讀變項的關係

　　但是，連續唸名範圍廣泛，有數字唸名、字母唸名、顏色唸名、物件
圖形唸名、非語文交錯唸名、語文交錯唸名、語文與非語文交錯唸名，到
底是用哪一種方式測量出來的唸名速度與閱讀有較高的相關性呢？答案似
乎需視兒童的年齡而定。

　　Wolf等人（1986）的追蹤研究發現，各種學前階段所測出的唸名速度
都和二年級的閱讀變項有相關，而且各種唸名測驗之間沒有顯著的差異。
但是，到了二年級就清楚看到，數字及字母唸名自動化程度較高，而且只
有數字與字母唸名速度和閱讀表現有顯著相關，和字彙辨識的相關尤其強
（$r = 0.56$，$p<0.001$），唸名速度和二年級閱讀理解的相關都達 0.001 顯著
水準，但是年級愈高，相關愈低（幼稚園，$r = 0.54$；一年級，$r = 0.45$；
二年級，$r = 0.35$）。

　　Wolf等人（1986）的解釋是，年級愈低，閱讀的認知歷程愈是倚重低
階解碼、字彙辨識，數字及字母唸名就是低階自動化的好指標，因此和字
彙辨識有高相關，至於閱讀理解，它牽涉較多高層次的認知處理，所以年
級愈高，和唸名的相關就漸漸降低。比較起來，圖片唸名速度是唯一和閱

讀理解有較強相關的變項，研究者的解釋是，圖片唸名需要語意（seman-tic）處理，因此和理解較有關，和字彙辨識相關較低。這個研究和 Walsh 等人（1988）的結果類似，他們發現學前的字母唸名和一年級的閱讀（以字彙辨識為主要內容）有高相關，和二年級、三年級的閱讀分數就無顯著相關了。Walsh 等人（1988）也發現字母和數字唸名速度對依變項的解釋量皆高於「顏色」與「物件」唸名速度；國內的研究也支持 Wolf 等人（1986）的看法，第八章中研究者也將說明唸名和認字的相關較高，和閱讀理解之間就沒有相關。唸名和認字的相關在閱障組最高，同年和同閱配對組的唸名的相關較低。

但以上的研究都只看唸名，並未將其他的變項如智力、聲韻能力等一併考慮進來，曾世杰、簡淑真、張媛婷、周蘭芳及連芸伶（2005）的研究對同一群未經特別篩選的普通兒童做了四年的追蹤分析，其迴歸預測分析得到的結論為，學前兒童的唸名在排除智力之後，仍然可解釋四年級的認字變異量，唸名和認字的相關高於聲韻變項和認字的相關，而唸名對閱讀理解的解釋力，在二、三年級都看不見，但到了四年級，數字唸名又成了閱讀理解的最佳預測變項。本書將在第十章做專章的討論。

總結來說，不論國內國外，唸名和認字有非常清楚的關聯性，但唸名速度和閱讀理解的關係則較低，表 7-4 整理了國內唸名研究的相關性資料。

三、追蹤研究

追蹤研究的好處在於較容易釐清變項間的因果關係。我們若假定唸名是閱讀成功與否的因，早期的唸名就應該能預測後期的閱讀識字成就，同時性的相關研究因為唸名和閱讀相關變項是在同一段時間蒐集的，這樣的設計使因果無法分清楚。但若早期的唸名，尤其是閱讀習得之前的唸名，可以預測國小的閱讀識字成就，研究者對因的判斷就比較有信心，因為唸名早在閱讀識字之前就發生了，它不太可能是閱讀識字的果。

Wolf 等人（1986）比較讀寫障礙兒童與一般兒童在唸名發展上的差異，在五年的追蹤之後，他們發現，讀寫障礙幼兒從上幼稚園的第一天開

● 表 7-4　弱讀者唸名速度與中文認字和閱讀理解之相關

唸名類別		數字	注音	顏色	圖形	語文	非語	交錯
謝俊明、曾世杰（2004）	認字	＋	＋	＋		＋	＋	＋
曾世杰（1999）		＋	＋		＋	＋	＋	＋
蔡韻晴（2002）		＋		＋	＋	＋	＋	＋
謝俊明、曾世杰（2004）	閱讀理解							
曾世杰（1999）		＋	＋	＋		＋		
蔡韻晴（2002）			＋	＋				

註：＋表示有顯著相關；曾世杰（1999）的樣本為國語文低成就學生，蔡韻晴（2002）、謝俊明、曾世杰（2004）都用到閱讀障礙學生。

始就和同儕在所有的唸名速度上都有顯著的差異，其中差異最大的是字母唸名，而且這些差異持續到國小四年級，四年級時，差異最大的除了字母之外，還有數字。Meyer、Wood、Hart 和 Felton（1998）的研究也發現，這樣的差異從八年級到成年都持續存在。

　　本書第九章將仔細報告曾世杰等人（2005）連續四年的縱貫研究，在這裡僅說明重要的發現。

　　該研究修訂曾世杰（1999）的唸名速度測驗，針對七十九名兒童，從幼稚園大班升小一的暑假到國小四年級，以接力的方式追蹤了四年。研究最重要的結果有：(1)唸名測驗工具信效度良好，適用於學前兒童；(2)唸名和認字有關，排除智力後，學前兒童數字唸名速度與四年級的「中文年級認字」仍有高相關；(3)學前的數字唸名可解釋四年級閱讀理解變異量的25％；(4)學前非語文唸名可以預測「一、二年級」的國語文成就，但學前的數字唸名才能預測「三、四年級」認字及閱讀理解，亦即，在不同的發展階段，不同的唸名有不同的重要性；(5)幼稚園各唸名速度低於兩個標準

差的兒童，在三年級閱讀能力（認字、閱讀理解）的表現上不及其他兒童，在「認字」上的差異尤其明顯。

此外，連芸伶（2003）針對上述研究中的兒童，取唸名速度最慢的男女各一名進行個案研究，結果發現兩名都有典型的學習障礙，男生是合併注意力缺陷為主的學習障礙，他四年級每一項唸名 Z 分數都慢了常模二個標準差，但他的智力正常，三年級的魏氏全量表智商 96，各分測驗中符號替換是他最弱的一項，他的中文年級認字百分等級只有 4；女生則是典型的讀寫障礙，雖然家長非常用心，三年級時全量表智商 85，但她在國語文與數學運算能力上有普遍的困難，中文年級認字百分等級只有 4，四年級時連不進位加法都有嚴重的困難。

簡單的說，連芸伶（2003）的追蹤研究和國外的唸名研究結果相當一致——唸名確實和認字閱讀息息相關，而且它對依變項的解釋量是獨立於聲韻覺識和智力之外。相關的個案研究更指出，唸名工具可以做為閱讀障礙診斷工具的潛能。

在最近的研究中，簡淑真、曾世杰（2004）在小一開學的第一天在台中、台南、高雄及台東共蒐集 2207 個小一兒童（無明顯障礙）的數字唸名，再選出最弱的 5%，經家長同意之後，剩下九十三名，再以同班、同齡、同性別、同社經、同智商等條件找出九十三名配對組。小一下學期結束前，再蒐集兩組的唸名及學習成就（剩下九十對），結果發現，兩組的每一項唸名仍然有顯著的差異。此外，以學校的國語和數學期末成績來看，唸名慢的組別都顯著低於配對組。再算一下兩科成績中有一科為六十分以下的人數，唸名慢的組別有十六人，配對組只有一人，顯然有非常大的差別。研究者準備在二〇〇五年對這十七位小朋友進行學障診斷，這樣就能知道數字唸名最後 5% 的兒童，有多少百分比為閱讀障礙。

第六節　對未來研究的建議

以上的文獻探討，粗淺地介紹了雙重缺陷假說可能的重要性，研究者

根據這方面的了解，進一步在本節對我國閱讀障礙的研究提出五個研究方向的建議。

一、個案研究

〈*Journal of Special Education*〉第三十五卷第三期刊載了三個個案研究，個案分別被診斷為「單純唸名缺陷」（Deeney, Wolf, & O'Rourke, 2001）、「單純聲韻缺陷」（Wise, 2001）和「雙重缺陷」（Miller & Felton, 2001），這三篇文章都在雙重缺陷的架構下進行個案描述，每一篇都有兩個主要的目標，第一，呈現一種單純的亞型；第二，說明補救教學的效果。這樣的文章有旗幟鮮明的教育效果，讓關心的研究者及教育者很具體地了解閱讀障礙的不同亞型，這將促進更多的研究和教育的嘗試。

以單純唸名缺陷的B. H.為例，研究者除了呈現他的認知測驗的前測和後測，也描述了所用的介入方案，簡稱 RAVE-O 的內容與執行。RAVE-O 是 Wolf、Miller 和 Donnelly（2000）設計的補救教學方案，名稱來自 "Retrieval, Automaticity, Vocabulary Elaboration, Orthography" 五個字的第一個字母。方案不但強調聲韻、組字和語義系統的明示教導和統合（phonological, orthographic, and semantic systems are explicitly taught and integrated），也同樣看重個別讀者閱讀不流暢的原因，並努力去克服。亦即，這個方案執行時同時有兩個焦點在進行，第一，強調字詞分析（word attack）、字詞辨識和理解的流暢性；第二，強調潛藏在聲韻、組字、語意和詞彙提取（lexical retrieval）技巧的自動化上，這些是閱讀流暢與否的重要因素。教學者系統性地引入遊戲式的活動，讓每一個閱讀的成份技巧（如字母、音素的聽覺辨識、詞彙提取、新詞學習等）得到充分練習，正確性及速度都一再被強調。所有的成份技巧中，組字型態的辨識（orthographic pattern recognition）最被看重，研究者還設計了一個叫 "Speed Wizards" 的遊戲軟體幫助孩子的學習。B. H.國小二年級，開始接受小組方式的教學介入，在七十小時的教學之前與之後，研究者蒐集 B. H.的相關資料，表 7-5 僅呈現聲韻及唸名的表現，從前後測的資料可以發現，B. H.主要的唸名缺陷，經過

● 表 7-5　B. H.在 RAVE-O 訓練（七十小時）前後的聲韻（Z 值）及唸名（秒）表現

使用測驗	Comprehensive Test of Phonological Processing (Wagner, Torgesen, & Rashotte, 1999)			Rapid Automaized Naming (sec) (Denckla & Rudel, 1974, 1976b)		
分測驗	音素混成	刪音	合計	字母唸名	數字唸名	圖形唸名
前測	+0.74	-0.86	-0.00	77	78	74
後測	+0.01	+1.60	+0.86	48	52	69

資料來源：修正自 Deeney, Wolf, & O'Rourke（2001）。

唸名教學訓練之後，有明顯的進步，但較沒困難的聲韻能力，進步則較少。

　　像這樣的研究對教學方案的研發及後續人數較多的教學實驗，奠下重要的基礎，卻是國內少見的。

二、唸名和社經地位

　　在簡淑真、曾世杰（2004）的國科會計畫裡，蒐集了 1140 個男生，1067 個女生的數字唸名速度，總共 2207 個小一兒童，結果有個從來沒有文獻提到過的發現──各地區的數字唸名速度有顯著的差異。回頭再看表 7-6 林彥同（2001）的資料，兩個研究都是台東的兒童唸名速度最慢，台東是偏遠地區，家長的社經地位較差，這個結果的最可能解釋是，唸名速度是和家庭社經背景有關的。簡淑真、曾世杰（2004）研究的第二部分，我們針對九十六位唸名緩慢兒童（slow namer，以下簡稱 SN），找出九十六名配對兒童，這九十六名配對兒童的各變項特質均與母群體相似，研究者再求各變項間的相關係數，結果發現配對兒童的數字唸名和托尼式非語文智商無關（$r = -0.115$；$p > 0.05$），但和社經背景則有顯著負相關（$r = -0.224$；$p < 0.05$），如表 7-7。也就是說，社經背景愈差的，數字唸名速度愈慢，這和一般人的直覺是相符的。

●表7-6 林彥同（2001）數字唸名速度各地平均值／標準差（人數）的比較

	全部	台東	台中	台南	台北	F值	P
林彥同	32.98/9.86 （126）	39.09/14.20 （31）	28.87/6.67 （30）	31.09/6.06 （33）	32.89/7.73 （32）	7.00**	0.000

註：雪費事後考驗：台東＞台中；台東＞台南。

●表7-7 簡淑真、曾世杰（2004）小一數字唸名各地平均值／標準差（人數）的比較

	全部	台東	台中	台南	高雄	F值	P
本研究	36.59/12.02 （2207）	41.11/13.23 （641）	33.99/11.51 （495）	33.52/9.80 （611）	36.26/11.17 （460）	51.49**	0.000

註：雪費事後考驗：台東＞台中；台東＞高雄；台東＞台南；台南＞台中；台南＞高雄。

　　這些證據除了提醒我們，在比較 SN 與一般兒童的閱讀相關變項時，社經背景應得到小心的控制之外，也讓我們思考一下為什麼？兩個可能的解釋有二，(1)如 Stanovich（1986）說的，會不會唸名只是後天學習的結果？國內外有閱讀程度配對組的研究，似乎拒斥了這種可能，但這種配對研究，在台灣沒有得到複製；(2)會不會閱讀障礙或唸名的問題必須在一個生物—心理—社會的架構下看，而我們做教育心理研究的，只看到心理這方面，而沒有看到比較大的圖像？

　　根據 Sternberg 和 Grigorenko（2000），孩童時有閱讀問題的成人，其子女之一也有閱讀困難的發生率是36%，同樣的，父母中之一是讀寫障礙，其子女有31%在二年級時被學校鑑定出來有讀寫障礙，更精確的研究指出，子女讀寫障礙的比率可能高達61%。換句話說，台灣的社會看重文憑，我們會進一步看到，這些學障家長的社經地位經常不高，家中提供的文化刺激較少，在惡性循環之下，我們就看到唸名和社經地位的相關了，亦即，決定唸名快慢的本質可能是內因的、有生理基礎，但是它卻可能透過社經

地位高低、文化刺激多寡的面貌被大家看到。這裡我們需要一些教育學、心理學、社會學的跨團隊研究。

三、利用唸名速度測驗早期區辨出閱讀障礙高危險群

　　教育部（2002）頒布的身心障礙及資賦優異學生鑑定標準中，對學習障礙兒童有如下的界定：

> 指統稱因神經心理功能異常而顯現注意、記憶、理解、推理、表達、知覺或知覺動作協調等能力有顯著問題，以致學生在聽、說、讀、寫、算等學習上有顯著困難者。

　　這段文字中「因神經心理功能異常」，說明的是學障的致因在於「大腦功能異常」，而不是其他內外在因素。大腦功能異常不外乎天生的（遺傳、孕期感染等），或後天的（腦炎、外傷、中毒等），根據國外學障家族史的研究，讀寫障礙者的親戚中，約有30%也有讀寫障礙，此外，閱讀歷程中各個子歷程，如識字、拼音、理解等，遺傳和環境大約各能解釋50%的變異量〔見 Sternberg 和 Grigorenko（2002）的回顧〕。根據這個「神經心理功能異常」的致因，我們推測應該有許多學習障礙的孩子，在學齡前就具備有學習障礙的神經學特質。

　　雖然有許多孩子可能在學齡前就具備學障的生物特質，但學障卻是看不見摸不著的隱性障礙，光從學前兒童的發展歷程觀察，無法判定孩子將來會不會有學障。而且，鑑定基準中「聽、說、讀、寫、算」的字樣，無可避免的在鑑定技術的層次上，把學習障礙限制為「學齡中才會出現」的障礙，因為學前兒童若有「聽、說」的困難，則這些孩子比較可能被鑑定為「語言障礙」甚至是「發展遲緩」，而非「學習障礙」。此外，現行的教育體制中，「讀、寫」是上了國小才教的，因此讀、寫的困難，當然要上了小學，和同儕比較之後，才會知道是不是達到「顯著」的程度；換句話說，學障兒童都是在入學後出現讀、寫的問題才會被發現、轉介、鑑定，

學障兒童被轉介出來的時間，通常是一年級下學期或二年級上學期，經過各縣市鑑輔會的鑑定，兒童通常會先被診斷為「疑似學習障礙」。此外，鑑定基準中還有一項排除性的規定——「經一般教育的學習輔導無顯著成效者」，在操作的層次上，教育部特教小組把這段學習輔導的時間界定為「一年」，也就是說，「疑似學習障礙」兒童必須再經過一年的學習輔導，才能被確認為「學習障礙」，才能得到特教服務，這時兒童經常已經要升三年級或四年級了。不幸的是，許多研究指出，閱讀障礙愈早介入，效果愈佳（Pikulski, 1994; Stanovich, 1986; Wasik & Slavin, 1993）。兒童若到了四年級才開始補救教學，成功的機會則會降低很多，Foorman、Francis、Fletcher、Winikates 和 Mehta（1997）的研究發現，讀寫障礙學生，二、三年級提供補救教學，分別有 82%和 46%的機會達到普通班的水準，但到了五至七年級，只有 10-15%的機會達到普通班學生的水準（Kame'enui, Simmons, & Coyne, 2000），亦即早期發現、早期介入是補救教學的重要原則。零至六歲是特殊兒童最具可塑性也是補救教學最具效果的階段。閱障兒童年級愈高才被鑑定出來，其在學習上的挫折將會愈大，更可能發生學習無助現象，特教的補救教學的成效也會愈差。〈特殊教育法〉第九條將特殊兒童受教育的年齡向下延伸至三歲，法令上雖然有這個理想，但執行的技術條件上，閱障的鑑定及補救教學卻只限於學齡兒童，若無法早期鑑定出這群兒童，我們可能錯過最佳的介入時機。

　　從以上的討論，我們得到三點印象，第一，早期發現、早期介入很重要；第二，從目前國內的學習障礙的定義來看，學障兒童必須在國小二、三年級才可能被確認；第三，過了小學四年級補救教學就沒有什麼成效了。因此，「如何在學前兒童中發現有閱讀障礙的高危險群」，便是一個重要的研究問題。

　　學前兒童的注意力、專注力、先備經驗都非常有限，這些都造成兒童在各種測驗上信度的限制。一個可以對學前兒童施測的工具應該有「作業簡單、易實施、施測時間短」的特性，如同前面的文獻探討，唸名速度測驗完全具備了這些特性，非常值得研究其做為篩選工具的潛力。

四、亞型分類與教學設計

　　如前所述，根據雙重缺陷假說，閱讀障礙可以被分成三種亞型，分別為「單純唸名缺陷」、「單純聲韻缺陷」和「雙重缺陷」。研究指出，雙重缺陷者閱讀障礙的嚴重程度，超過另外兩種單純缺陷者（Lovett, Steinbach, & Frijters, 2000; Manis, Doi, & Bhada, 2000）。Lovett等人和Manis等人這兩個研究都指出，閱讀能力常態分布最末端的兒童，具有相當的異質性。Lovett等人的研究把一百六十六名七至十三歲非常嚴重的閱讀障礙學童依照雙重缺陷假說來分類，其中一百四十人（全部參與者的84%）被分入三種亞型，他們發現「雙重缺陷」最多（54%），「單純唸名缺陷」和「單純聲韻缺陷」人數差不多，分別為24%和22%。雙重缺陷學童各方面的閱讀指標都嚴重障礙，單純唸名缺陷學童則是這群學童中成就最佳的。

　　蔡韻晴（2002）試著複製Lovett等人（2000）的研究，她將六十六位取自台北、高雄、台東的學障兒童分類，發現「雙重缺陷」十七人（26.7%）、「單純唸名缺陷」十一人（16.6%）、「單純聲韻缺陷」人數最多，有三十人（45.4%）。

　　本書作者以為，各亞型細格中的人數百分比可能受到樣本的閱障嚴重程度的影響，以愈嚴格標準篩出的學障者，可能雙重缺陷就愈多，因此若無法控制樣本的嚴重程度，國內外這種分類百分比的比較，是較無意義的。可以看出來的是，確實可以將閱障者依聲韻及唸名變項分成三類亞型，當然，這樣分類的效度仍缺少實證研究的支持。

　　前面說過Blachman（1994）以及Torgesen等人（1994）發現有些孩子對聲韻能力本位的教學沒有進步的反應。換句話說，若亞型分類正確，則我們應可根據不同亞型孩子們對不同教學方式的反應來做分類的效度檢驗。Lovett等人的研究特別值得一提的是，他們就用了「兒童對教學的反應」來做亞型分類效度的檢驗。經過了字詞辨識訓練、後設語音法教學和聲韻教學之後，三組兒童都有進步，只是進步的程度不等而已。就本書作者的解釋，這個結果並不支持「亞型」與「教學方法」之間存在交互作用的效

果。

陳淑麗、曾世杰（2005）試著對十二名學障兒童做前驅的教學實驗，根據兒童的反應，我們將修正分班方法、教材教法及教學流程，為下一年度的驗證做準備。這裡最困難的是，到底中文的唸名自動化要教什麼？我們現在的做法是設計教材盡量降低兒童先備經驗的負荷，教以學生部件的意義，佐以大量的記憶術和口訣來幫助兒童記住字的唸法，最重要的，課程教學及評量非常注意讓兒童有大量複誦至自動化的練習，這些教材都還需要更多研究者及現場老師的投入設計。

五、唸名速度與閱讀的關係：跨語言的研究

另外一個有趣的課題是唸名速度缺陷的普世性，會不會它只在使用英文的讀者群中發生？某些文字系統的字符—音符對應關係是非常規律的，怎麼寫，就怎麼唸，不像英文那樣有許多例外。我們可以合理的推測，這樣的文字系統可以節省讀者不少聲韻分析之類的認知資源，唸名速度對使用這些透明文字的讀者來說，是否有不同的意義？

Wolf、Pfeil、Lotz 和 Biddle（1994）就認為，唸名在閱讀歷程中的角色，可能因著各種語文字形—字音對應關係（grapheme-phoneme correspondence, GPC）的規則性，而有不同的重要性——在 GPC 較規則的國家，如德國、荷蘭、西班牙、芬蘭（和GPC不規則的國家比較起來，如英文），唸名會比聲韻相對的有更好的診斷指標。

Wolf等人（1994）在柏林以說德語的弱讀者為研究對象，發現聲韻和唸名變項均能區分弱讀和一般兒童，但是在預測稍後的閱讀時，唸名的預測力比聲韻還要好，這也是 Wimmer（1993）所發現的。德語之外，荷蘭（van den Bos, 1998; Yap & van der Leij, 1993, 1994）、芬蘭（Korhonen, 1995）和西班牙等透明文字國家的研究也都指出，唸名速度是一項重要的閱讀預測變項。Wolf（1999）認為，文字愈透明，聲韻變項的重要性愈低，唸名相對的就更為重要。

若他的說法成立，則中文的字形—字音間的規則和拼音文字迥異，中

文是一種語素—音節文字，讀者從字形判斷出正確字音的機率不高，而且每一方塊字正好是一音節，是以在閱讀時，讀者有可能根本不必訴諸於細部音素覺識，因此，唸名在中文閱讀習得過程中所占的角色，就更值得探究了，因為這方面的研究不但能解決教育應用上的問題，也正是檢驗各種閱讀理論普世性的機會。

第|八|章

閱讀障礙學生與一般學生在唸名速度上之比較研究[1]

摘要

　　本章比較閱讀障礙學生與控制組學生在七種不同唸名速度測驗的相異處，我們針對閱讀障礙組與兩組控制組進行七種不同唸名速度的測驗。閱障組學生有三十一位，年齡從九歲到十二歲，他們有嚴重的閱讀理解與識字的困難，符合教育部頒定的鑑定標準。兩組控制組分別是同齡配對組（同齡組）與同閱讀能力配對組（同閱組），我們以一對一的配對方式，取得閱障組與配對組在社經地位、性別上的平衡，所有學生皆接受唸名速度測驗（林彥同，2001）及認字（黃秀霜，1999）、閱讀理解（陳美芳，2000）等國語文能力之相關測驗。

　　研究結果顯示，閱障組在七個唸名速度測驗皆比同齡組慢，閱障組與同閱組的比較中也有三個分測驗達顯著差異水準。本研究設計中的同閱組與閱障組有相同的閱讀能力，因此排除了閱讀能力為因，唸名速度為果的可能性。留下來的則是另一個方向的可能性——唸名速度為因，閱讀能力為果。在相關分析中發現，唸名速度與中文識字的相關程度遠高於與閱讀理解的相關，而且唸名速度真的可以說明不同團體中識字與閱讀理解的不

---

[1] 讀者引用本章資料時，參考文獻請引用謝俊明、曾世杰（2004）。閱讀障礙學生與一般學生在唸名速度上之比較研究。台東大學教育學報，**15**（2），193-216。

同處,這個研究再度支持了唸名在中文閱讀歷程所扮演的重要角色。

第一節 緒論

第七章中我們已經對唸名及閱讀之間的關係做了詳細的討論,本章不再贅述,僅簡單的說明本章研究的研究動機,及與過去研究不同之處。

一、研究動機

如同第七章中的文獻探討,近三十年來的閱讀障礙的研究支持一個普遍的共識——閱讀障礙的成因主要在於聲韻技巧的缺陷,但 Wolf 和 Bowers(1999, 2000)對此說法提出修正,並提出雙重缺陷假說,認為閱讀障礙亞型分為單純唸名缺陷、單純聲韻缺陷和雙重缺陷三種,而且同時在唸名速度及聲韻覺識上有缺陷的孩子比只有其中一項缺陷的孩子有較嚴重的閱讀困難。

Sunseth 和 Bowers(2002)將低成就三年級的參與學童依測驗分數分為四類:唸名和聲韻都沒問題的(double asset, DA)、單純聲韻困難的(phonological disorder, PD)、單純唸名困難的(naming speed deficit, NSD),和雙重缺陷組(double deficit, DD)。PD、NSD 和 DD 組在閱讀相關變項的表現都比 DA 組差;和 NSD 組比較起來,PD 組閱讀的速度較快,但拼字、聽寫和解碼的正確性都差;DD 組則兼具唸名和聲韻的困難,這個研究支持了雙重缺陷假說。Wolf 等人(2000)有關唸名速度文獻回顧指出,弱讀者的連續唸名表現低於一般學童;連續唸名表現與閱讀有顯著相關存在。Manis、Doi 和 Bhadha(2000)在探討二年級學生的聲韻覺識、唸名速度及識字技巧的研究中,也發現字母唸名速度表現與連續字母提取有顯著相關。許多研究者認為連續快速唸名歷程與低階的閱讀技巧(識字)在認知的子歷程(subprocesses)是相似的,從唸名速度的研究中也發現唸名在預測、診斷閱讀障礙與教學上有其特殊的地位。

二、本研究與過去研究不同之處

檢視國內有關唸名速度與閱讀的研究，大都集中在國語文能力與唸名速度的相關研究（陳姝嫈，1998；曾世杰，1999；林彥同，2001；劉家智，2002；蔡韻晴，2002），以上的研究最大的問題有二，一是樣本的性質；二是研究設計。

在樣本的問題上，國內的研究除了蔡韻晴（2002）以學習障礙學童為樣本外，其他的研究用的都是國語文低成就學童，但蔡韻晴（2002）所謂的「學習障礙學童」卻百密一疏，沒有排除可能的數學障礙兒童，這使研究的外在效度受到局限。

在研究設計上，回顧上述國內的研究，研究者發現這些研究設計中，都只將樣本區分成兩組（閱障或語文低成就組及控制組），並沒有相同閱讀成就組。本書在第二章中已經說明，這種兩組的設計只能求得唸名速度與閱讀能力的相關，卻無法了解究竟是唸名表現影響閱讀能力？或是閱讀能力影響唸名表現？或有其他共因的影響。因此，本研究除了有同年齡的一般閱讀能力配對組（以下稱同齡組）外，還設計了與閱讀障礙組具有相同閱讀能力的第二配對組（以下稱同閱組），這樣我們更能確定唸名速度與閱讀能力之間可能存在的關係，這種三組研究設計的邏輯，請參考第二章。「嚴格定義的閱讀障礙樣本」和「三組對照組設計」即為本章研究和其他國內唸名研究最大的不同之處。

三、研究目的

1. 比較閱讀障礙學生與一般學生在各種唸名速度之差異。
2. 探討閱讀障礙學生與一般學生之各種唸名速度與閱讀理解、認字之相關。
3. 探討閱讀障礙學生與一般學生之各種唸名速度對閱讀理解、認字的預測。

四、研究問題

1. 閱讀障礙學生與一般學生在各種唸名速度能力上是否有顯著差異？
2. 分組來看，閱讀障礙學生與一般學生的各種唸名速度能力與閱讀能力是否有相關？
3. 分組來看，閱讀障礙學生與一般學生的各種唸名速度能力是否能有效預測閱讀理解與認字？

第二節　研究方法

一、研究架構

圖 8-1 為本研究的研究架構示意圖，從這個圖可以看出，研究的對象有閱障、同齡、同閱三組，研究者利用配對的方式控制了性別、年齡、智商和社經背景之後，將比較三組在各種唸名速度上的差異。最後，以唸名為預測變項，透過迴歸分析預測中文識字及閱讀理解的變異量。

二、研究參與者

為了解閱讀障礙學生在唸名速度能力上究竟是發展的落後，或是先天的缺陷，我們除了以嚴格的標準找到三十一名國小閱讀障礙兒童，並採一對一的配對方式，選取與閱讀障礙兒童同生理年齡及同閱讀成就之二組普通兒童為對照組，進行三組兒童唸名速度能力之比較，研究樣本共計九十三名。此三組學生選取方式如下：

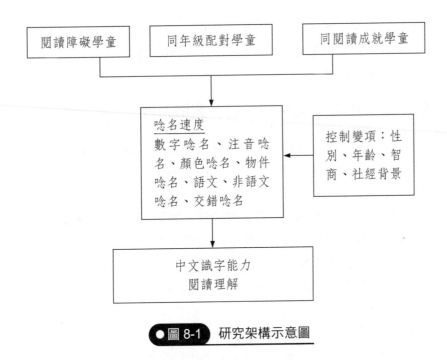

●圖 8-1　研究架構示意圖

㈠閱讀障礙組（以下稱閱障組）選取方式

　　本研究依教育部頒定的身心障礙及資賦優異學生鑑定標準選取閱讀障礙學生，這些學生已經由高雄縣鑑輔會鑑定為閱讀障礙學生，分別就讀於高雄縣仁武國小、鳥松國小、仕隆國小及五林國小，閱障組中的兒童都符合如下的條件：

1. 智力正常：指魏氏兒童智力量表第三版的智商在 70 以上。
2. 排除其他障礙及環境因素之影響：必須排除視覺、聽覺、語言障礙、肢體殘障、身體病弱、情緒困擾、文化刺激不利因素等的影響。
3. 學業低成就：本研究採取受試者的國語成就均在班上倒數三名內。
4. 內在能力顯著差異：不同能力間、能力與成就間、成就與成就之間、成就之內或不同評量方式之中任一有顯著差距者。
5. 心理歷程差異：如中文年級認字量表、閱讀理解困難篩選測驗、基礎數學概念評量等均低於同儕一個年級以上。

*6.*特殊教育標準：其學習困難經普通班教師或相關輔導人員在校實施補救教學或學習輔導無效，經評估後需特殊教育服務者。

7.選取的閱讀障礙學生排除單純的數學學習障礙者。

㈡同年齡學生組（簡稱同齡組）選取方式

　　本研究對象經閱讀障礙學生組的學生確定後，另採配對方式，選取與閱讀障礙學生組同生理年齡，且就讀於同一班級之普通學生，其配對條件的操作性定義如下：

*1.*同智力水準：智力正常或中等以上，亦即在彩色或標準瑞文氏圖形推理測驗（簡稱 CPM、SPM）中百分等級 25 以上，且學校月考成績平均在班上 25%~75%者。

*2.*同生理年齡：受試者皆適齡就學，沒有超齡或提早入學，且與閱障學生的年齡差距不超過半年。

*3.*相似的家庭社經地位：參與者之家庭社經水準是以教育程度與職業水準加權計算後得來的，在本研究中以父母兩人之中，教育程度或職業水準較高的一方為代表。教育程度採較精細的七等順序尺度測量，以學歷為無及自修者為 1；小學為 2；國初中（職）為 3；高中職為 4；專科為 5；大學為 6；研究所為 7（黃毅志，2002）。在職業社經地位方面採五等的順序量尺，以非技術工及體力工，與農、林、漁、牧工作人員為 1；技術工及有關工作人員、機械設備操作工及組裝工，與服務工作人員及售貨員為 2；事務工作人員為 3；技術員及助理專業人員為 4；民意代表、行政主管、企業主管及經理人員，與專業人員為 5（黃毅志，2002）。將教育程度與職業水準相加後求得家庭社經水準，得分愈高表示家庭社經水準愈高，各級分數如下：第一級：2~4；第二級：5~6；第三級：7；第四級：8~9；第五級：10~12；本研究以參與者家庭社經水準處於同一等級或相鄰的等級為配對條件。

㈢同閱讀能力低年級組（簡稱同閱組）選取方式

1. 智力方面：與同齡組條件相同。

2. 閱讀成就：參與者以閱讀理解困難篩選測驗（柯華葳，1999）常模參照為同一級者為配對條件。

3. 相似的家庭社經地位：與同齡組相似的家庭社經地位選取方法相同。

4. 較低年級；必須比閱障組低一個年級以上。

三、研究工具

本研究所用的工具除了魏氏兒童智力量表之外，最主要是有中文年級認字量表（黃秀霜，2001）、閱讀理解測驗（陳美芳，2000）及各種唸名速度測驗（林彥同，2000）。簡介如下：

㈠中文年級認字量表

本測驗係由黃秀霜（2001）所編製，其目的在於評量受試者的中文識字能力，是屬於看字讀音性質的認字評量。其測驗排列方式係依困難度區分成十個等級，從最簡單的第一難度至第十難度等級二十個字，以每行十個字的方式分成二十行，共計兩百字，採個測方式依序逐字讀音，連錯二十個字即停止施測，每字一分。適用於國小一年級至國中三年級，各年級其間隔四至六週之重測信度為 0.80 至 0.95（$p<0.01$），整體之重測信度為 0.97。在效度方面，與標準化國語文成就測驗相關，各年級其相關係數介於 0.48 至 0.67，與在校之國語科成績之相關介於 0.36 至 0.76（$p<0.01$）。

㈡閱讀理解測驗

本測驗為陳美芳（2000）所編製，其目的為評量學生語文理解的能力，適用對象是國小二年級到六年級。測驗的內容為十篇短文，短文取材自兒童圖書、期刊等，包含童話、生活、科學、國家社會、休閒育樂各方面，每篇短文後有四個敘述句，受試者要依照短文的內容判斷敘述句的正誤。

每篇短文與敘述句的題目印在不可互看之兩頁，受試者看完短文回答題目時，不可再回頭看短文。採團測方式進行，全測驗共有四十題，無時間限制，最高得分為四十分。該測驗各年級再測信度大致介於 0.7 至 0.8 之間，內部一致性約在 0.7 左右。以二年級學童為對象的分析結果顯示測驗的內部一致性係數為 0.75，以五年級學童為對象的分析結果顯示測驗的內部一致性係數為 0.59，與國語文能力測驗的相關，在二年級為 0.43，在五年級為 0.41；與閱讀理解能力的相關，在二年級為 0.53，在五年級為 0.49；與新編閱讀理解成分測驗（柯華葳，2001）之相關在 0.55 到 0.66 間。測驗結果需將原始分數對照常模轉換成 T 分數。

㈢唸名速度測驗

本測驗由林彥同（2001）所編製，測驗分為數字、注音、顏色、物件、非語文（顏色—物件）、語文（注音—數字）、語文—非語文唸名等七項分測驗。此測驗有良好的複本信度及評分者一致性；在效度上有良好的專家效度；並與中文認字量表、閱讀理解篩選測驗存有效標關聯。

四、研究程序與資料處理

研究者選出閱讀障礙學生組後，再採取配對方式，選出與閱讀障礙學生組同生理年齡、且就讀於同一班級之普通班學生為同年齡組，另外再選取同閱讀能力組。研究樣本取得後，施予唸名速度測驗與閱讀能力測驗，整個資料蒐集從二○○二年十月初至二○○三年一月十日止。

本研究採取事後回溯之相關研究設計，以相依樣本單因子變異數、Pearson 相關分析法、迴歸分析法進行資料分析。

第三節　結果與討論

一、三組兒童在各種唸名速度之差異情形

㈠各唸名速度能力測驗表現的差異考驗

　　表8-1顯示，各分測驗的變異數分析都達到顯著水準（$p<0.05$），故閱障組、同齡組及同閱組兒童在數字唸名、注音唸名、顏色唸名、物件唸名、語文唸名、非語文唸名、交錯唸名中的平均值均有所不同。事後比較（相依樣本——杜凱氏HSD法）發現，在所有的唸名分測驗中，閱障組都比同齡組慢，其差異達到顯著水準，甚至在「注音唸名」、「顏色唸名」、「非語文唸名」等測驗中，閱障組的唸名速度不但小於同齡組，也小於年齡較小的同閱組。至於其他的唸名測驗（數字唸名、物件唸名、語文唸名、交錯唸名），閱障組和同閱組的平均值雖未達統計上的顯著水準，從兩組的平均值看來，閱障組每一分測驗的平均秒數也都大於同閱組，這告訴我們，閱障組是三組中唸名速度最慢的。

㈡討論

1. 唸名與閱讀的因果關係

　　同齡對照組唸名比閱障組快，當然可能如第七章中所推論的——「唸名為因，閱讀為果」，唸名是閱障的致因之一，所以閱障組唸名較慢；但反方向的因果解釋——「閱讀為因，唸名為果」——也是可能的。同齡組學生閱讀能力較佳，其閱讀累積時間、經驗皆優於其他兩組，因而導致其唸名較快。但是，因為同閱組與閱障組學生的閱讀能力已經配對控制，同閱組年紀較小，但他們唸名仍然顯著快於閱障組，這讓研究者傾向於接受

● 表 8-1　受試者在各唸名速度能力表現之單因子變異數分析摘要表

測驗名稱	平均數	標準差	最大值	最小值	F 值	事後比較
數字唸名						
閱障組	28.72	10.68	59.83	16.31		同齡＜同閱
同齡組	20.63	5.49	35.49	11.66	9.04**	同齡＜閱障
同閱組	25.29	4.23	36.59	17		
注音唸名						
閱障組	43.51	13.3	78.16	27.04		同齡＜同閱
同齡組	31.66	6.42	50.03	18.71	11.50**	同齡＜閱障
同閱組	37.59	6.42	51.56	25.50		同閱＜閱障
物件唸名						
閱障組	54.15	16.59	105.90	28.25		同齡＜閱障
同齡組	41.72	8.00	58.14	29.22	8.47*	
同閱組	48.37	9.21	69.64	31.21		
顏色唸名						
閱障組	64.79	22.83	145.63	35.22		同齡＜閱障
同齡組	45.69	10.10	73.66	31.87	10.52*	同閱＜閱障
同閱組	54.52	13.72	91.34	37.09		
語文唸名						
閱障組	42.31	15.31	73.63	20.22		同齡＜同閱
同齡組	31.65	8.84	52.31	18.09	6.10*	同齡＜閱障
同閱組	38.14	8.66	61.08	27.52		
非語文唸名						
閱障組	66.52	18.03	106.65	36.45		同齡＜閱障
同齡組	46.55	9.21	65.04	29.67	17.34*	同閱＜閱障
同閱組	54.37	11.78	81.35	34.90		
交錯唸名						
閱障組	54.92	15.73	95	25.93		同齡＜同閱
同齡組	42.09	8.38	58.43	27.72	9.41*	同齡＜閱障
同閱組	49.20	8.10	64.20	34.58		

註：*$p < 0.05$，**$p < 0.01$

「唸名為因，閱讀為果」的解釋。表8-1的結果讓研究者推測，閱障組由於唸名速度較慢，在閱讀歷程中，解碼占去太多的認知資源，最後導致了閱讀的困難。但何為因，何為果的問題，除了二者取一，有沒有可能是「互為因果呢」？

2. 語文和非語文唸名的不同

本研究發現，物件唸名、顏色唸名、非語文唸名等非語文類唸名的表現情形，同齡組與同閱組都沒有顯著差異，但只要牽涉到語文的刺激，不管是數字、注音、語文（即數字＋注音）或交錯（語文＋非語文），我們立刻就看到，同齡組唸得比同閱組快的事實（四項唸名皆達顯著差異，$p<0.05$）。

為什麼語文唸名可以隨著年齡明顯加快，而非語文唸名卻不那麼明顯呢？

其原因可能是非語文的刺激不像語文刺激那樣可以在日常生活中有練習的機會，因此雖然同齡組年紀較大，但是對非語文唸名的練習機會仍然和同閱組差不多，因此非語文仍然和低年級的同閱組，沒有太大差別。語文刺激則不同，兒童在學校每天暴露在大量的數字和注音的刺激之下，因此有許多練習的機會，年紀大的同齡組練習的機會比同閱組多了兩年，自然就唸得比同閱組快了。

如果這個推測是正確的，閱障組唸名的緩慢，可能有兩個因素所致，第一，天生的緩慢；第二，後天的缺乏練習。天生緩慢就已經夠不利了，解碼占去太多的認知資源而導致的閱讀困難，閱障困難又減少了接觸語文刺激的機會，雪上加霜惡性循環之後，閱障兒童唸的就更慢了，也就是說，唸名和閱讀之間的關係有可能是相生相因、互為因果的。

二、三組兒童唸名速度與中文認字、閱讀理解的相關

㈠閱讀障礙組

1.唸名速度能力與中文識字

　　從表 8-2 發現閱障組學生在各類唸名速度能力與中文認字和閱讀理解相關中，只有顏色唸名與中文認字達顯著相關（$p < 0.05$），其餘各項唸名速度分測驗（數字唸名、注音唸名、物件唸名、語文唸名、非語文唸名、交錯唸名）均未與中文識字有顯著相關。這與過去的研究（陳姝嫈，1998；曾世杰，1999；蔡韻晴，2002）的研究結果皆不相同，研究者再從過去研究中被認為與閱讀能力相關程度最高的數字唸名與中文認字兩者的相關散布圖中，發現有兩位閱障兒童唸名偏低，認字偏高，在排除這兩個離群值後，發現中文認字與數字唸名、注音唸名、顏色唸名、語文唸名、非語文唸名、交錯唸名皆達顯著水準（相關係數介於-0.438 至-0.584），其中認字與交錯唸名相關最高，唯一與認字無關的是物件唸名速度。將所有的唸名變項都投入迴歸預測模式之後，表 8-3 顯示，對閱障組而言，只有「交錯唸名」被納入，其他如「數字唸名」、「注音唸名」、「物件唸名」、「語文唸名」及「非語文唸名」則被排出模式外；單單「交錯唸名」一項對中文認字變異量的解釋力就達 34.1%。

2.唸名速度與閱讀理解

　　從表 8-2 顯示閱障組在各類唸名速度能力與閱讀理解相關情形均未達 0.05 的顯著水準。表 8-3 自然顯示，唸名速度測驗中所有的測驗均不能有效預測閱障組學生的閱讀理解能力。

● 表 8-2　各組學生之唸名速度能力與中文認字和閱讀理解之相關

	組別（人數）	數字唸名	注音唸名	顏色唸名	物件唸名	語文唸名	非語文	交錯唸名
中文認字	閱障組（31）	-0.12	-0.08	-0.38*	-0.17	-0.11	-0.28	-0.32
	閱障組（29）	-0.54**	-0.45*	-0.53**	-0.33	-0.46*	-0.54**	-0.58**
	同齡組（31）	-0.46**	-0.30	-0.22	-0.40*	-0.31	-0.26	-0.35
	同閱組（31）	-0.14	-0.18	-0.31	-0.42*	-0.40*	-0.37*	-0.55**
閱讀理解	閱障組（31）	-0.32	-0.21	-0.03	-0.09	-0.31	-0.24	-0.12
	同齡組（31）	-0.03	0.06	-0.02	0.26	-0.03	0.20	-0.11
	同閱組（31）	-0.31	-0.16	-0.08	-0.30	-0.25	-0.28	-0.38*

註：*$p < 0.05$，**$p < 0.01$，閱障組二十九人是排除兩個離群值後的人數。

● 表 8-3　各唸名速度對中文認字、閱讀理解之逐步迴歸分析摘要表

組別	效標變項	投入變項	R	R^2	F	B	Beta
閱障組	中文認字	交錯唸名	0.58	0.34	13.99	-0.94	-0.58
	閱讀理解	無					
同齡組	中文認字	數字唸名	0.46	0.21	7.72	-2.15	-0.46
	閱讀理解	無					
同閱組	中文認字	交錯唸名	0.55	0.30	12.64	-0.40	-0.55
	閱讀理解	交錯唸名	0.38	0.14	4.77	-0.98	-0.38

註：$p < 0.05$；閱障組排除兩個離群值後人數為二十九人。

㈡同齡對照組

1.唸名速度與中文認字

表 8-2 顯示，數字唸名與中文認字達顯著相關（$p < 0.01$），物件唸名與中文認字也達顯著相關（$p < 0.05$）。迴歸分析的結果如表 8-3，只有「數字唸名」被納入預測模式中，其對同齡組學童在中文認字能力的解釋力達 21%。

2.唸名速度與閱讀理解

各類唸名速度則與閱讀理解都沒有顯著相關，也因此，唸名速度測驗中所有的測驗均不能有效預測同齡組學生的閱讀理解能力。

㈢同閱讀能力對照組

1.唸名速度與中文認字

從表 8-2 發現同閱組學生在各類唸名速度能力與中文認字相關中，物件唸名與中文認字達顯著相關（$p < 0.05$）；語文唸名與中文認字也達顯著相關（$p < 0.05$）；交錯唸名與中文認字達顯著相關（$p < 0.01$）；本研究同閱讀能力組學童年齡與林彥同（2001）二年級組的研究相似，結果卻發現物件唸名、語文唸名、交錯唸名皆與中文認字呈高度相關，但是在數字唸名、注音唸名、顏色唸名與中文認字的相關並未達到顯著水準。表 8-3 顯示，將所有的唸名變項投入逐步迴歸預測模式之後，對同閱讀能力組學童而言，只「交錯唸名」被納入預測模式中，其他唸名變項則被排出模式外，「交錯唸名」對同閱組學童在中文認字能力的解釋力達 30.0%。

2.唸名速度能力與閱讀理解的相關

表 8-2 顯示同閱讀能力組在各類唸名速度能力與閱讀理解相關情形中，交錯唸名與閱讀理解達顯著相關（$p < 0.01$）。對同閱讀能力組而言，只有「交錯唸名」被納入預測模式中，其他唸名變項均被排出模式之外，交錯唸名對中文閱讀理解變異量的解釋力達 14%。

㈣討論

由以上的報告，我們得到三個印象：

1.唸名速度與中文認字的相關情形高於與閱讀理解的相關

研究者推測，唸名是一種低階的歷程，它和閱讀字詞時的詞彙觸接歷程相似，也因此是一個詞彙觸接與提取自動化的指標；它和高階閱讀理解間的關係，有可能是透過識字而來的，如果這個說法正確，我們就能理解為什麼唸名速度與中文認字有高相關，與閱讀理解則未必。

2.「自動化門檻說」再得到支持

在第三章中，研究者發現閱讀能力正常的配對組兒童，其認知成份和閱讀理解之相關均未達顯著水準，但低成就兒童之認知成份和閱讀理解則較多達顯著水準。研究者提出「自動化門檻說」來解釋兩者間的不同——閱讀能力正常的兒童，其認知處理過程已經跨過了自動化門檻，只要跨過了這個門檻，這些成份就不再和閱讀理解成顯著相關，這個情形再度在本章的研究結果出現——閱讀能力最好的同齡組，其唸名和中文認字及閱讀理解的相關情形最不明顯，他們可能已經跨過了自動化的門檻，唸名、閱讀理解及認字的變異量都變小，因此導致變項間的相關降低。

3.不同唸名測驗所測量的構念相當接近

以閱障組的迴歸分析為例，七種唸名測驗中和中文認字達顯著相關的有六種，把這六種唸名都投進迴歸分析去預測中文認字時，只有交錯唸名能有效地預測中文認字，其他類的唸名速度都不能增加 R^2 解釋量。研究者因此推論，這六種唸名測量的都是同一個構念，預測時自然只有和效標變項相關最高的那一個變項能進入迴歸公式，而且第一個變項進去之後，其他的就沒有絲毫解釋力了。

第四節　結論與建議

一、結論

㈠閱讀障礙學生與一般學生在各唸名速度能力的表現

在閱障組、同齡組及同閱組三組的各種唸名平均值差異考驗上，最值得注意的是，閱障組的唸名速度平均值是三組中最慢的；比同年齡的一般孩子慢是可以預期的，但閱障組居然比年紀較小的同閱組唸名還要更慢，雖然平均值差異考驗只有顏色、注音和非語文達顯著水準，但因為剩餘四項平均值的數值都是閱障組大，研究者以為，閱障組唸得比較慢的情形，不太可能是機率造成的，而且因為同閱組和閱障組閱讀能力相同，閱障組唸名較慢，就不能歸因於他們閱讀能力不好，也就是說，閱障組唸名的弱，不會是閱讀能力弱所造成的，可見唸名確是閱障組相對弱勢的能力。這是本章最重要的發現。

㈡唸名速度與閱讀能力間的相關情形

在相關分析的結果中，最重要的發現有四：(1)唸名速度與中文認字的相關情形高於與閱讀理解的相關；(2)唸名和認字間的相關有「自動化門檻」的效應，同齡組的唸名已經自動化，就看不到它和效標變項的相關；(3)唸名和閱讀變項間的關係可能是相生相因（reciprocal）的，閱障的孩子一開始是天生有唸名的問題，這使他們閱讀發生困難，進而導致練習唸名的機會更少，就唸得更慢了；(4)唸名雖有各種形式，但在預測閱讀相關變項時，這些不同的唸名測驗共同測量的核心概念是相同的。

二、研究限制與建議

(一)研究限制

1.樣本大小

因為一對一的配對十分不容易，這個研究每組只能有三十一人，這使許多可能的平均值差異和相關係數，在統計上未達顯著水準。

2.研究設計方面

本研究採取事後回溯法設計，透過三組的比較來推論唸名速度與閱讀障礙之間的關係，以釐清是唸名速度影響閱讀能力，抑或是閱讀能力影響唸名速度，但如同第二章中的討論，是在本研究結果在推論時，依然無法排除共因同時影響唸名和閱讀的可能。

3.研究的閱障組在唸名速度上並非同質的一群

本研究的閱障組有兩個離群值出現，他們唸名很慢，但是認字能力佳，他們可能是閱障中的亞型，也可能是低成就兒童被誤認為閱障兒童，當然也可能是施測時出了差錯，仍需進一步探究。

(二)對未來研究的建議

1.唸名教學實驗研究的可能

如果研究者的推論──「唸名速度可能受到先天條件及後天學習的影響」是正確的，則可以預期，即使閱障者的天生唸名較弱，但是經由後天的教學與訓練，唸名的速度仍能得到進步。第七章中提到 Wolf 等人（2000）設計的 RAVE-O 補救教學方案，使兒童的唸名速度變快了。我國所用的文字系統不是拼音文字，第五、六章說明聲韻覺識不是中文閱讀的必要條件，則唸名速度在中文閱讀的重要性可能相對地增加，這是可以經由實驗來檢驗的。

2. 唸名測驗用在早期閱障篩選的可能

從施測時間的經濟性來說，唸名是一項容易施行的工具。研究者最終極的關心並不是受試者的唸名速度有多快，而是唸名速度與閱讀歷程中「解碼自動化」的關聯性；「解碼自動化」是閱讀能力的必要條件，解碼自動化若不足時，可能造成學童在閱讀習得過程中的挫折。如何透過唸名工具的篩選提早發現解碼自動化有困難的孩子，是個重要的課題。

3. 縱貫性研究的可能

本研究採用的是事後回溯設計，這種設計最大的限制在於因果推論的困難，唸名若真為閱讀或認字的因，則它應該在閱讀或認字之前就已經開始發展，而且早期的唸名發展情形可以預測後來的閱讀及認字能力。此外，在相關研究方面，因為一般兒童在唸名上可能比較容易進入自動化的高原期，一旦跨過自動化的門檻，唸名的變異量變小，就不容易看到唸名和效標變項的相關；基於此，「預測性的相關研究」會比「同時性的相關研究」更容易檢驗唸名與閱讀能力的關係，這個說明再次讓研究者的目光投向縱貫性研究，這也是第九章研究者要努力的。第九章對一群兒童從入學前追蹤到四年級，入學前幼兒的唸名當然都尚未自動化，以它來預測後面的閱讀發展，應該更能見到有意義的關係。

第|九|章

唸名速度與中文閱讀發展：一個四年的追蹤研究[1]

摘要

　　本研究探討兒童入學前的唸名速度及小學一年級的聲韻覺識能力是否能有效預測其小學四年級的國語文能力。研究者在一九九九年八月蒐集七十九位幼稚園大班兒童的各種唸名速度，並且在兒童入學後十週，即一九九九年十一月，測量其聲韻覺識的相關能力，包括注音認讀、聲調、注音、拼音等。隨之，在二〇〇〇、二〇〇一、二〇〇二、二〇〇三年，即兒童一、二、三、四年級上學期結束前，蒐集這群兒童的唸名速度及閱讀理解和認字的能力，並透過迴歸分析，以學前唸名速度與入學後的聲韻覺識能力預測二、三、四年級的國語文能力。本研究的主要發現有三：⑴歷年的唸名測驗再測相關均達顯著水準，顯示唸名測驗是種再測信度穩定的工具；⑵聲韻覺識變項是二年級閱讀理解的最佳預測變項，但到了三、四年級，兒童學齡前的數字唸名速度對閱讀理解的解釋量就超過聲韻覺識變項，即使將語文智商加入迴歸模型，仍然得到相同的結果；⑶預測兒童二、三、四年級的認字時，仍然見到數字唸名的對解釋量的貢獻遠大於聲韻變項；把語文智商加入迴歸模型後，仍然得到相同的結果。以上結果說明，以早

---

[1] 讀者引用本章資料時，參考文獻請引用曾世杰、簡淑真、張媛婷、周蘭芳、連芸伶（2005）。唸名速度與中文閱讀發展：一個四年的追蹤研究。**特殊教育研究學刊**，**28**（1），123-144。

期的認知變項預測兒童四年級的閱讀理解或認知能力時，唸名變項的解釋力都超過聲韻變項。

第一節　緒論

　　在第八章中，我們已經對唸名及閱讀之間的關係做了詳細的討論，本章不再贅述，僅在第一節簡單的說明本研究的背景、動機、研究問題及研究假設。

一、研究背景與動機

　　本研究旨在以四年的追蹤研究，探討入學前的唸名速度與入學後的中文認字、閱讀理解間的關係。本節將先簡短說明這個研究的意義——即理論上、方法上及應用上的動機，再報告研究的問題與假設。

　　我們在第六、七章提到，閱讀障礙學童為什麼會遭遇閱讀的困難？聲韻覺識的處理缺陷是這三十年來西方拼音文字系統研究的普遍共識，但許多研究者指出，單單以聲韻覺識來說明閱讀障礙是不夠的，除了聲韻覺識之外，快速自動化唸名（以下簡稱唸名）困難可能是另一個造成閱讀障礙的致因。

　　中文的字形—字音間的規則和拼音文字迥異，中文是一種語素—音節文字，讀者從字形判斷出正確字音的機率不高，而且每一方塊字正好是一音節，是以在閱讀時，讀者根本不必訴諸於細部音素覺識，所有拼音文字都有的「字母到聲音的轉換規則」，在中文閱讀中也不可能存在。依此推論，中文讀者即使聲韻覺識有困難，可能也有機會學會閱讀，第六、七章中，我們已經看到了音素覺識有困難，卻能正常閱讀的中文個案研究。最近的腦部照影研究亦指出，中文的閱讀障礙者閱讀時，腦部活動情形和拼音文字的閱障者是不同的（Siok, Perfetti, Jin, & Tan, 2004）。因此，唸名在中文閱讀習得過程中所占的角色，就更值得探究了，這是本研究理論上的

動機。

在方法上，第八章的結論中說明了事後回溯法因果推論困難的限制，並建議未來的研究以縱貫研究的設計進行，一來更能釐清唸名與閱讀的因果關係，再者，因為一般兒童容易跨過「自動化門檻」，同時性的相關研究就難以見到變項間的相關，因此預測性的相關研究會更適合用來檢驗唸名與閱讀變項的關係，這是採用縱貫法的動機。

此外，唸名測驗是個容易理解、作業簡單的測驗，是少數可以適用於學齡前兒童的測驗，若國內學前兒童的唸名速度，與入學後的閱讀息息相關，則我們有機會發展出學前的閱讀障礙篩選工具，這對早期發現早期介入，將有莫大的助益，這是本研究應用上的動機。

二、研究問題與研究假設

本研究的研究問題如下：「大班學前兒童在各種唸名速度測驗（數字、顏色、圖片、注音）的表現是否可以預測其四年級的閱讀能力？」這個問題又可以細分成以下幾個小問題：

1. 跨年度來看，唸名速度測驗是不是一種穩定的工具？
2. 不同年級所測之各種唸名速度測驗與閱讀理解、認字及智商的相關情形如何？
3. 大班兒童在各種唸名速度測驗上的表現，是否可以預測其國小四年級的閱讀理解及認字？
4. 以統計方法把語文智商的影響排除後，唸名速度測驗是不是仍然可以預測兒童的國語文成就？

根據以上的研究問題，本研究有假設如下：

1. 兒童歷年之各種唸名速度測驗的再測相關係數達顯著水準。
2. 各種唸名速度與閱讀理解、認字及魏氏智力量表智商有顯著負相關。
3. 兒童大班時的唸名速度，可以有效預測其四年級上學期結束時的閱讀理解及認字。
4. 即使把語文智商的影響以統計方法控制，唸名速度測驗分數仍然可

以預測四年級上學期結束時的閱讀理解及認字。

第二節　文獻探討

一、讀寫障礙者在唸名上的困難

連續唸名可以將讀寫障礙者從同儕中區辨出來，幼稚園兒童（Wolf et al., 1986）如此，以成人為研究對象也得到一樣的結果（Felton et al., 1990）。讀寫障礙兒童唸名速度（尤其是字母和數字的唸名），無論在哪一個年齡層，都比同齡的一般兒童（Snyder & Downey, 1995; Spring & Capps, 1974）慢，比同閱讀配對組的兒童慢（Ackerman & Dykman, 1993; Biddle, 1996;），也比其他有學習障礙的兒童慢（Ackerman & Dykman, 1993; Denckla & Rudel, 1976a, 1976b; Segal & Wolf, 1993），稍後將以 M. Wolf 團隊的系列研究，討論不同群體在連續唸名上的差異。

Stanovich（1986）對 Wolf 等人（1986）的研究提出方法上的兩個建議，他認為上述的結果當然有可能是「唸名缺陷為讀寫障礙的致因」，但也有可能因果相反，那些能讀、而且讀得多的兒童，因為較多的文字接觸，就造成了唸名速度的加快。為了要控制文字接觸的經驗，閱讀能力配對的對照組有其必要性。他的第二個建議是，如果唸名缺陷真的為讀寫障礙的致因，則可以預期「讀寫障礙」的唸名速度仍應慢於「閱讀能力與智力水準相當的弱讀者」（nondiscrepant poor readers, NP）。第二個建議有其重要性，因為聲韻覺識變項在讀寫障礙和 NP 群體之間看來沒有什麼差異，如果唸名速度在這兩群體間有顯著差異，則「唸名與聲韻為不同的能力」的說法，可以得到進一步的支持。

Wolf 和同事們再回頭以兩種方式進行分析其縱貫研究的資料：第一，把年長的讀寫障礙兒童和年紀較小的一般兒童依閱讀水準配對，他們發現組間的唸名速度有極明顯的差異——四年級讀寫障礙兒童比二年級的配對

兒童慢；三年級讀寫障礙兒童也比一年級的配對兒童慢。這個唸名的差異不太可能是閱讀文字的經驗所致，因為閱讀能力已經控制，高年級的讀寫障礙兒童不太可能接觸文字的經驗會少於小他們兩歲的兒童。

第二，他們再檢視資料中的NP讀者，結果發現他們的唸名速度在三、四年級時，和一般讀者沒有差別。後來Biddle（1996）的研究也得到同樣的結論。亦即讀寫障礙兒童的字母和數字唸名，和NP讀者似乎根本上有認知歷程的差異。

國內的研究也有類似的發現，曾世杰（1999）探討國語文低、中、高成就學童的工作記憶、聲韻處理及唸名速度，繪成成長曲線後，可以看到國語文低、中、高成就學童的成長線是不重疊的三條線，唸名速度隨年齡而加快，但低年級成長情形較高年級明顯。在唸名速度測驗中，以數字唸名、注音唸名及語文唸名速度最能有效地把低國語文成就兒童和其他兒童區辨出來。

謝俊明、曾世杰（2004）以國小二到六年級閱讀障礙組、同齡對照組及同閱讀能力組學童各三十一名為樣本，所有學生都接受唸名速度測驗（林彥同，2001）、認字（黃秀霜，1999）及閱讀理解（陳美芳，2000）等測驗。研究發現，閱障組在所有（七種）唸名測驗的平均唸名速度，都是三組學生中最慢的，閱障組（平均年齡一百一十六個月）和同閱組（平均年齡九十五個月）雖然只在注音、顏色和非語文唸名上達到統計顯著差異，七項唸名卻全部落後於年紀小了二十一個月的同閱組，從這裡看，唸名的確是閱障兒童的弱項。而且，閱障兒童唸名的緩慢，不可能是因為閱讀能力太差所致，因為同閱讀能力組的存在，已經控制了閱讀能力的差異了。

二、唸名的追蹤研究

追蹤研究的好處在於較容易釐清變項間的因果關係。我們若假定唸名是閱讀成功與否的因，早期的唸名就應該能預測後期的閱讀識字成就，同時性的相關研究因為唸名和閱讀相關變項是在同一段時間蒐集的，這樣的設計使因果無法分清楚。但若早期的唸名，尤其是閱讀習得之前的唸名，

可以預測國小的閱讀識字成就,研究者對因果的判斷就比較有信心,因為唸名早在閱讀識字之前就發生了,它不可能是閱讀識字的果。

Wolf等人(1986)的追蹤研究發現,各種學前階段所測出的唸名速度都和二年級的閱讀變項有相關,而且各種唸名測驗之間沒有顯著的差異。但是,到了二年級就清楚看到,數字及字母唸名自動化程度較高,而且只有數字與字母唸名速度,和閱讀表現有顯著相關,和字彙辨識的相關尤其強($r = 0.56, p<0.001$),唸名速度和二年級閱讀理解的相關都達 0.001 顯著水準,但是年級愈高,相關愈低(幼稚園,$r = 0.54$;一年級,$r = 0.45$;二年級,$r = 0.35$)。

Wolf等人(1986)的解釋是,年級愈低,閱讀的認知歷程愈是倚重低階解碼、字彙辨識,數字及字母唸名就是低階自動化的好指標,因此和字彙辨識有高相關,至於閱讀理解,它牽涉較多高層次的認知處理,所以年級愈高,和唸名的相關就漸漸降低。比較起來,圖片唸名速度是唯一和閱讀理解有較強相關的變項,研究者的解釋是,圖片唸名需要語意(semantic)處理,因此和理解較有關,和字彙辨識相關較低。這個研究和Walsh、Price和Gillingham(1988)的結果類似,他們發現學前的字母唸名和一年級的閱讀(以字彙辨識為主要內容)有高相關,和二年級、三年級的閱讀分數就無顯著相關了。Walsh 等人(1988)也發現此二項唸名速度的預測率皆高於「顏色」與「物件」唸名速度。

Wolf等人(1986)比較讀寫障礙兒童與一般兒童在唸名發展上的差異,在五年的追蹤之後,他們發現,讀寫障礙幼兒從上幼稚園的第一天開始就和同儕在所有的唸名速度上都有顯著的差異,其中差異最大的是字母唸名,而且這些差異持續到國小四年級,四年級時,差異最大的除了字母之外,還有數字。後來,Meyer、Wood、Hart和Felton(1998)的研究則發現,這樣的差異從八年級到成年都持續存在。

簡淑真、曾世杰(2004)在小一開學的第一天,在台中、台南、高雄及台東共蒐集2207個小一兒童(無明顯障礙)的數字唸名,再選出最弱的5%,經家長同意後,剩下九十三名,再以同班、同齡、同性別、同社經、同智商等條件找出九十三名配對組。第二個學期結束前,再蒐集兩組的唸

名及學習成就（剩下九十對），我們發現兩組的每一項唸名仍然有顯著的差異。此外，以學校的國語和數學期末成績來看，唸名慢的組別都顯著低於配對組，再算一下兩科成績中有一科為六十分以下的人數，唸名慢的組別有十六人，配對組只有一人。當然，成績六十分以下，未必就是學習障礙，但這個初步結果指出，入學時唸名慢的兒童，與條件近似的配對組比較起來，有超乎尋常的機會在第一學年結束時發生嚴重的學習困難。

三、唸名測驗在學障早期篩選的重要性

　　如第八章中的討論，根據教育部（2001）頒布的身心障礙及資賦優異學生鑑定標準，理論上許多兒童在學齡前就具備閱障的生物特質，但大多數閱讀障礙的兒童必須等到三年級或四年級，才能通過過程冗長的鑑定，被確定為學障，開始接受特教服務，不幸的是這麼晚才接受補救教學，成功的機會就大大降低了。

　　〈特殊教育法〉第九條規定特殊兒童受教的年齡向下延伸到三歲，法令上雖然有這個理想，但在技術條件上，兒童必須在入學後才有能力進行閱讀障礙的鑑定。若不能早期鑑定出這群兒童，我們可能錯過最佳的介入時機。因此，「如何在學前兒童中發現有閱讀障礙的高危險群」，便是一個重要的研究問題。

　　學前兒童的注意力、專注力、先備經驗都非常有限，這些都造成兒童在各種測驗上信度的限制。一個可以對學前兒童施測的工具應該有「作業簡單、易實施、施測時間短」的特性，如同前面的文獻探討，唸名速度測驗完全具備了這些特性，有其做為早期篩選工具的潛力。

第三節　研究方法與程序

一、參與者

　　就研究的目的而言，本研究要的不是特殊兒童，而是一群能夠代表一般兒童的樣本。一九九九年七月，研究者委請台東市區的公私立幼稚園及托兒所，發函給大班兒童（將於九月入學）的家長，徵求同意讓兒童參與本研究，兒童必須沒有任何顯著的障礙，也無辨色力的問題。一九九九至二〇〇二年，我們根據幼稚園時蒐集的資料，繼續進入不同的小學請求合作。第一年，真正完成所有測驗的有效個案有七十九名，男生四十五人，女生三十四人，平均年齡六歲七個月（至二〇〇〇年二月），年齡最大值為九十七個月，最小值為七十五個月。研究者在二〇〇〇年九到十一月完成所有兒童魏氏智力測驗，其全量表智商平均為 100.53，標準差 10.78，最大值 124，最小值 74。這些數字指出本研究的樣本沒有智能障礙者，其智商平均值與常模平均值 100 沒有差異，分數的離散情形則稍微比常模（常模標準差為 15）小一點。追蹤至二〇〇三年，仍留下的有效個案有七十五名，男生四十三人、女生三十二人，平均年齡十歲六個月（至二〇〇三年二月底）。

二、測驗工具

　　本研究用的測驗工具包括：自編的唸名卡片、碼錶、中文年級認字測驗（黃秀霜，2001）、閱讀理解困難篩選測驗（柯華葳，1999）、工作記憶廣度（曾世杰，1999）、魏氏兒童智力量表第三版修訂版和國民中小學國語文成就測驗（洪碧霞、邱上真、葉千綺、林素微、張漢評、方金雅、王惠川、翁麗雅、黃美秀、葉峰男，1999）。

㈠唸名測驗

　　本研究所用的唸名測驗有兩個版本，施測時，施測者在指導語中請兒童拿著卡片，以最快的速度唸完所有的刺激，施測者以碼錶計時。

1. 學前用的唸名卡片：為 297mm × 210mm（A4 橫式紙張）大小，每張唸名卡片有二十個刺激（數字、圖片、顏色）。第二年，當兒童二年級上學期時，我們仍然施測此這個只有二十個刺激的卡片，同時也施測國小版、五十個刺激的唸名卡片，兩者間的相關係數，可以讓我們檢驗刺激數的多少，是否影響構念的測量。

2. 入學後的唸名卡片：卡片為 200mm × 130mm 的數字、注音、顏色、物件（圖片）及各類交錯唸名卡片，卡片上的刺激數目為五十。此測驗有甲、乙兩式，內容相同、排序不同的複本，在本研究中以甲式為主要施測版本，若有其他狀況則改用乙式。曾世杰一九九七和一九九八年對同一群兒童做相同的測驗，數字、注音、顏色、圖形、語文交錯、非語文交錯及綜合交錯唸名等七種測驗，隔年再測信度分別為 0.77、0.65、0.74、0.76、0.77、0.72、0.79。

㈡中文年級認字量表（黃秀霜，1999，2001）

　　如第八章之說明。

㈢閱讀理解困難篩選測驗（柯華葳，1999）

　　本測驗能在較少的作業（題數少）與較少的挫折下（用高頻字組成），以最短的時間分辨出學生在閱讀理解上是否有困難，其常模涵蓋國小二年級至六年級。本測驗之 Cronbach's α介於 0.75 至 0.89 之間，施測約需十五至二十分鐘。

㈣工作記憶廣度（曾世杰，1999）

　　本測驗的主要目的，是測量受試者對於語文資料的短暫儲存與運作處理能力，以口語方式施測。該測驗的試題內容由一般常識組成，皆為兒童

生活中使用高頻率的詞語，受試者除了短暫的儲存外，尚需判斷試題內容是否符合題目要求。以聽覺方式呈現題目，實驗要求參與者依照原來的順序口頭回憶出正確的項目，例如：「請依照原來的順序唸出以下的植物：兔子、小草、餅乾、榕樹」，兒童必須依正確的順序回憶出正確的項目來，才算得分。理論上，唸名速度應與工作記憶成負相關，本測驗在本研究中僅作為效度檢驗之用。

(五)聲韻相關測驗

　　如以下列四種測驗工具，其中第二、三種測驗已經實證研究考驗具有良好的信效度（曾世杰，1999）。

　　1. 注音符號認讀測驗：自製卡片，隨機呈現三十七個注音符號，正確唸出就得一分。

　　2. 聲調處理能力測驗：四選一選擇題，共二十題，一題一分，最高二十分；兒童聽錄音機播出的假音後，在答案紙上選出對應的聲調。

　　　計分：一題一分。

　　　例題：錄音機唸出「ㄉㄞˇ」

　　　a. ㄉㄞ　ㄉㄞˊ　ㄉㄞˇ　ㄉㄞˋ

　　　　　□　　　□　　　□　　　□

　　3. 聽寫：共二十題，錄音機唸出假音，兒童被要求寫出該音節的注音符號。

　　　計分：子音、母音、全對分別計分，對一個，給一分。

　　　例題：a. ㄙㄡˊ

　　　　　　　（　　）

　　4. 拼音：為了避免兒童有書寫上的困難，而影響了聽寫測驗的表現，研究者也以口頭唸出聽寫測驗中的二十個假音，請兒童以口頭回答，一題一分。

三、研究程序

　　學前階段的資料蒐集於兒童入學前的暑假進行，此後，每年開學時（九月），研究者對所有的參與兒童分別施測各種唸名速度測驗，十月中進行中文年級認字量表（黃秀霜，1999）、閱讀理解困難篩選測驗（柯華葳，1999）、工作記憶廣度測驗（曾世杰，1997）；第四年學期即將結束時（十二月），針對特殊個案深入訪談，與個案的導師及家長討論個案的學習情況。個案資料蒐集方式包括教室觀察、訪談、正式與非正式評量等。

第四節　研究結果

一、本研究測驗工具的信效度

㈠信度

　　本研究的前驅研究中，曾對較少數的大班兒童做過各唸名測驗的複本信度，兩種複本的刺激形式及刺激數目完全相同，只有刺激安排的順序不同，三種測驗的複本信度分別為 0.83、0.88 和 0.87（表 9-1）。必須說明的是，大班兒童尚未學習注音，是以只設計數字、顏色和圖形唸名三種。

　　再測信度方面，研究者對同一批兒童分別在升大班的暑假、小學二年級、三年級及四年級進行施測，除了一年級時用的是二十個刺激的大型卡片，二、三、四年級用的都是五十個刺激的標準卡片，其四年的再測相關如表 9-2。從表 9-2 看出，雖然幼稚園的兒童注意力短暫、理解指導語的能力也未成熟，但參與本研究的兒童，在入學之前及在二年級、三年級、四年級的測驗表現，皆有高度相關，且皆達 0.001 顯著水準，表示同一批兒童在這四年中，各種唸名速度表現相當穩定。此外，唸名速度也不會因刺

● 表 9-1　本研究各種自編測驗的複本信度

測驗名稱	數字唸名	顏色唸名	圖形唸名
相關係數	0.83	0.88	0.87
（人數）	（40）	（36）	（40）

● 表 9-2　第四年的唸名速度與前三年測驗速度的再測相關係數（人數）

	數字	注音	顏色	圖片	語文交錯	非語交錯	綜合交錯
學前（20）與小二	0.60 （79）	N/A	0.71 （74）	0.68 （79）	N/A	N/A	N/A
學前與小三	0.66 （74）	N/A	0.63 （72）	0.63 （77）	N/A	N/A	N/A
學前與小四	0.58 （75）	N/A	0.62 （71）	0.46 （75）	N/A	N/A	N/A
小二與小三	0.70 （77）	0.54 （77）	0.73 （75）	0.74 （77）	0.62 （77）	0.65 （76）	0.69 （76）
小二與小四	0.71 （75）	0.55 （75）	0.78 （73）	0.70 （75）	0.72 （74）	0.64 （75）	0.79 （74）
小三與小四	0.82 （75）	0.56 （75）	0.78 （75）	0.77 （75）	0.78 （75）	0.72 （75）	0.74 （75）

註 1：所有相關係數皆達 0.000 顯著水準。
註 2：學前無法測注音唸名，以 N/A 表示。
註 3：學前施測的項目數為二十，餘皆為五十。

激個數多寡而不穩定，在四年級所測五十個刺激數與學前及二年級測二十個刺激、二年級測五十個刺激、三年級所測五十個刺激都有高相關。以此推論，此測驗刺激數目從二十至五十並不影響測驗的穩定性。

　　綜合上述，第一、唸名速度有高穩定性，兒童不因年齡的增加及學校學習而在團體中的相對位置有劇烈改變；第二、刺激個數多寡不影響唸名

速度測驗的穩定性。

㈡構念效度

在構念效度上，研究者有兩個理論上的假設：

1. 唸名各分測驗所測量的構念都牽涉類似的認知歷程，因此各分測驗間的唸名時間會有高相關。

2. 唸名愈慢者，其工作記憶及語文能力（如閱讀理解、中文認字）愈差，亦即唸名測驗應該和閱讀理解及中文認字有負相關。

因為各年級同時性相關的結果非常接近，表 9-3 只呈現四年級兒童各變項間的相關係數矩陣及其描述性統計，從表 9-3 中可看出，以上兩個假設都得到支持。此外，語文唸名（數字、注音、非語文交錯）和語文能力（閱讀理解及中文認字）的相關遠大於非語文唸名，這和過去的國外的研

● 表 9-3　四年級兒童各變項的相關係數及其描述統計值（n = 75）

	1	2	3	4	5	6	7	8	9	10
1 數字										
2 注音	0.72**									
3 顏色	0.56**	0.48**								
4 圖形	0.50**	0.53**	0.72**							
5 顏色圖形	0.53**	0.56**	0.80**	0.78**						
6 數字注音	0.73**	0.66**	0.55**	0.53**	0.56**					
7 各交錯	0.66**	0.64**	0.78**	0.75**	0.80**	0.70**				
8 工作記憶	-0.46**	-0.35**	-0.44**	-0.39**	-0.39**	-0.38**	-0.38**			
9 閱讀理解	-0.43**	-0.44**	-0.31**	-0.27*	-0.28*	-0.39**	-0.35**	0.42**		
10 年級認字	-0.44**	-0.34**	-0.10	-0.07	-0.02	-0.38**	-0.13	0.12	0.42**	
最小值	0.88	0.89	27.34	24.37	32.37	19.89	26.41	1.75	4.0	35
最大值	3.51	7.64	73.23	75.50	78.32	53.97	74.55	5.50	19.0	74
平均值	20.75	1.09	43.24	41.65	46.53	33.59	40.03	3.51	13.73	48.97
標準差	5.09	6.05	9.83	9.59	10.55	7.27	8.93	0.737	3.64	9.07

註：$*p<0.05$，$**p<0.01$。

究是類似的。這些證據讓研究者對這批唸名工具量測得到的資料，有進一步推論的信心。

二、本研究各變項的描述統計

　　從表 9-3 可知，四個時間點蒐集的資料來看，數字唸名最快，其次是注音唸名，再來是圖形唸名、顏色唸名。若以分散的程度來看，圖形唸名的變異情形大於顏色唸名、數字唸名、注音唸名。再對照各變項的最大值來看，唸名作業看似簡單，對於某些小四兒童來說仍有相當程度的困難，非語文唸名居然要花七十秒以上才能完成。從表 9-4 可知，四個時間點蒐集的資料來看，數字唸名最快，其次是注音唸名、再來是圖形唸名、顏色唸名。若以分散的程度來看，圖形唸名的變異情形大於顏色唸名、數字唸名、注音唸名。圖 9-1 將表 9-4 的資料視覺化，從平均數值來看，可以知道所有的唸名花費的時間逐年減少，數字唸名的速度尤有明顯的進步。

● 表 9-4　四年追蹤研究各變項平均數（標準差）的變化

	一九九九年八月 （n = 79）大班	二〇〇〇年九月 （n = 79）小二	二〇〇一年九月 （n = 77）小三	二〇〇二年九月 （n = 75）小四
數字唸名	32.84（9.17）	28.76（7.45）	23.81（5.58）	20.75（5.09）
注音唸名	N/A	42.15（9.44）	38.01（7.59）	31.09（6.05）
圖形唸名	61.05（18.40）	61.13（17.56）	48.13（11.08）	41.65（9.59）
顏色唸名	53.84（16.78）	63.09（16.96）	49.61（11.49）	43.24（9.83）
顏色圖形唸名	N/A	61.44（17.98）	53.22（13.49）	46.53（10.55）
數字注音唸名	N/A	41.95（10.28）	36.35（9.26）	33.59（7.27）
各交錯唸名	N/A	54.27（16.84）	46.68（9.84）	40.03（8.93）
年級認字百分位數	N/A	37.49（19.18）	35.48（28.79）	46.60（28.02）
中文年級認字 T 分	N/A	46.48（10.00）	N/A	48.97（9.07）
工作記憶廣度	N/A	2.31（0.56）	3.03（0.73）	3.51（0.74）
閱讀理解困難篩選測驗	N/A	9.35（3.35）	N/A	13.37（3.64）

註：N/A 意指未施測，當時兒童尚未學習注音、認字、閱讀。小三未施測閱讀理解困難篩選測驗及中文年級認字量表。

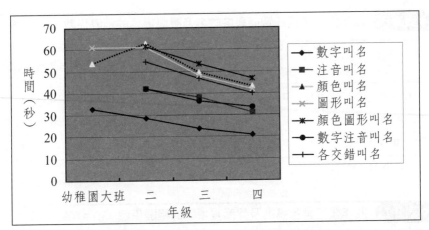

註：幼稚園施測的唸名卡片為二十個刺激，其他為五十個刺激，其唸名速度原不應一起比較，本圖以幼稚園唸名秒數乘以 2.5 的估計值繪圖，僅供參考。

● 圖 9-1 各類型連續叫名測驗發展曲線

表 9-5 則是一年級上學期教完注音之後兒童表現出來的聲韻能力。本研究在選擇參與者時，刻意排除明顯身心障礙兒童，例如唐氏兒或自閉兒，但表 9-5 顯示，這樣的篩選並未將聲韻弱勢兒童從樣本中篩除，從最小值及標準差看來，樣本兒童在聲韻變項上的表現是合理的。

三、本研究各變項間的相關情形

表 9-4、9-6、9-7 以四年級兒童為例，說明各變項間的相關情形。從表 9-4 可看出，七種唸名速度都和閱讀理解成顯著負相關，但只有數字、注

● 表 9-5 一九九九年十一月測得的聲韻相關分數描述統計值

	最小值	最大值	平均數	標準差	人數
注音符號認讀	12	37	35.67	3.03	79
聲調	3	20	14.77	4.53	79
拼音	0	10	9.25	1.59	79
聽寫	1	10	7.15	1.84	79

● 表 9-6　四年級兒童魏氏智商與各唸名及聲韻變項的相關係數（n = 75）

	數字 唸名	注音 唸名	顏色 唸名	圖形 唸名	顏—圖 交錯	數—注 交錯	各種 交錯	注音 認讀	聲調	拼音	聽寫
VIQ	-0.37**	-0.27*	-0.12	-0.16	0.01	-0.33**	0.13	0.21	0.37**	0.13	0.23*
PIQ	-0.24*	-0.14	-0.21	-0.13	-0.10	-0.21	-0.15	0.12	0.41**	0.20	0.15
FIQ	-0.34**	-0.23	-0.20	-0.16	-0.07	-0.31**	-0.17	0.19	0.35**	0.19	0.22

註：*$p < 0.05$；**$p < 0.01$。

● 表 9-7　四年級兒童各唸名及聲韻變項間的相關係數（n = 75）

	數字 唸名	注音 唸名	顏色 唸名	圖形 唸名	顏—圖 交錯	數—注 交錯	各種 交錯
注音 認讀	-0.15	-0.44**	-0.12	-0.36**	-0.15	-0.35**	-0.31**
聲調	-0.31**	-0.39**	-0.31**	-0.32**	-0.16	-0.45**	-0.38**
拼音	-0.25*	-0.42**	-0.27*	-0.38**	-0.19	-0.37**	-0.39**
聽寫	-0.26*	-0.27*	-0.17	-0.19	-0.03	-0.32**	-0.22**

註：*$p < 0.05$；**$p < 0.01$。

音、數字注音交錯唸名才和認字的相關達顯著水準。表 9-6 中，唸名速度中的數字唸名和聲韻覺識中的聲調和魏氏的三種智商相關最強，也都成負相關。表 9-7 顯示，唸名和聲韻變項間成負相關，語文性的唸名速度和聲韻變項間的相關大於非語文性和聲韻變項間的相關。這些結果表示唸名速度愈短，兒童在其他我們所關心的能力，如認字、閱讀理解、智商、聲韻能力等表現就愈優異。

　　從表 9-6 和表 9-7 看到唸名變項和聲韻變項之間有高相關，兩者與智商也有高相關，尤其是語文智商。會不會本研究關心的兩個預測變項，並不像理論中那樣，為特定可能影響閱讀的能力，而只是一般能力，和魏氏的語文智商是同一回事呢？這個顧慮讓研究者必須將語文智商投入迴歸分析中，以檢驗這個可能。

四、迴歸分析：唸名速度對閱讀理解的影響

根據文獻，唸名速度及聲韻相關變項最能解釋閱讀的變異量，研究者因此針對這兩類變項，以幼稚園的各類唸名測驗，及一年級的聲韻相關測驗（注音認讀、聲調、拼音、聽寫）為預測變項，投入迴歸分析，用來預測二、三、四年級的閱讀理解測驗及認字的分數，表 9-8 首先呈現閱讀理解的迴歸分析結果。

在閱讀表 9-8 之前，先要做兩個說明，其一，雖然預測變項的蒐集時間，上段文字講的是「幼稚園」及「一年級」，但「幼稚園」指的是一九九九年八、九月，「一年級」指的是一九九九年十一月，相差不過三、四個月，所以研究者將「幼稚園」及「一年級」的變項併在一起，做為預測變項；其二，由於研究疏失，三年級時誤以洪碧霞等（1999）的國民中小學國語文成就測驗取代了閱讀困難篩選測驗（柯華葳，1999），因為信效度的問題，洪碧霞等（1999）不鼓勵將這個成就測驗中的閱讀理解分測驗獨立出來使用，因此本研究各表中三年級的閱讀理解測驗結果，必須小心看待。而柯氏的測驗則完全根據閱讀理解的理論編製，測驗中所有的題目都在測量閱讀理解的構念；也許就因為這個差異，致使三年級的迴歸分析結果與其他兩個年級大為不同，唸名對三年級閱讀理解的預測力，比對二、四年級的預測力還要低。但值得注意的是，即使用的是洪氏的國語文成就測驗的閱讀理解分數，學前的數字唸名仍然是第一個進入迴歸公式的變項。至於二年級閱讀理解的最佳預測變項則是聲調。表 9-8 值得注意的是：第一、雖然研究者投入了聲韻所有的相關變項（注音認讀、聲調、拼音、聽寫），但能預測閱讀理解的變項只有聲調一個，這個發現意味著未來類似的研究，在選擇聲韻變項時，聲調值得納入最優先考慮。

第二、以幼稚園的數字、顏色、圖形唸名、一年級的注音能力（注音認讀、聲調、拼音、聽寫）來預測閱讀理解時，「一年級聲調」最能預測二年級的閱讀理解能力，其解釋量達 24.5%；「一年級聲調」對三年級閱讀理解的預測力就看不見了，有趣的是，到了四年級，最能預測兒童閱讀

●表9-8　以幼稚園的各類唸名速度及一年級聲韻相關測驗預測二、三、四
年級的閱讀理解能力

依變項	預測變數	B	標準誤	Beta	R^2	顯著性
二年級閱讀困難篩選測驗 （柯華葳，1999）	一年級聲調	0.368	0.076	0.495	0.245	0.000
三年級閱讀理解 （洪碧霞等，1999）	幼—數字唸名	-0.176	0.060	-0.329	0.108	0.005
四年級閱讀困難篩選測驗 （柯華葳，1999）	幼—數字唸名 一年級聲調	-0.444 0.268	0.092 0.078	-0.504 0.357	0.254 0.364	0.000 0.001

註1：聲韻相關測驗包括注音認讀、聲調、拼音、聽寫等四項分測驗分數。
註2：因研究疏失，三年級的閱讀理解測驗與二、四年級不同。

理解的變成「幼稚園的數字唸名」，其解釋力達 25.4%，再加上「一年級
聲調」則可解釋另外 11%的變異量，亦即，兩者合計解釋了 36.4%的閱讀
理解能力變異量。

綜上所述，「唸名」和「聲韻」就可以解釋相當高比例的閱讀理解變
異量，但會不會這兩個變項只是語文智商的一個指標呢？如果把語文智商
納入預測變項，這兩者的解釋力是否仍然存在？為檢驗這個可能，研究者
再加入兒童一年級施測的魏氏語文智商為預測變項，投入迴歸分析，用來
預測二、三、四年級的閱讀理解測驗的分數，迴歸分析的結果如表 9-9。

根據表 9-9，「語文智商」最能預測二、三年級的閱讀理解能力，對二
年級閱讀理解的解釋量達 24.5%，再加上「一年級聲調」後，迴歸模型的
解釋量可增加 11.1%，兩變項的解釋力達 35.6%；到了三年級，「語文智
商」對閱讀理解的預測力降低至 10.9%，再加上「幼稚園的數字唸名」，
可再增加 7.2%的解釋量。有趣的是，到了四年級，最能預測閱讀理解的變
項從語文智商變成「幼稚園的數字唸名」，其解釋力達 25.4%，「語文智

●表 9-9　以幼稚園的各類唸名速度、一年級聲韻相關測驗及WISC語文智商預測二、三、四年級的閱讀理解能力

依變項	預測變數	B	標準誤	Beta	R^2	顯著性
二年級閱讀困難篩選測驗（柯華葳，1999）	語文智商	0.175	0.036	0.495	0.245	0.000
	一年級聲調	0.267	0.076	0.359	0.356	0.001
三年級閱讀理解（洪碧霞等，1999）	語文智商	0.071	0.024	0.331	0.109	0.005
	幼—數字唸名		0.060		0.181	0.016
四年級閱讀困難篩選測驗（柯華葳，1999）	幼—數字唸名	-0.444	0.092	-0.504	0.254	0.000
	語文智商	0.141	0.033	0.406	0.414	0.000
	一年級聲調	0.184	0.077	0.245	0.461	0.019

商」、「一年級聲調」則可分解釋另外 16%及 4.7%的變異量，亦即，三者合計解釋了 46.1%的閱讀理解能力變異量。由此可知，從幼稚園及一年級的資料預測四年級的閱讀理解時，即使把「語文智商」納入預測變項，在迴歸分析中「唸名」和「聲韻」兩者的解釋力仍可解釋相當高比例的閱讀理解變異量。

　　隨著兒童的年級漸增，閱讀理解的最佳預測變項從語文智商及聲韻變項轉變為唸名，這會不會只是一次因機率發生的意外？若我們再以不同年次蒐集的唸名資料再做一次迴歸分析，結果仍然類似，則此現象難以機率意外解釋，比較可能具有心理真實性。因此，循相同的邏輯，本研究再以一年級的聲韻相關測驗、二年級的各類唸名測驗及語文智商為預測變項，投入迴歸分析，用來預測二、三、四年級的閱讀理解，迴歸分析的結果如表 9-10。

　　從表 9-10 我們再度看到與表 9-9 相似的結果，最能解釋閱讀理解的，二年級是聲調和語文智商，三、四年級都轉成唸名變項，而且是語文唸名變項。小二的數字—注音唸名可以預測四年級的閱讀理解達 31.0%，語文智商可以增加總解釋量至 40.8%，聲調覺識則可以把總解釋量增加到45.2%。

● 表 9-10　以二年級的各類唸名速度、一年級聲韻相關測驗及 WISC 語文智商預測二、三、四年級的閱讀理解能力

依變項	預測變數	B	標準誤	Beta	R^2	顯著性
二年級閱讀困難篩選測驗（柯華葳，1999）	一年級聲調	0.367	0.073	0.504	0.254	0.000
	語文智商	0.125	0.035	0.353	0.362	0.001
三年級閱讀理解（洪碧霞等，1999）	小二—注音唸名	-0.068	0.023	-0.324	0.105	0.005
	語文智商	0.052	0.024	0.242	0.160	0.034
四年級閱讀困難篩選測驗（柯華葳，1999）	小二—數字注音	-0.205	0.036	-0.557	0.310	0.000
	語文智商	0.119	0.035	0.323	0.408	0.001
	一年級聲調	0.197	0.083	0.252	0.452	0.021

　　我們從表 9-9 及 9-10 得到的印象是，學前和一年級預測閱讀理解的最佳變項依序是語文唸名速度、語文智商、聲調覺識；就我們關心的議題而論，唸名和聲韻覺識對閱讀理解的解釋量各有獨立的貢獻。

五、唸名速度對認字的影響

　　本研究以幼稚園的各類唸名測驗，及一年級的聲韻相關測驗（注音認讀、聲調、拼音、聽寫）為預測變項，投入迴歸分析，用來預測二、三、四年級認字測驗的分數，迴歸分析的結果如表 9-11 與 9-12。

　　從表 9-11 我們看到，在唸名和聲韻變項中，最能預測二、三、四年級認字的是「幼稚園時的數字唸名」，對二年級認字能力的解釋量達 23.4%，對三年級認字的預測力降低至 22.7%，再投入「一年級聲調」，可增加解釋量至 8.5%；「幼稚園時的數字唸名」對四年級認字能力的解釋量更降至 12.2%。把語文智商加入預測變項，「唸名」和「聲韻」的解釋力是否會消失？迴歸分析的結果如表 9-12。

● 表 9-11　以幼稚園的各類唸名速度及一年級聲韻相關測驗預測二、三、四年級的中文年級認字

效標變項	預測變數	B	標準誤	Beta	R^2	顯著性
小二中文年級認字	幼─數字唸名	-1.282	0.274	-0.483	0.234	0.000
小三中文年級認字	幼─數字唸名	-1.188	0.262	-4.76	0.227	0.000
	一年級聲調	0.660	0.226	0.320	0.312	0.005
小四中文年級認字	幼─數字唸名	-0.864	0.279	-0.349	0.122	0.003

● 表 9-12　以幼稚園的各類唸名速度、一年級聲韻相關測驗及語文智商預測中文年級認字（T 分數）

效標變項	預測變數	B	標準誤	Beta	R^2	顯著性
二年級中文年級認字	語文智商	0.585	0.100	0.566	0.320	0.000
	幼─數字唸名	-1.027	0.235	-0.387	0.465	0.000
三年級中文年級認字	語文智商	0.525	0.100	0.530	0.280	0.000
	幼─數字唸名	-0.961	0.233	-0.385	0.423	0.000
	一年級聲調	0.975	0.475	0.196	0.457	0.044
四年級中文年級認字	語文智商	0.520	0.099	0.535	0.286	0.000
	幼─數字唸名	-0.647	0.246	-0.261	0.352	0.010

　　表 9-12 顯示，「語文智商」最能預測二、三、四年級的認字能力，對二年級認字能力的解釋量達 32%，再加上「幼稚園的數字唸名」，二年級認字能力的解釋量可再增加 14.5%。「語文智商」對三年級認字能力的預測力降低至 28%，再加上「幼─數字唸名」、「一年級聲調」則可解釋另外 14.3%及 3.4%的變異量，亦即，三者合計解釋了 45.7%的認字能力變異量。「語文智商」對四年級認字能力的預測力為 28.6%，再加上「幼─數字唸名」，四年級認字能力的解釋量可增加至 6.6%，兩者合計解釋了 35.2%的認字變異量。由上述可知，即使把「語文智商」納入預測變項，投入迴

歸分析，「唸名」對認字仍有其獨立的解釋力，其解釋力遠超過「聲韻」相關變項。

以上的結果——「唸名對認字的解釋力遠超過聲韻」——如果具有心理真實性，而不是機率造成的，則可預期，若以小二的唸名變項取代幼稚園的唸名變項，再跑一次迴歸分析，其結果應該和表 9-12 類似，表 9-13 的結果正符合了這樣的預期。在表 9-13 中，仍是「語文智商」最能預測二、三、四年級的認字能力，語文智商再加上唸名變項之後，對二、三、四年級的解釋量皆達 45% 左右，而唸名變項中，最值得注意的仍然是數字唸名。此外，和唸名變項比較起來，聲韻相關變項和認字的相關不高，沒有一個能投入迴歸模式。

● 表 9-13 以二年級的各類唸名速度、一年級聲韻相關測驗及語文智商預測中文年級認字（T 分數）

效標變項	預測變數	B	標準誤	Beta	R^2	顯著性
二年級中文年級認字	語文智商	0.518	0.090	0.496	0.297	0.000
	小二數字唸名	-0.732	0.147	-0.522	0.401	0.000
	小二顏色圖形唸名	0.173	0.056	0.318	0.462	0.003
三年級中文年級認字	語文智商	0.453	0.088	0.453	0.262	0.000
	小二數字唸名	-0.593	0.121	-0.432	0.438	0.000
四年級中文年級認字	語文智商	0.485	0.093	0.499	0.262	0.000
	小二數字唸名	-0.390	0.129	-0.289	0.454	0.003

第五節　結論與建議

一、主要的發現

本研究有幾個主要的發現：

(一)唸名測驗是一種穩定的工具，適用於學前兒童

唸名是個再測信度高的測驗，學前兒童所使用的唸名卡片只有二十個刺激項目，它和四年後所用的五十個項目的唸名卡片有高相關，牽涉到語文符號的測驗如數字、注音、語文（數字注音）交錯、語文非語文交錯等四項唸名，學前和四年級的相關分別為 0.58、0.63、0.60 和 0.57。非語言唸名，如顏色、圖形與顏色圖形交錯隔四年相關係數則較低，分別為 0.38、0.35 和 0.47，但所有的相關係數都達到 0.01 的顯著水準。

(二)學前唸名可預測四年後的閱讀理解

將語文智力加入迴歸模型後，學前兒童的數字唸名速度可以解釋四年後閱讀理解約 25%的變異量。

(三)學前唸名可預測四年後的中文認字

以幼稚園的各類叫名速度、一年級聲韻測驗（注音認讀、聲調、拼音、聽寫）及 WISC-III 語文智商預測二、三、四年級的中文年級認字 T 分數，結果首先進入的都是語文智商，再來就是數字唸名，除了語文智商的解釋量外，學前數字唸名在二、三、四年級分別讓 R 平方的總解釋量增加了 15%、14%及 6.6%。

二、結論與討論

本研究指出，兒童入學前一個花費約半分鐘的測驗，居然可以有效地預測四年後的識字與閱讀理解，可見其重要性。近十年來，台灣的研究者受拼音文字國家文獻的影響，許多的實證研究在做聲韻覺識與中文閱讀間的關係，唸名的研究受到的注意甚少，但中文的字形—字音間的規則和拼音文字迥異，中文是一種語素—音節文字，讀者從字形判斷出正確字音的機率不高，而且每一方塊字正好是一音節，是以在閱讀時，讀者有可能根本不必訴諸於細部音素覺識，由此推論，中文讀者即使「聲韻覺識」有困難，可能也有機會學會閱讀，第六、七章我們已經用個案的方式支持了這個看法。因此，唸名在中文閱讀習得過程中所占的角色，就更值得探究了。此外，本章完稿之前有兩篇剛出版的文章，其結果和本研究若合符節，值得一提。

Ho、Chan、Lee、Tsang 和 Laun（2004）在一篇閱障亞型的研究中指出，快速唸名缺陷和字形處理缺陷，是中文發展性閱讀障礙亞型分類的兩種最主要的類型，這個發現和拼音文字一向的傳統大為不同，本研究的結果和 Ho 等人（2004）有類似之處——唸名很清楚的可預測閱讀理解與認字，聲韻的影響卻看不見。此外，Siok 等人（2004）更提出生理的證據，他們以功能性核磁共振儀（functional MRI）進行的研究指出，中文閱讀障礙兒童和拼音文字閱障兒童，大腦出問題的部位是不相同的。中文的組字原則，不但提供了檢驗聲韻假說的機會，這個假說的驗證，也可能對國內閱讀障礙的兒童有實質的助益。

當然，到目前看來，中文唸名有困難者，可能造成什麼樣的閱讀問題仍未清楚。例如，我們見到四年級的閱讀理解和所有的唸名有顯著的負相關，但認字只和語文唸名（數字、注音及語文交錯）有顯著負相關，可見所有唸名所牽涉的共同核心歷程和閱讀理解有關，但語文唸名中的「語文元素」才和認字有關，到底其中相互影響的機制如何？值得再深入探究。我們期待本研究的發現，可以激發更多研究者細究唸名速度與中文閱讀的

關係。

三、對未來研究的建議

㈠擴大樣本的需要

　　就閱讀障礙研究的需求來看，本研究最大的限制在於樣本過小，七十九名兒童全部都是排除「具明顯障礙兒童」之後的一般兒童，其唸名能力成常態分布，有嚴重唸名困難的兒童因此非常少，我們能觀察到嚴重唸名困難同時具有閱讀障礙的個案自然更少。樣本較大的研究，將使我們更能檢驗唸名速度在閱讀障礙早期篩選的可能角色。

㈡個案研究的需要

　　唸名究竟如何在兒童的閱讀習得歷程中發生影響？唸名缺陷的閱障兒童如何補救？中文閱障兒童中，是否可如 Wolf 和 Bowers（1999, 2000）所提的雙重缺陷假說的預測，可分類成「單純聲韻缺陷」、「單純唸名缺陷」和「雙重缺陷」三類亞型，三類亞型人數各占多少比例？亞型分類的效度如何檢證，哪些教學方式可以幫助哪些類型的個案，這些都需要清楚的個案研究來指引。

第|十|章

國小三年級唸名速度緩慢學童與一般學童閱讀認知能力之比較 [1]

摘要

　　本研究對 1067 位國小初入學的一年級學童施以數字唸名測驗,並篩選出全部樣本唸名速度最慢的 5%的學童(排除領有身心障礙手冊者,共有四十六名),並依智商、家庭社經、性別在同班級配對出唸名速度正常的對照組學童。接著,在學童三年級下學期時,研究者再次蒐集這兩組學童的唸名速度、聲韻覺識、中文認字、閱讀理解和國語文學業成就的表現。研究者比較兩組學童在各項閱讀認知能力的發展差異,並探究其唸名速度與聲韻覺識能力、中文認字能力、閱讀理解能力及國語文學業成就之關係。

　　本研究主要發現如下:(1)兩組學童在聲調覺識能力、聲韻覺識能力、中文認字能力、閱讀理解能力和國語文學業成就的表現均達顯著差異水準;(2)緩慢組各類唸名速度與中文認字能力、聲韻覺識能力和國語文學業成就有顯著負相關,但一般組則否;(3)緩慢組的唸名速度能有效預測其中文認字能力和國語文學業成就,而聲韻覺識則可有效預測其閱讀理解能力,但是一般組學童則否。上述研究結果說明了,唸名速度緩慢學童其唸名速度

―――――――――――
[1] 讀者引用本章資料時,參考文獻請引用張毓仁、曾世杰(2008)。國小三年級唸名速度緩慢學童與一般學童閱讀認知能力之比較。**教育與心理研究,31**(1),179-203。

的表現對區辨日後閱讀理解相關能力有著密不可分的關係，因此，唸名速度測驗有機會發展為早期中文閱讀障礙篩選的工具。

第一節　緒論

一、研究背景與動機

　　第八章我們針對三十一名被診斷為閱讀障礙的學生蒐集資料，結果發現他們的唸名速度不但慢於同齡配對組，甚至還小於年紀較小的同樣閱讀能力配對組。第九章是個縱貫式的研究，結果發現入學前的唸名比較起聲韻覺識更能預測四年級的認字及閱讀理解。以上兩研究各有其方法上的限制。前者是橫斷式的研究，無從知道唸名在閱讀「發展」上的角色。後者用的是一般兒童，真正唸名很慢的兒童人數很少。因此學童早期的唸名速度是不是和後來的閱讀能力有關？這個重要的議題仍需要進一步探討，這樣的研究結果幫助我們更清楚認識影響中文閱讀理解的認知因素，也可能對中文閱讀障礙或困難的亞型判斷，及早期閱讀困難或障礙的篩選有所幫助，此即本研究理論及應用上的動機。

二、研究目的與研究問題

　　本研究的目的在以事後回溯及相關研究法探究「唸名速度缺陷與閱讀困難的關係」。我們將比較國小入學時數字唸名速度緩慢的學童（slow naming students，簡稱 SN）與一般學童在三年級的唸名速度、閱讀認知相關能力和國語文學業成就；並且以相關及迴歸統計，探究唸名速度與閱讀認知能力的相關情形，是否因不同組別而有所差異？具體而言，本研究的研究問題有三：

　　1.緩慢組與一般組學童三年級時，各類唸名速度的表現是否有所差異？

2.唸名速度緩慢學童與一般學童在聲韻覺識、中文認字、閱讀理解及國語文學業成就等變項的表現是否有所差異？

3.唸名速度與聲韻覺識、中文認字、閱讀理解及國語文學業成就等變項間的相關情形如何？其是否因學童的組別而有所不同？以唸名速度及聲韻覺識為預測變項，來預測中文認字及閱讀理解時，其解釋力是否因組別而有差異？

第二節　文獻探討

一、國內唸名速度研究的概覽

前述幾個章節中，我們已清楚說明幾個拼音文字系統的唸名速度研究結果，因此我們不再多加贅述。不過在中文這個意符文字系統（logographic system）中，讀者唸名速度的發展歷程究竟如何？它和閱讀能力究竟有怎樣的關係？接下來，讓我們來簡要回顧國內幾個唸名相關研究的結果。

林彥同（2001）和劉家智（2002）先後蒐集了幼稚園大班及國小一至六年級學童唸名速度的常模，結果顯示唸名速度測驗的信、效度非常良好，像本研究所用的數字唸名速度測驗，其複本信度在 0.76 至 0.96 之間。此外，第九章在學童入學前的暑假蒐集數字、顏色及圖形的唸名速度，並在他們國小一年級時蒐集聲韻覺識能力，並追蹤至國小四年級。該研究指出學童各種唸名速度的隔四年再測相關，均可達到 0.01 的顯著水準（數字唸名速度隔四年的再測相關為 0.58）。以上國內的相關研究報告均一致指出，唸名速度是一種相當穩定的能力。

此外，第八章也指出，閱讀障礙學童的唸名速度比同齡及一般閱讀能力的配對組緩慢。這可以推論為，唸名速度為閱讀能力的因，亦即，唸名速度慢的學童，後來的閱讀能力就差。從以上結果看來，以中文讀者為對象的唸名速度研究發現下列幾項特點：

1. 唸名速度和中文閱讀能力有密切的相關。
2. 唸名速度是一種穩定的能力，學童唸名速度表現在常模中的相對地位，並不會隨著時間而有太大改變。
3. 閱讀障礙學童的唸名速度顯著地慢於其對照同儕，而且，有證據顯示，閱障學童唸名緩慢，並不是由於其閱讀能力低落所造成的。

此外，上述第 3 點強調的是閱障學童的唸名速度較一般同儕為慢。如果唸名速度缺陷真的會導致閱讀困難，則另一種情況也可能為真：唸名速度緩慢學童的認字和閱讀的表現，會遠弱於唸名速度正常的學童。這個推論即為本研究的主要研究問題。再者，邏輯上在做因果推論時，因一定要在果之前發生。學童的唸名能力比閱讀出現得早，因此，研究必須在學童學習閱讀之前，即蒐集唸名速度，這樣的設計才更能排除「閱讀發展影響唸名速度」這個方向的推論，這是第八章的設計沒有做到的，而本研究的研究設計卻能彌補這個缺憾。

二、聲韻能力和唸名速度的關係

雖然雙缺陷假說主張聲韻覺識和唸名速度是兩種不同的認知能力，但是截至目前為止，學界對於「唸名速度是屬於聲韻能力中的一項成份，還是獨立於聲韻能力？」這個問題仍舊頗有爭議。從理論上來推想，若唸名速度和聲韻能力是相當獨立的兩種能力，而且兩者都和認字及閱讀理相關能力有關，則我們至少會有以下三種預期：

1. 臨床上可找到「單純只有唸名困難」及「單純只有聲韻困難」的學童；
2. 進行相關分析時，唸名和聲韻變項都會和認字及閱讀相關能力有顯著相關，前者為負相關，即唸得時間愈短，閱讀相關能力愈好；後者則為正相關；
3. 在迴歸分析中，唸名和聲韻變項對於閱讀相關能力的變異量將有獨立的貢獻。而在中文的研究中，我們的確看到有相關研究支持了這三個預期。

關於預期 1，蔡韻晴（2002）曾嘗試依據雙缺陷假說對國小四到六年級低閱讀能力的六十六名學童進行分類，研究同時施予聲韻覺識測驗、唸名速度測驗和工作記憶測驗、詞彙測驗及記憶廣度測驗。研究發現，中文低閱讀能力學童中，不論以「聲母注音和唸名速度」或「聲調、聲母注音和唸名速度」來分類，皆可發現類似雙缺陷假說的分類組型，而且分類結果和 Wolf（1999）相當接近，均以聲韻覺識缺陷的人數最多，雙缺陷、唸名速度缺陷次之，而兩者皆正常的人數最少。此外，陳淑麗、曾世杰（2005）在其研究中也報告了一個聲韻覺識不錯，但唸名極為緩慢的國小學童。

預期 2 也得到實證研究的支持，研究一再指出聲韻覺識相關測驗的分數的確與閱讀理解及認字成正相關（曾世杰，1996a；曾世杰、陳淑麗、謝燕嬌，2005），而唸名速度則與閱讀理解及認字分數成負相關（曾世杰、邱上真、林彥同，2003；劉家智，2002）。

關於預期 3，第九章對一群未經特別挑選的幼稚園學童施以各種唸名速度測驗，並且連續追蹤四年，每年量測其唸名速度及數種閱讀相關變項。結果指出，以中文認字能力為依變項時，唯一能預測四年級中文認字能力的只有學前的數字唸名速度，一年級的聲韻覺識變項的解釋力則未達顯著水準，即使把語文智商納入迴歸公式，仍然得到一樣的結果。以閱讀理解為依變項時，結果和認字稍有差異——數字唸名速度和聲韻覺識對閱讀理解變異量的預測都有獨立的貢獻，但數字唸名第一個進入迴歸公式，其次是語文智商，再來是聲韻覺識變項中的聲調覺識。

簡言之，預測國小四年級的中文認字能力時，早期唸名速度的預測力較好，聲韻覺識變項卻無法進入迴歸模型中。但是，在預測國小四年級的中文閱讀理解能力時，唸名速度和聲韻覺識則各有獨立的貢獻，但聲韻覺識貢獻的解釋量非常有限。

三、一些方法學上的討論

上述的研究雖然看來頗有說服力，但在變項間關係的推論上仍然有所

限制。在方法學中，只有實驗研究的結果，才能讓我們做因果關係的推論。實驗研究的必要條件之一是自變項須由研究者操弄。但是，本研究關心的自變項——聲韻覺識和唸名速度，卻都是因人而異的認知特質，絕不可能由研究者操弄控制。因此，所有研究只能以事後回溯（ex post facto）或相關性（correlational）設計來進行，在此先天的限制條件下，研究者如果能以不同的研究方向、以不同的設計方法、不同的參與對象、不同的變項，多次地複製，進而得到相同的研究結果，並參照相關的理論之後，研究者才較有信心做一些因果關係的推論。

　　由於支持預期 1 的研究（陳淑麗、曾世杰，2005；蔡韻晴，2002）只是個案研究，而且都在同一段時間內蒐集所有的變項，因此想要推論「唸名或聲韻變項」與「閱讀能力」之間的因果關係是不可能的；其次，支持預期 2 的研究是橫斷性的（或稱同時性的）相關研究，也不能推論變項間的因果關係。曾世杰等人（2005）的研究雖然在學童國小入學前蒐集唸名速度的資料，並以此資料投入迴歸分析，來預測四年後的中文認字和閱讀理解能力，但是，這個研究是七十四名的一般學童，所以學童唸名速度的快慢呈常態分配，若按分配比例推算，真正唸名緩慢的學童人數就非常有限，便不足以做進一步的描述和推論了。相對照於本研究，我們篩選出的唸名速度緩慢學童有四十六名，因此較能對此群體得到可靠的研究結果。

　　此外，過去的許多研究結果也還有不一致之處，如前所述，唸名速度與聲韻覺識的關係，有人認為是兩個獨立的認知能力，有人認為唸名速度只是聲韻能力的一種形式。為什麼學者們會有這麼不同的看法呢？研究者認為和研究的設計有關，所以我們認為在研究設計中，必須先考慮下列研究方法的問題，才能深入討論認知能力的本質：

(一)參與者的年齡

　　隨著參與者年齡的不同，唸名速度與聲韻覺識的相關性可能會有所差異。某些研究結果發現，在參與者較小的年齡，兩者的相關較大，但隨著年齡增加，其相關性則會逐漸降低（Wagner & Torgesen, 1987; Torgesen, Wagner, & Rashotte, 1994）。其次，研究應考慮參與者的年齡和心理成熟

度。我國學童入學時一年級上學期先學十週的注音符號，自第十週後才開始國字的分散識字教學，至二年級結束時國語課本學習的總生字累積量還不到三百字，因此，導致優秀讀者和弱讀者在中文識字和閱讀能力的差異可能不大。所以，本研究將以國小三年級的學童為研究對象，並在三年級下學期時進行施測，除了考量學童間閱讀能力的差距已更為明顯外，也兼顧了學童理解指導語的能力及配合研究的穩定性。

㈡文字系統的差異

在不同文字系統（表音文字、音節文字和意符文字）中，由於文字符號所表徵的聲韻結構各不相同，研究者推測這會影響閱讀的認知歷程。最近也有神經照影的研究支持這個說法（Siok, Perfetti, Jin, & Tan, 2004）。此外，Ho、Chan、Lee、Tsang 和 Laun·（2004）的研究也指出，中文閱讀歷程中，唸名速度的重要性可能大過於聲韻覺識。所以，不同文字系統極有可能影響唸名速度和聲韻覺識的關係。

㈢測驗的作業差異

以聲韻覺識測驗為例，聲韻覺識的作業種類繁多，各自含括不同聲韻層次（音節層次、音節內層次和音素層次），且每種測驗所要求的作業方式不盡相同，有些用口語裡存在的真音，致使難度及鑑別度太低；有些測驗則要求學童聽寫，致使寫字有困難的學童被誤以為有聲韻困難，有的則是聽一長串刺激後，要求做聲韻處理，以致工作記憶負荷太重（曾世杰、陳淑麗、謝燕嬌，2005），這些都可能造成研究結果的差異。

總之，當前學界的一致共識是，聲韻覺識和唸名速度在拼音文字系統的閱讀發展上扮演著舉足輕重的角色。相對於拼音文字，因為中文組字原則的特殊性，使得中文的年幼讀者正好是一個理想的對照組。除了組字規則（orthography）外，有關聲韻覺識和唸名速度關係的探究，也可能會因探討主題、研究對象和施測作業方式的殊異，而有不同的研究結果。是故，這些方法的侷限，都是相關研究在方法學上必須詳加注意的。

第三節　研究方法與程序

一、參與者

　　本研究資料來自於一個縱貫性研究的第三年資料，研究第一年（2003年）參與的學童就讀於台中市、台南市和台東市的國小一年級，在學童進入國小就讀的第一週，對 1067 位學童施以數字唸名速度測驗，並且從中挑選出唸名速度最慢的百分之五，經排除⑴家長不同意參與；⑵顯著身心障礙兩項條件後，共挑選出四十六位學童，男、女生各二十三名，做為唸名速度緩慢組（以下稱緩慢組）。

　　接著，研究者為每一名緩慢組參與者在同班級中找到相同性別，且數字唸名能力中等的學童二名，再發給家長同意書及黃毅志（2002）的社經地位調查問卷，徵得家長同意後，便進一步施測瑞文氏彩色圖形推理測驗（CPM）。最後，挑選出與唸名速度緩慢者的社經地位和瑞文氏彩色圖形推理測驗表現最接近之學童為一般唸名速度的參與者，做為一般唸名速度對照組（以下稱一般組）。

　　表 10-1 呈現，兩組學童的社經地位和智商並無顯著差異，僅有數字唸名速度有明顯的差別。

● 表 10-1　緩慢組與一般組的配對條件平均值（標準差）的差異顯著性考驗

配對條件	緩慢組 平均數(標準差)	一般組 平均數(標準差)	Paired-t 值	自由度	P 值
一年級數字唸名	63.68(10.22)	36.89(7.07)	12.46***	45	0.000
彩色瑞文智商	92.02(6.39)	92.65(5.88)	-1.61	45	0.114
社經地位	5.94(1.85)	6.19(1.49)	-1.43	45	0.160

註：*** $p < 0.001$

二、研究工具

本研究的測驗工具包含如下六項，茲分別描述之，其中第㈠至㈢項，如八、九章之說明：

㈠唸名速度測驗（林彥同，2001）

㈡中文年級認字量表（黃秀霜，2001）

㈢閱讀理解困難篩選測驗（柯華葳，1999）

㈣瑞文氏彩色圖形推理測驗（俞筱鈞，1993）

本測驗是目前國小常用的非語文智力測驗之一，其使用之目的為推斷學童智能發展之程度，以供初步區辨特殊學童之用，測驗時間約為三十分鐘，本研究以團體測驗方式施測。

㈤聲韻覺識測驗（曾世杰、陳淑麗、謝燕嬌，2005）

聲韻覺識測驗能診斷參與者注音符號能力及聲調處理能力，找出有聲韻困難的學童，其常模涵蓋國小一到六年級學童。重測信度介於 0.57 至 0.82 間，測驗時間約十二分鐘。鑑於本聲韻覺識測驗的發展人曾世杰、陳淑麗、謝燕嬌（2005）在該測驗的指導手冊中，已經表明「聲母覺識分測驗」及「結合韻覺識分測驗」兩者信、效度偏弱，並不推薦個別使用此兩項分測驗，所以，本研究將僅採用「聲調覺識分測驗」及「聲韻覺識測驗總分」來表示學童的聲韻覺識能力。

㈥國語文學業成就

國語文學業成就是指參與者在九十四學年度第一學期國語文學科的學期分數。這個分數包含了參與者此學期國語文學科三次定期評量的筆試分數，和平時聽、說、讀、寫四項語文技能表現成績的平均。

三、研究程序

二〇〇三年研究者先對 1067 位學童施以數字唸名速度測驗，並且從中挑選出唸名速度最慢的四十六位學童；二〇〇六年三月對所有參與者（含

配對組，合計四十六對，九十二人）施以唸名速度測驗、聲韻覺識測驗、中文年級認字量表和閱讀理解困難篩選測驗。

第四節　結果與討論

一、兩組學童重要變項上的差異

㈠唸名速度的差異

表 10-2 顯示了緩慢組與一般組學童在各類唸名速度的差異情形。

● 表 10-2　兩組學童三年級時各類唸名速度測驗的平均值（標準差）及 t 考驗結果（n ＝ 46）

測驗名稱	緩慢組 平均數（標準差）	一般組 平均數（標準差）	自由度	t 值
數字唸名	28.41（ 6.02）	20.14（ 4.23）	45	9.16***
注音唸名	39.74（11.72）	28.36（ 5.21）	45	6.11***
顏色唸名	57.89（17.89）	42.94（ 8.36）	45	5.12***
物件唸名	54.34（11.21）	41.38（ 7.53）	45	6.52***
非語文交錯唸名	60.15（13.99）	45.35（10.15）	45	6.01***
語文交錯唸名	44.69（10.51）	33.52（ 6.02）	45	6.36***
綜合唸名	53.70（11.52）	38.44（ 6.79）	45	7.76***

註：*** $p < 0.001$

從表 10-2 可知，緩慢組和一般組學童在唸名速度測驗的表現均以數字唸名速度最快、其次為注音唸名、語文交錯唸名、綜合唸名、物件唸名、顏色唸名、非語文交錯唸名，也就是「語文相關」的唸名速度（數字、注

音、語文交錯、綜合）快於「非語文相關」（物件、顏色、非語文交錯）的唸名速度。

相依樣本 t 考驗的結果顯示，緩慢組與一般組除了數字唸名的差異是研究者刻意選取參與者所致，兩組在注音唸名、顏色唸名、物件唸名、非語文交錯唸名、語文交錯唸名以及綜合唸名的表現上也都全部達到顯著差異水準。亦即，緩慢組學童入前時數字唸名速度表現為全部學童的最後 5%，三年之後，緩慢組在七種唸名速度測驗的表現仍然顯著地慢於智力和社經地位相當的一般組。

此外，表 10-2 也呈現一般組學童各種唸名速度的標準差明顯的比緩慢組小，這可能是一般組學童跨過了唸名自動化處理的門檻，導致彼此間差異變小所致。

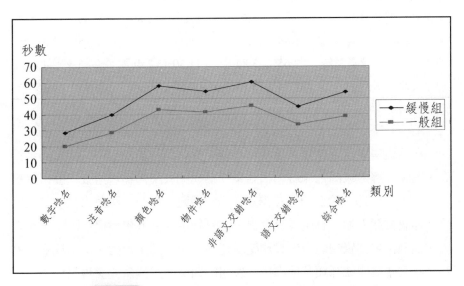

● 圖 10-1　兩組學童各類唸名速度測驗的表現情形

圖 10-1 將兩組的唸名速度資料視覺化，從平均值的表現曲線圖來看，我們可以發現緩慢組學和一般組學童的各類唸名速度表現呈現相當一致的型態，也就是說兩組學童各類唸名速度表現的差距相當一致。研究者推測，

不同唸名測驗背後的共同認知要素，且名之為「唸名速度構念」，其是一種相當穩定的認知特質。因此，兩組學童在所有唸名速度測驗的差異情形，不會因為唸名的刺激類別差異而有所不同。

㈡各項閱讀認知能力之比較

表 10-3 呈現緩慢組與一般組學童在各項閱讀認知能力的差異情形。

● 表 10-3 兩組學童各項閱讀認知能力平均值（標準差）及 t 考驗結果（n = 46）

測驗名稱	緩慢組	一般組	自由度	t 值
	平均數（標準差）	平均數（標準差）		
聲調覺識分測驗	4.76（ 1.91）	5.83（ 1.76）	45	3.05**
聲韻覺識測驗總分	15.00（ 3.57）	17.30（ 2.89）	45	3.62***
中文年級認字量表	51.89（22.9 ）	68.11（18.65）	45	3.51***
閱讀理解困難篩選測驗	9.65（ 3.84）	11.30（ 2.48）	45	2.43*
國語文學業成就	81.24（15.05）	90.56（ 6.94）	45	4.35***

註：*$p < 0.05$；**$p < 0.01$；***$p < 0.001$

緩慢組學童在聲調覺識分測驗、聲韻覺識測驗總分、中文年級認字量表、閱讀理解困難篩選測驗和國語文學業成就表現均顯著落後一般組學童（$p < 0.05$）。即，唸名緩慢組學童在一年級剛入學時，雖然家長的社經地位及非語文智力和一般組沒有差異，僅有數字唸名較慢而已，隔了三年之後，他們在聲調覺識能力、聲韻覺識能力、中文認字能力、閱讀理解能力和國語文學業成就都顯著地落後一般組的同儕。這個研究發現是以事後回溯設計所得到的結果，這和第九章的研究發現相當一致，亦即，學前唸名速度和中年級的認字及閱讀能力是息息相關的。

二、兩組各類唸名速度能力和各項閱讀認知能力的相關情形

表 10-4 和表 10-5 分別說明緩慢組和一般組學童各類唸名速度能力與各項閱讀認知能力的相關情形。表 10-4 顯示，緩慢組學童的各類唸名速度能力與中文認字能力、聲韻覺識能力和國語文學業成就全部達到顯著負相關，亦即，緩慢組學童的唸名速度越慢，其中文認字能力、聲韻覺識能力和國語文學業成就越差。

表 10-5 則顯示一般組各類唸名速度能力和各項閱讀認知能力的相關情形不若緩慢組規則。由此可知一般組學童各類唸名速度能力與閱讀理解能力、中文認字能力均無顯著相關。

● 表 10-4　緩慢組學童各類唸名速度能力與各項閱讀認知能力之相關（n = 46）

測驗名稱	數字唸名	注音唸名	顏色唸名	物件唸名	非語文交錯唸名	語文交錯唸名	綜合唸名
聲調覺識分測驗	-0.37**	-0.36*	-0.39**	-0.40**	-0.23	-0.16	-0.25
聲韻覺識測驗總分	-0.44**	-0.46***	-0.41**	-0.39**	-0.30*	-0.33*	-0.39**
中文年級認字量表	-0.53***	-0.45**	-0.45**	-0.42**	-0.47***	-0.48***	-0.57***
閱讀理解困難篩選測驗	-0.30*	-0.24	-0.25	-0.37**	-0.38**	-0.22	-0.41**
國語文學業成就	-0.55***	-0.45***	-0.46***	-0.47***	-0.59***	-0.51***	-0.66***

註：$*p < 0.05$；$**p < 0.01$；$***p < 0.001$

● 表 10-5　一般組學童各類唸名速度能力與各項閱讀認知能力之相關
（n = 46）

測驗名稱	數字唸名	注音唸名	顏色唸名	物件唸名	非語文交錯唸名	語文交錯唸名	綜合唸名
聲調覺識分測驗	-0.30*	-0.17	-0.19	-0.29*	-0.26	-0.19	-0.23
聲韻覺識測驗總分	-0.35*	-0.29*	-0.39**	-0.36*	-0.32*	-0.24	-0.24
中文年級認字量表	0.02	0.07	-0.07	-0.02	-0.13	0.05	0.02
閱讀理解困難篩選測驗	-0.24	-0.27	-0.14	-0.21	-0.15	-0.20	-0.15
國語文學業成就	-0.17	-0.21	-0.17	-0.30*	-0.26	-0.15	-0.30*

註：*$p < 0.05$；**$p < 0.01$

　　為什麼緩慢組和一般組的相關分析會有這麼不同的結果呢？第八章比較弱讀者及一般讀者多項閱讀歷程認知成分能力，發現弱讀者的多項認知成分能力和閱讀理解有顯著相關，而一般讀者在兩者間的相關則大多不明顯。研究者因此提出了一個「自動化門檻」的假說（p.60），來解釋這個特殊的現象——閱讀能力正常的配對組學童，由於其認知處理成份已經跨過自動化門檻，只要跨過了這個門檻，各變項的變異情形下降，則從相關係數的定義即可推斷，這些成份和和閱讀能力成顯著相關的機會降低。反之，弱讀組解碼能力較差，仍處於「自動化門檻」前努力，所以其分數的變異情形和閱讀理解能力息息相關。本研究中，表 10-2 及 10-3 所有一般組的平均數均優於緩慢組，而標準差均小於緩慢組，正支持了緩慢組的自動化情形遠低於一般組，而其分數變異遠大於一般組。這個結果也似乎可以合理地用來解釋表 10-4 及表 10-5 的差別——唸名緩慢學童在視覺符號刺激的處理自動化程度，遠不及一般組同儕。因此，我們也可以預期以緩慢組為分析對象時，唸名速度和中文認字、閱讀理解的相關應該會比以一般組為分析對象時更高。

　　雖然上述相關分析結果顯示，聲韻覺識和唸名速度兩者間應該具有相當程度的關係，但是根據 Wolf（1999）的雙缺陷假說，及第九章的發現，

聲韻覺識和唸名速度都是區辨閱讀理解能力的重要指標，則理論上兩者除了構念重疊的部分，也應該有足夠的獨立性，並且能有效預測閱讀相關變項的變異量。為更清楚檢驗唸名速度能力和各項閱讀認知能力間的關係，研究者先將各類唸名速度能力加以平均（以符合前述各類唸名速度能力的背後蘊含一個共同認知處理構念之假設），以進一步檢驗唸名速度構念和各項閱讀認知能力的關係。

● 表 10-6　兩組學童各類唸名速度平均與各項閱讀認知能力之相關（n = 46）

組別	聲調覺識分測驗	聲韻覺識測驗總分	中文年級認字量表	閱讀理解困難篩選測驗	國語文學業成就
緩慢組各類唸名速度平均	-0.35*	-0.43**	-0.54***	-0.35*	-0.60***
一般組各類唸名速度平均	-0.32*	-0.40**	-0.03	-0.22	-0.29*

註：*$p < 0.05$；**$p < 0.01$；***$p < 0.001$

　　從表 10-6 得知，倘若以單一唸名速度要素來檢驗唸名速度和各項閱讀認知能力的關係，則可以發現緩慢組和一般組在唸名速度能力和聲調覺識能力、聲韻覺識能力和國語文學業成就上表現均呈現顯著的負相關。其次，一般組的唸名速度與閱讀理解及中文認字能力的相關未達顯著，這個結果再度支持解碼「自動化門檻」的推測。由此看來，參與者唸名速度越快，則聲調覺識能力、聲韻覺識能力及國語文學業成就的表現也就越好。此外，仔細對照後發現，不論緩慢組還是一般組，唸名速度和聲韻覺識能力達顯著負相關。這表示，兩者應有部分的構念是相關的。

三、唸名速度對各項閱讀認知能力的迴歸預測

　　從表 10-7 可以發現，投入預測的唸名變項雖然有七種，但是不論組別，也不論效標變項，最多都只有一種唸名變項對效標變項的預測力達顯

著水準，這個結果再次表明這七種效標變項彼此間的構念甚為一致，所以只要一個唸名變項投入，其他唸名變項所能增加的解釋量將很有限，所以被排除在迴歸預測模型之外。

此外，表 10-7 也顯示，不論緩慢組或是一般組，其唸名速度對於聲韻覺識都具有一定程度的預測力，唸名變項可以解釋的聲調及聲韻覺識的異變量，從 9% 到 21% 不等。因此，我們再度推測兩者的構念應有部分重疊，而不是完全不相干的兩個認知能力。至於在中文認字、閱讀理解能力和國語文學業成就的預測方面，緩慢組均只有綜合唸名能力一項進入迴歸模型，可以有效解釋的變異量，在中文認字能力為 32%（$p < 0.001$），在閱讀理解能力為 16%（$p < 0.01$），而國語文成就則為 44%（$p < 0.001$）。相較之下，一般組則僅綜合唸名能力一項對國語文學業成就具有預測力，可解釋其全部變異量的 10%（$p < 0.05$）。

●表 10-7　各類唸名速度對各項閱讀認知能力之逐步多元迴歸分析摘要表

效標變項	組別	投入變項	B	標準誤	Beta	R^2	顯著性
聲調覺識能力	緩慢組	物件唸名	-0.07	0.02	-0.40	0.16	0.006
	一般組	數字唸名	-0.12	0.06	-0.30	0.09	0.043
聲韻覺識能力	緩慢組	注音唸名	-0.14	0.04	-0.46	0.21	0.001
	一般組	顏色唸名	-0.13	0.05	-0.39	0.15	0.008
中文認字能力	緩慢組	綜合唸名	-0.11	0.25	-0.57	0.32	0.000
	一般組	無					
閱讀理解能力	緩慢組	綜合唸名	-0.14	0.05	-0.41	0.16	0.005
	一般組	無					
國語文學業成就	緩慢組	綜合唸名	-0.86	0.15	-0.66	0.44	0.000
	一般組	綜合唸名	-0.31	0.15	-0.30	0.10	0.044

接著，我們將參與學童三年級的七種唸名速度與兩種聲韻覺識共九個變項，一起投入迴歸分析以預測閱讀相關認知能力，結果如表 10-8。

●表 10-8　各類唸名速度與聲韻覺識能力（聲調和總分兩種）對各項閱讀認知能力之逐步多元迴歸分析摘要表

效標變項	組別	投入變項	B	標準誤	Beta	R^2	顯著性
中文認字能力	緩慢組	綜合唸名	-1.12	0.25	-0.57	0.30	0.000
	一般組	無					
閱讀理解能力	緩慢組	綜合唸名	-0.14	0.05	-0.41	0.16	0.005
	一般組	無					
國語文學業成就	緩慢組	綜合唸名	-0.74	0.14	-0.63	0.38	0.000
	一般組	綜合唸名	-0.26	0.11	-0.32	0.11	0.028

　　我們先看一般組的迴歸分析結果，其顯示以七個唸名速度與兩個聲韻分數來預測三個閱讀相關變項時，聲韻和唸名的各類變項均無法投入中文認字能力以及閱讀理解變異量的解釋（$p > 0.05$），唯一達顯著水準的是，綜合唸名可以預測 11%國語文學業成就的變異量（$p < 0.05$）。接著，再看緩慢組，能夠解釋中文認字能力、閱讀理解能力及國語文學業成就的預測變項都不是聲韻度覺識變項，而是唸名速度測驗中的綜合唸名。而當綜合唸名速度進入迴歸公式之後，其他的預測變項對於效標變項的解釋量，便全部都小到可以忽略。但是值得說明的是，聲韻覺識總分的顯著性在臨界值（$p = 0.067$），差一點就能進入迴歸公式。

　　因為先前表 10-2 及 10-3 已經指出，一般組學童的唸名速度、聲韻覺識以及閱讀相關變項的標準差都不大，所以在相關或迴歸分析時，其結果不能達顯著水準是可以預期的。雖然如此，緩慢組學童的迴歸分析結果和第九章的發現雷同，即唸名速度對中文認字能力和閱讀理解的解釋力都超過聲韻覺識。

　　為了方便比較，我們將第九章迴歸分析的結果整理如表 10-9。本章和第九章的異同如下：第九章所用的效標變項和本研究完全相同，而且唸名速度以及聲韻工具測量的構念也一致（經多年修正，本研究工具的信、效

● 表 10-9 曾世杰等人（2005）以唸名速度、聲韻變項及WISC-語文智商預測四年級的中文認字及閱讀理解能力

效標變項	投入變項	B	標準誤	Beta	R²	顯著性
四年級 中文認字能力	語文智商	0.48	0.09	0.50	0.26	0.000
	小二數字唸名	-0.39	0.13	-0.29	0.45	0.003
四年級 閱讀理解能力	小二語文唸名	-0.21	0.04	-0.56	0.31	0.000
	語文智商	0.12	0.04	0.32	0.41	0.001
	一年級聲調	0.20	0.08	0.25	0.45	0.021

註：1.中文認字及閱讀理解之資料分別取自第九章表 9-10 及 9-13。
　　2.語文唸名指的是數字和注音交錯的唸名測驗。

度更為良好），但是第九章用較早的資料來預測後來的效標變項，本研究則是同時蒐集預測及效標變項；此外，該研究蒐集學童的魏氏語文智商，本研究則以非語文智商為主（瑞文氏彩色圖形推理測驗）。

表 10-9 指出，當效標變項是中文認字時，除了語文智商之外，唯一具有顯著預測力的是數字唸名，聲韻變項的解釋量未達顯著水準。當效標變項是閱讀理解時，語文唸名的解釋量最高，語文智商其次，而聲調覺識的解釋量則排在最後，且其投入之後只增加總變異量的 4.4%。而在本研究中，綜合唸名速度可以預測閱讀理解，但是聲韻覺識則差一點就能進入迴歸公式。

總之，本研究和第九章的研究均使用了類似的測驗工具，但在不同的參與學童人數、不同的迴歸預測設計（一為預測、一為同時）、不同的取樣方法之下，兩個研究迴歸分析的結果極為接近——在中文閱讀理解中，唸名速度的重要性似乎更勝聲韻覺識。我們將在結論與建議中討論這個發現的重要性。

第五節　結論與建議

一、結論

㈠兩組學童在各項唸名速度發展上的差異

　　就唸名速度表現而言，不論唸名測驗的視覺刺激為何，國小入學初唸名速度緩慢學童和唸名速度一般學童在三年後的各類唸名速度表現大抵上呈現穩定且一致的差異情形，而且表現曲線頗為類似。我們因此推論，各類唸名速度能力的背後應該蘊含著一個穩定共同的認知處理要素，在較高層次上影響著唸名速度的表現。

　　這個唸名構念的實質內涵究竟如何？根據前述唸名的定義，當然是看到視覺刺激（符號或圖片）時，從心理詞彙庫檢索出與其相對應的聲韻表徵，再啟動構音器官，唸出該詞彙的語音的歷程。但是，過去有研究指出，個別唸名速度不能區辨優讀者和弱讀者，且個別唸名速度和閱讀基本能力間沒有顯著相關（如 Perfetti, Finger, & Hogaboam, 1978; Stanovich, 1981），優讀者和弱讀者的差異只在「連續唸名」中顯現。據此推論，唸名速度緩慢者的困難不應出現在上述知覺、檢索、構音的歷程中，因為弱讀者的個別唸名並不比優讀者慢，而是應該出現在連續唸名和個別唸名的歷程差異之中。

　　這個差異究竟為何？會是在連續唸名時，唸名緩慢者唸出前一個刺激後，其認知資源固著（fixation）在該刺激上，因而讓唸名緩慢者無法唸出下一個刺激嗎？還是由於注意力的限制，讓唸名緩慢者難以一次面對過多的刺激？這些都是值得深入探究的問題，可惜本研究的設計無法回答這個問題，只能提出臆測以供未來研究者參考。

㈡兩組學童在各種閱讀相關能力發展上的差異

本研究發現緩慢組學童在聲韻覺識能力、中文認字能力、閱讀理解能力以及國語文學業成就的表現均顯著地弱於一般組學童，亦即，入學時，數字唸名速度緩慢者，三年後，在各項閱讀認知能力的表現也不好。由此可見，唸名速度應該是早期篩選閱讀困難或閱讀障礙的關鍵指標之一。

從研究結果一，我們得到的結論是，唸名速度測驗所量測到的構念是一種相當穩定的認知特質。研究結果二又讓我們再看到，在非語文智商、社經條件都沒有顯著差異的條件下，國小入學時數字唸名速度低落的學童，三年後的閱讀相關能力也可能遠遠落後於唸名速度正常的同儕。除此，根據曾世杰等人（2005）的研究結果顯示，數字唸名速度測驗在小一入學時，平均只需要 32.84 秒即可施測完成，且學童可輕易了解掌握指導語及實施過程，加上施測的成本極低，因此極有潛能與優勢做為早期閱讀困難篩選工具，或閱讀障礙的診斷工具。

㈢兩組學童唸名速度、聲韻覺識與各閱讀認知能力之間的相關情形

研究結果發現，本研究所蒐集的各個變項間的相關情形，大抵是因組別而有差異的。以唸名速度緩慢學童為分析對象時，本研究蒐集的變項之間大多達顯著相關，但以一般組為分析對象時，除了唸名和聲韻變項間的相關情形仍然可見外，其他的相關係數就都不清楚了。仔細比較後發現，一般組的變項標準差明顯地小於唸名緩慢組。因此，研究者認為「自動化門檻」的假說，可以解釋這個因組別而異的相關情形——由於唸名緩慢組的符號解碼認知能力還沒有跨過自動化的門檻，所以個別差異大，因此容易看出唸名速度、聲韻覺識和其他閱讀相關能力變項之間的關係；反過來，一般組學童多已跨過自動化門檻，彼此的變異變小，所以相關係數變小，不容易達到顯著的相關情形。再從相關係數的正負號來觀察，唸名變項和其他變項的相關係數都是負號，亦即唸名耗用的時間愈長，聲韻覺識、中文認字、閱讀理解和國語文學業成就愈差；反之，聲韻覺識的分數愈高，

表示聲韻解碼能力愈好，所以其相關係數都是正號。因此，這個相關係數正負號的觀察，部分支持本研究使用的唸名及聲韻測驗工具之效度。

此外，本研究把唸名速度和聲韻覺識相關變項投入迴歸公式，試圖解釋中文認字能力、閱讀理解能力和國語文學業成就的變異量。這個嘗試的結果和曾世杰等人（2005）的結果非常類似，本研究再次指出，比起聲韻覺識變項，唸名速度變項對中文認字、閱讀理解和國語文學業成就的關係更為密切。

在上述的研究結果之外，我們也看到了另一個重要的問題——究竟在中文閱讀理解歷程中，聲韻覺識和唸名速度是否為相互獨立的認知能力？依本研究的迴歸分析結果看來，綜合唸名速度都是最先被投入迴歸模型的變項，當其一投入後，其他的變項（包括其餘的唸名速度變項及聲韻覺識變項），所能增加的解釋量就小到可以被忽略了。由此看來，兩者將有部分構念重疊的可能性。仔細對照本研究變項間的相關情形，我們看到不論緩慢或對照組，聲韻覺識和唸名速度的關係相當一致，不會受到組別差異的影響而有不同，這提供了支持唸名速度和聲韻覺識可能有「部分構念重疊」的間接佐證。

最近的文獻中，有支持唸名和聲韻處理是同一件事的研究。例如：McCrory、Mechell、Frith和Price（2005）以PET照影技術比較讀寫障礙者和正常的大學生從事讀字（word reading）和圖形唸名（picture naming）的作業時，大腦活動的情形。他們發現這兩種作業中，讀寫障礙者左腦的枕顳區（occipitotemporal area）活動情形都顯著低於對照組，該研究推測，極有可能是對字彙解碼和對圖形唸名具有相同的神經基礎，而且讀寫障礙者的困難有可能出自於聲韻和視覺訊息整合上的困難，而非個別獨立的聲韻困難和唸名困難。

此外，Vellutino 等人（2004）的文章回顧四十年來學界對讀寫障礙致因探討的各種假說與實證研究，花了將近三頁篇幅（p.13-15），從理論基礎、資料詮釋及研究方法等三個角度來批評雙缺陷假說，他的論點還是傾向於把讀寫障礙歸為「聲韻處理為主的缺陷」。當然，國外的研究主要是以拼音文字為主，而中文的構字原則不同，故其字形和字音的對應遠不如

拼音文字清楚，也許中文的研究可能會有不同的研究發現。但是就從本研究現有結果看來，仍傾向支持唸名速度和聲韻覺識兩者並非彼此完全獨立的認知能力。至於，唸名速度和聲韻覺識兩者具有部分共同構念的比例究竟為何，由於受限於研究設計，本研究仍然無法回答這個問題。

雖然，迄今為止仍無法得知究竟是唸名速度能力附屬於聲韻覺識能力中，抑或是，聲韻覺識能力附屬於唸名速度能力中。不過，本研究仍指出唸名速度在中文閱讀理解歷程的重要性是不容置疑的，而這與 Ho 等人（2004）發現唸名速度在中文閱讀理解的重要性大過聲韻覺識是一致的。據此可以得知，在實際應用上，唸名速度測驗有作業簡單、易實施和施測時間短的特性，而且確實與學童三年級各項閱讀認知能力的區辨性有密切的關係，所以其應是良好的早期中文閱讀障礙篩選工具，可以很快在國小初入學時就找到高危險群的閱讀障礙或困難學童，極具實際應用價值。

二、對未來研究的建議

㈠採取長期追蹤的設計

本研究僅以橫斷式設計比較唸名速度緩慢和一般學童在各項閱讀認知能力的表現情形，這樣的研究無法得知不同組別學童的唸名速度和各項閱讀認知能力在發展歷程上的變化情形和因果關係。因此，建議未來的研究可以採用長期縱貫性追蹤研究，進一步探索唸名速度和各項閱讀認知能力的長期變化情形與彼此因果關係，以期對中文閱讀理解的發展歷程有較完整的認識。

㈡釐清不同的聲韻結構和唸名速度的關係

對於唸名速度和聲韻覺識兩者的關係，本研究的結果和雙缺陷假說的主張仍有出入，由於本研究採用聲調與聲韻覺識測驗總分兩項目來含括聲韻覺識能力，但其未包含其他聲韻結構層次的能力，例如：聲母、結合韻等部分，所以對於聲韻覺識能力的推論也較為有限，以致於無法確實地釐

清兩者的關係。建議未來的研究，可以針對不同層次的聲韻結構進行大規模且深入的探討，或許能使兩者的關係更加明朗。

第四篇

結語

━━━━━━━━━━━━━━━━━━━━━━━━━━━━━━━━

第|十|一|章

結 語

　　本章嘗試用簡短的文字，將這本書做一個結束。在第一章緒論裡，作者只講了本書的方向，第十一章結尾的時候似乎應該回答，走了這麼一趟，我們到底了解了什麼？

一、問題與初探

　　這一本書試著要尋找「為什麼孩子會有閱讀障礙？」這個問題的答案，或更具體一點，整本書都在問：「閱讀障礙是認知歷程中哪裡出了差錯導致的？」

　　其實一開始是瞎子摸象，摸的還是國外的象，那時對中文世界的情況所知有限，只好憑著對國外文獻的一點了解，在一九九六年試著進行了第一個入門的嘗試──「閱讀歷程的成份分析研究」。

　　這個研究用的是事後回溯的研究設計，最終的目的還是想找到閱讀障礙的認知致因，作者比較弱讀兒童和同齡一般兒童在各種認知變項上的差別，這個研究的背後邏輯是，若兩組兒童在 X 變項沒有差別，X 就不會是閱讀障礙的致因；如果有差別，那就值得再拿放大鏡去看到底是怎麼回事。

　　「閱讀歷程的成份分析研究」在找「嫌疑犯」上，消去法的功能很強，作者很快的就把「字形判斷」和「音碼提取」從嫌疑犯名單上排除，留下

的名單主要是聲韻相關能力、工作記憶及詞彙能力等等。這個研究讓作者做出臆測——問題不出在知覺（perception）上，而是在心理語言（psycholinguistic）的功能上。

那時是一九九六年，我國〈特殊教育法〉對學習障礙的鑑定基準，還要兩年才出爐。所以任何研究者都難以確定所找到是界定清楚、沒有爭議的閱讀障礙個案，因此研究結果可以推論到閱讀障礙兒童嗎？沒有人敢確定。

一九九六年，作者加入邱上真、柯華葳領導的國科會研究團隊，和許多志同道合的朋友聚在一起工作，在大家的幫忙下，做了三年的追蹤研究，對聲韻覺識、唸名和工作記憶有了一些認識。

二、聲韻覺識議題

一九七〇年以來，國外的研究焦點鎖在聲韻覺識；從心理學、語言學到特殊教育、語文教育，聲韻覺識研究被視為近三十年從實驗室到應用的最佳心理學研究典範，國內學者當然也注意到中文構字法可能扮演的對照角色，聲韻覺識相關的論文一篇一篇出爐。

本書從心理語言學的角度切入，在第四章對這些文章做了一個文獻回顧。第四章最重要的結論是，「聲韻覺識真的很重要，但它是不是中文閱讀的必要條件？仍未有定論」。第五章和第六章就針對「聲韻覺識是否為中文閱讀習得的必要條件？」提出個案研究。

第五章報導了兩位深層失讀症個案——CF 和 YY，他們「從字形到字音」及聲韻覺識的能力均有障礙。CF 十七歲時因左腦受傷而失去閱讀的能力，他雖然仍能識字、詞，但字或詞的意義愈清楚具體，被讀出來的機會愈大，沒有意義、只有表音作用的注音符號及英文字母 CF 幾乎都讀不出來，意義性低的功能詞如「然而、所以、可是」也有嚴重困難；他閱讀發生的錯誤都是基於語意的錯誤，而不是語音的錯誤，例如將「伯父」唸成「叔爸」，這些症狀表示，CF 閱讀時的詞彙觸接是透過「語意管道」，而不是「語音（或聲韻）管道」。

　　YY是位十歲的國小兒童，他呈現了和CF極為類似的困難——注音及英文拼音的學習困難，及閱讀時的語意錯誤；例如，將「感」唸成「覺」、「屏息」唸成「憋氣」、"kitchen" 誤為 "cook" 等，但四年級的YY中文閱讀是沒有障礙的，他可以閱讀金庸的《倚天屠龍記》，而且放假的時候，三天就可看完一本。

　　拼音文字的讀者，若聲韻管道出現困難，就會失去閱讀的能力，但YY讓我們見到，中文閱讀顯然和拼音文字閱讀有不同之處。

　　第六章再報告了三類型我們無法量測到聲韻能力的個案，分別是「從未學過拼音系統的老人」、「聲韻學習極為困難的兒童」及「尚未學拼音系統的早慧兒童」，研究者再一次得到「沒有音素層次的聲韻覺識，仍然能夠閱讀中文」的結論。第六章也對兩位幼稚園兒童教以識字，他們累積了足夠的識字量後，就能成功的閱讀從未讀過的繪本。簡單的說，第六章的報告再度支持「聲韻覺識（尤其在音素層次）並非中文閱讀的必要條件」。

三、聲韻覺識之外——唸名

　　新的問題又來了，如果聲韻覺識在中文不是最重要的，那為什麼還有這麼多閱讀障礙的兒童？還有什麼認知歷程出了差錯，會導致閱讀障礙呢？

　　二十世紀的最後十年，一個新的、尚有爭議的假說出現，Tufts University 的 Maryanne Wolf 提出了雙重缺陷假說，她和研究夥伴主張（Wolf & Bowers, 1999, 2000），除了聲韻覺識之外，唸名的困難也會導致閱讀障礙。本書在第七章介紹了唸名的定義、簡史、唸名和閱讀及聲韻覺識的關係，及台灣的相關研究，第七章的結論是，我們已經建立了相當不錯的工具，初步的研究也指出閱障兒童唸名速度真的比較慢，但是閱讀和唸名究竟何者為因？何者為果？仍需進一步釐清。

　　第八章比較了閱讀障礙兒童、同齡對照組及同閱讀能力對照組的唸名及相關能力，結果發現：(1)閱讀障礙兒童的唸名速度不但比同齡對照組慢，也比年紀較小的同閱讀能力組慢；(2)再看兩組沒有閱讀障礙的兒童，同齡

組年紀較大，所有的語文唸名都顯著地大於同閱組，但是所有的非語文唸名，兩組都沒有顯著差異，因為語文唸名在學校裡是經常有機會練習的，非語文唸名則沒有練習的機會，因此有可能唸名會受到練習的影響。第七章中也提到不同地區兒童的唸名有顯著差異。這兩個結果讓研究者推論，閱障組唸名的緩慢，可能有兩個因素所致，第一，天生的緩慢；第二，後天的缺乏練習。天生緩慢就已經夠不利了，解碼占去太多的認知資源而導致閱讀困難，閱讀困難又減少了接觸語文刺激的機會，雪上加霜惡性循環之後，閱障兒童唸的就更慢了，也就是說，唸名和閱讀之間的關係有可能是相生相因、互為因果的。

第九章則是一個連續四年的縱貫研究，研究者蒐集兒童入學前的唸名速度、小一的聲韻相關變項及智力商數，用以預測與閱讀相關的效標變項。結果發現學前的數字唸名速度可以有效的預測四年級上學期的閱讀理解及認字的變異量。其解釋力超過聲韻變項。把唸名、聲韻覺識和語文智商都納進迴歸模式時，到了四年級，唸名的解釋量甚至超過了語文智商和聲韻覺識。這個研究用的是一般的兒童，全部兒童不過七十九名，可以想見真正唸名緩慢的兒童並不多，因此，早期唸名緩慢的兒童，後來會不會有閱讀的困難？第九章的樣本是無法回答的。

第十章因此再取新的樣本，再一次檢驗唸名和閱讀的關係。我們先在一年級入學時，找到四十六名數字唸名在同儕中屬最慢的 5%的兒童，並依智商、家庭社經、性別在同班級配對出唸名速度正常的對照組兒童。接著，在學童三年級下學期時，研究者在再次蒐集這兩組學童的唸名速度、聲韻覺識、中文認字、閱讀理解和國語文學業成就的表現。雖然研究設計不同，樣本也不同，但第十章得到的結果卻與第八、九章非常相似──唸名慢的兒童，在唸名、聲韻、認字、閱讀和國語文成就等相關變項，每一項都明顯弱於對照組。而且，在迴歸分析中，緩慢組的唸名速度能有效預測其中文認字能力和國語文學業成就，而聲韻覺識則可有效預測其閱讀理解能力，但是一般組學童則否。

唸名測驗有良好信效度，可以預測多年後的閱讀相關能力，因此，研究者認為，唸名速度夠資格成為一個閱讀障礙的早期篩選工具。

四、本書推論上的限制

雖然第二章中對閱讀障礙的研究方法有初步的介紹，但作者仍然擔心本書所舉的實證研究，會給讀者兩個印象：(1)聲韻覺識的缺陷不會造成中文閱讀障礙；(2)唸名速度的缺陷會造成中文閱讀障礙。因此，研究者特別要在結論中再度說明的是，我們並沒有足夠的證據宣稱上述(1)(2)為真。

首先，本書所有實證研究的研究設計，都是相關性研究或個案研究，在邏輯上是不能得到因果結論的。以第八章的研究結果為例，閱讀障礙組的聲韻覺識、唸名速度顯著地比兩控制組慢；再以第九章的結果為例，入學前的數字唸名速度可以預測國小四年級閱讀理解的變異量達 25%；這都看得出唸名在閱讀歷程中占有一定的角色，但這並不表示我們得到「唸名速度的缺陷會造成中文閱讀障礙」的因果結論，因為可能還有共因會同時影響唸名及閱讀，這是研究設計在推論上的限制。

再看個案研究，第六章報告了三類聲韻覺識很弱、但中文閱讀卻沒有困難的個案，這個研究並不能推論得到「聲韻覺識的缺陷不會造成中文閱讀障礙」的結論，因為，第一，說不定不是個案完全不具備聲韻能力，而只是研究者使用的現有工具沒有辦法測量到三類個案的聲韻能力；第二，這樣的研究結果「支持虛無假設」，但是依照嚴謹的實證研究方法論來說，只有「拒絕虛無假設」的研究才具有實證上的意義。所以，本書的研究設計絕非完美，所下的結論都已經小心翼翼的不去做過度的推論。

五、和最近研究的符合之處

雖然本書所報告的研究能推論的範圍是有限的，但是在閱讀別人做的研究報告時，更能清楚自己的研究，在中文閱讀障礙的領域中，是否有類似或相反的結論出現。最近有兩篇研究，其結論和本研究有若合符節之處。

Ho等人（2004）在一篇閱障亞型的研究中指出，快速唸名缺陷和字形處理缺陷，是中文發展性閱讀障礙亞型分類的兩種最主要的類型，這個發

現和拼音文字一向的傳統大為不同，本研究的結果和 Ho 等人（2004）有類似之處——唸名很清楚的可預測閱讀理解與認字，聲韻的影響卻看不見。

此外，許多拼音文字的研究指出，聲韻覺識缺陷是具有生理基礎的，它也是閱讀障礙的普世性致因，不管哪一種書寫語言，只要閱讀發生障礙，就是聲韻覺識出問題，Siok、Perfetti、Jin 和 Tan（2004）就針對這個聲韻缺陷假說，對中文閱讀障礙兒童進行研究。他們以功能性核磁共振儀的結果指出，中文閱讀障礙兒童出現兩個困難，第一個困難是「字形到音節的轉換」（the conversion of orthography to syllable），第二個困難是「字形與語意的連結」（orthography-to-semantics mapping），這兩個歷程都和左腦的中前腦迴（left middle frontal gyrus）的中介協調有緊密關聯，這個部位也就是中文閱讀流暢性（fluency）的中心，這和拼音文字閱障兒童，大腦出問題的部位是不相同的。這篇研究的標題是「閱讀障礙的生理異常因文化而異」（biological abnormality of impaired reading is constrained by culture），其「文化」兩字，就文章前後文看來，其實講的就是「文字組字原則」。Siok 等人（2004）的研究說明了，拼音文字的發現未必適用於中文閱讀障礙，他們談到的音節、字形流暢性，都值得再以不同的研究方法去檢驗。

跋語

　　第一章一開始，我談到閱讀的重要性，並且談到不是每個孩子都能順利學會閱讀，這就帶出了主題——為什麼這些孩子學習閱讀這麼困難？我便開始了一趟十年的旅行。

　　說實話，我感覺這趟旅行，去的不是巴黎、東京，而是去亞馬遜、南極；這本書不敢說是旅遊導覽，只能算是個探險報告，我報告了許多「棉棉角角」（台語），但希望還能把整個圖像完整呈現。很可惜的是，像這樣學術性質的書，我還沒有機會把「發現」本身的樂趣寫出來。

　　我在台灣師大唸碩士的時候，有一天搭陳院長榮華教授的車去校外參觀，我逮著機會大放厥詞，向他報告我的碩士論文，那是一個純粹實驗心理學的基礎研究，題目叫做「聽覺障礙學生閱讀中文字、詞時的聲韻轉錄研究」，研究難度很高，我吃足苦頭，但也頗為自得。報告完，陳老師只輕輕地說了我一句：「你可不可以做一點有用的東西啊？」這句話當然和我期待的，有非常大的落差，但它在我耳邊嗡嗡作響了二十幾年。陳老師的問題，有兩種解法。第一，找到基礎研究的用處；第二，開始做應用性的研究。

　　國外的情況，也許可以給我們一些借鏡。

找到基礎性研究的用處

　　二○○六到二○○七年，我在美國維吉尼亞大學休假研究，花了許多時間，實地了解美國的閱讀教育。我發現布希總統二○○二年簽署的「沒有孩子落後法案」（the No Child Left Behind Act, NCLB），成功地把多年來閱讀研究的實證研究，轉變成國家的教育政策，並在全國的中小學開始推行。例如，本書一直在討論的「聲韻覺識」及「解碼自動化」，在 NCLB 裡被列為小學三年級以前必定要教、要學的閱讀技能。以 NCLB 為例，基礎研究不但有用，許多基礎研究所指出的方向，還可以成為國家政策。最

近我還發現，英國劍橋大學的 Goswami 教授，也是一直都在做基礎的閱讀歷程研究，但她二〇〇八年有兩篇著作，談論的是心智國富論（The mental wealth of nations）及心智資本與福祉（mental capital and wellbeing），她指出社會會因個體的學習困難造成極大的損失，並談到因為認知神經科學的基礎研究的進展，預計科學家可在二十年內發展出能在嬰幼兒期檢測出學習困難的技術，屆時教育若能依個人的生物素質給予及早的協助，則將是個人及社會最大的福祉。基礎研究，是有用的研究。

開始做應用研究

二〇〇四年我和陳淑麗教授開始嘗試做補救教學實驗，我立刻發現教學實驗是所有教育研究中混淆變數最多、執行難度最高、也最花錢的研究類型，而且實驗心理學的朋友，會對教學實驗的內在效度嗤之以鼻，我也曾徬徨，究竟這條路走不走得下去。二〇〇八年九月我和幾位先進拜訪佛羅里達閱讀研究中心（Florida Center for Reading Research），我發現那裡幾位重量級教授如 Foorman、Torgesen 和 Wagner，每一位都是從認知心理研究開始，後來轉而做教學研究的。這個發現讓我心中湧起「吾道不孤」之感，一顆不定的心終於得到安頓。

現在，我和夥伴們經常進入國小，執行國小三年級以下（含國幼班）的國語文補救教學實驗。我們花很多時間寫教材、寫教案、訓練師資。補救教學的成效是看得見的，但是我們也看見別的、更棘手的問題——大至整個國家師資培育及偏遠地區兒童的低成就，小至原班教師的教學技能。難題一堆，但我們仍然跨步向前。

好友章勝傑常告訴我：「生命短暫，做重要的事。」

我希望自己一向在做的，是重要的事，是有用的事；而且做得很快樂。

一、中文部分

方金雅（1996）。**國小學生一般字彙知識、認字能力與國語文學業成就之相關研究**。國立高雄師範大學教育研究所碩士論文，未出版，高雄市。

王素卿（2001）。**中文閱讀習得歷程中音素覺識角色之探究**。國立台東師範學院碩士論文，未出版，台東市。

王鳳陽（1989）。**漢字學**。中國：吉林文史。

王瓊珠（1992）。**國小六年級閱讀障礙兒童與普通兒童閱讀認知能力之比較研究**。國立台灣師範大學特殊教育研究所碩士論文，未出版，台北市。

石瑞儀（1986）。**文字閱讀中，「字形—字音」關係對字彙觸接歷程的影響**。國立台灣大學心理學研究所碩士論文，未出版，台北市。

朱自清（1984）。**經典常談**。台北市：三民書局。

江政如（1999）。**聲韻覺識與中文認字能力的相關研究**。國立台東師範學院教育研究所碩士論文，未出版，台東市。

吳武典、張正芬（1984）。**國語文能力測驗指導手冊**。台北市：國立台灣師範大學特殊教育中心。

吳敏而、黃琪芬（1993）。幼兒對文字用途的認識。載於國民學校教師研習中心（主編），**國民小學國語科教材教法研究**（頁35-43）。

呂偉白（譯）（2000）。R. J. Sternberg & E. L. Grigorenko 著。**探索學習障礙兒童**（Our labled children）。台北市：洪葉。

李祈雯（1992）。**中國兒童識字策略之發展**。輔仁大學語言學研究所碩士論文，未出版，台北縣。

周蘭芳（2002）。**學前兒童的唸名速度與入學後國語文成就的關係**。國科

會大專生參與專題研究計畫成果報告。

林宜平（1983）。**漢字「形」、「音」、「義」的比對：一個語音轉錄的模式**。國立台灣大學心理學研究所碩士論文，未出版，台北市。

林彥同（2001）。**幼稚園至國小三年級學童各類唸名速度能力的發展及其與閱讀能力的相關**。國立高雄師範學院特殊教育研究所碩士論文，未出版，高雄市。

林寶貴（1987）。聽覺障礙學生國語文能力之研究。**教育學院學報，12**，13-37。

俞筱鈞（1992）。**瑞文氏標準圖形推理測驗**。台北市：中國行為科學社。

俞筱鈞（1993）。**瑞文氏彩色圖形推理測驗**。台北市：中國行為科學社。

柯華葳（1992）。**語音覺識測驗**。國立中正大學。未發表。

柯華葳（1993）。**台灣地區閱讀研究文獻回顧**。中國語文心理學研究第一年度結案報告。嘉義縣：國立中正大學認知科學研究中心。

柯華葳（1999）。**閱讀理解困難篩選測驗**。教育部特殊教育工作小組。

柯華葳、李俊仁（1996a）。國小低年級學生語音覺識能力與認字能力的發展：一個縱貫的研究。**國立中正大學學報，7**（1），49-66。

柯華葳、李俊仁（1996b）。初學識字成人語音覺識能力與閱讀能力的關係。**國立中正大學學報社會科學分冊，7**（1），29-47。

洪碧霞、江秋坪、蕭淳元（1995）。**閱讀障礙學童篩選工具的發展**。（EMC-TR-94-1）。台南市：台南師範學院測驗發展中心。

洪碧霞、邱上真（1997）。國民小學語文低成就學童篩選工具系列發展研究。**特殊教育研究學刊，15**，83-107。

洪碧霞、邱上真、葉千綺、林素微、張漢評、方金雅、王惠川、翁麗雅、黃美秀、葉峰男（1999）。**國民中小學國語文成就測驗**。台南市：台南師範學院測驗發展中心。

洪慧芳（1993）。**文字組合規則與漢語閱讀障礙——對漢語閱讀障礙學童的一項追蹤研究**。國立中正大學心理學研究所碩士論文，未出版，嘉義縣。

洪儷瑜（1996）。**學習障礙者教育**。台北市：心理。

洪儷瑜、張郁雯、陳秀芬、李瑩玓、陳慶順（2003）。**基本讀寫字綜合測驗**。台北市：心理。

洪儷瑜、陳美芳（1996）。**學習特質檢覈表**。未出版手稿，國立台灣師範大學特殊教育學系，台北市。

洪蘭（譯）（2000）。**腦內乾坤——男女有別，其來有自**。台北市：遠流。

洪蘭、曾志朗、張稚美（1993）。閱讀障礙兒童的認知心理學基礎。載於台北市教師研習中心（主編），**學習障礙與資源教室**（頁74-86）。台北市：台北市教師研習中心。

胡永崇（1995）。**後設認知策略教學對國小閱讀障礙學童閱讀理解成效之研究**。國立彰化師範大學特殊教育研究所博士論文，未出版，彰化市。

胡志偉（1989）。中文詞的辨識歷程。**中華心理學刊**，**31**，1-16。

胡志偉（1991）。**中文詞的辨識歷程：一個詞優與詞劣效果的研究**。國科會獎助論文。

胡志偉（1995）。中文字的心理歷程。載於曾進興（主編），**語言病理學基礎（第一卷）**（頁31-69）。台北市：心理。

張春興（1994）。**教育心理學——三化取向的理論與實踐**。台北市：東華。

張媛婷（2000）。**學前兒童的唸名速度與入學後國語文成就的關係**。國科會大專生參與專題研究計畫成果報告。

張媛婷（2001）。**學前兒童的唸名速度與入學後閱讀能力的關係**。國科會大專生參與專題研究計畫成果報告。

張蓓莉（1987）。回歸主流聽覺障礙學生國語文能力之研究。**特殊教育研究學刊**，**3**，119-131。

教育部（2001）。**身心障礙及資賦優異學生鑑定標準**。台北市：作者。

教育部（2002）。**特殊教育統計年報**。台北市：教育部統計處。

教育部（2004）。**特殊教育統計年報**。台北市：教育部統計處。

教育部特殊兒童普查執行小組（1993）。**中華民國第二次特殊兒童普查報告**。台北市：教育部教育研究委員會。

連芸伶（2003）。**叫名速度與閱讀障礙的關係**。國科會大專生參與專題研究計畫成果報告。

郭為藩（1978）。我國學童閱讀缺陷問題的初步調查及其探討。**國立台灣師範大學教育研究所集刊，20**，57-78。

陳一平（2000）。閱讀障礙之巨細胞系統功能異常假說。**中華心理學刊，42**（2），113-140。

陳美芳（1985）。**「修訂魏氏兒童智力量表」對國小閱讀障礙兒童的診斷功能之探討**。國立台灣師範大學輔導研究所碩士論文，未出版，台北市。

陳美芳（2000）。**語文理解能力測驗**。台北市：國立台灣師範大學心理與教育測驗發展中心。

陳姝婆（1998）。**唸名速度、工作記憶與國語文能力相關研究**。台東師院教育研究所碩士論文，未出版，台東市。

陳淑麗、曾世杰（1999）。閱讀障礙學童聲韻能力之研究。**特殊教育研究學刊，17**，205-223。

陳淑麗、曾世杰（2005）。唸名速度及聲韻覺識在中文閱讀障礙亞型分類上的角色——個案補救教學研究。載於洪儷瑜、王瓊珠、陳長益（主編），**突破學習困難：評量與因應之探討**（頁179-214）。台北市：心理。

陳麗琴、黃秀霜（2000）。聲韻覺識訓練對國小學童注音符號、中英文學習之影響。載於國立新竹師院舉辦之「**八十九學年度師範院校教育學術論文發表會」論文集**，新竹市。

陸莉（1992）。畢保德圖畫詞彙測驗之修訂及其相關研究。載於「**八十學年度師範學院教育學術論文發表會」論文集**（頁1，36）。

陸莉、劉鴻香（1994）。**修訂畢保德圖畫詞彙測驗甲式**。台北市：心理。

曾世杰（1989）。聽覺障礙學生閱讀中文字或詞字彙觸接之轉錄研究。**特殊教育研究學刊，5**，205-220。

曾世杰（1996a）。閱讀低成就學童及一般學童的閱讀歷程成份分析研究。載於台東師範學院（主編），**八十五學年度師範學院教育學術論文發表會論文集**（頁209-225）。台東市：台東師範學院。

曾世杰（1996b）。閱讀障礙：研究方法簡介。載於曾進興（主編），**語言**

病理學基礎（第二卷）（頁 327-370）。台北市：心理。

曾世杰（1997）。**國語文低成就學生之工作記憶與聲韻處理**。行政院國家科學委員會專題研究成果報告。

曾世杰（1999）。國語文低成就學童之工作記憶、聲韻處理能力與唸名速度之研究。載於柯華葳（主編），**學童閱讀困難的鑑定與診斷**（頁 5-28）。嘉義縣：國立中正大學心理學系。

曾世杰（2000）。中文閱讀不需聲韻覺識的一些證據。載於國立台東師範學院特殊教育中心（主編），**國立台東師範學院八十九學年特殊教育教學研討論文集**（頁 79-94）。台東市：台東師範學院。

曾世杰（2004，9 月）。唸名速度與閱讀障礙：國內外文獻回顧。論文發表於邱上真主持之**「台灣學障學會 POP 學術發表會」**，南投縣。

曾世杰、王素卿（2003）。音素覺識在中文閱讀習得歷程中扮演的角色。**台東大學教育學報，14**（2），23-50。

曾世杰、邱上真、林彥同（2003）。幼稚園至國小三年級學童各類唸名速度能力之研究。**師大學報：教育類，48**（2），261-290。

曾世杰、陳淑麗、謝燕嬌（2005）。**聲韻覺識測驗**。教育部特殊工作教育小組研究成果報告，未出版。

曾世杰、簡淑真、張媛婷、周蘭芳、連芸伶（2005）。唸名速度與中文閱讀發展：一個四年的追蹤研究。**特殊教育研究學刊，28**（1），123-144。

曾志朗（1991）。華語文的心理學研究：本土化的沈思。載於楊中芳、高尚仁（主編），**「中國人‧中國心」：發展與教學篇**（頁 404-448）。台北市：遠流。

曾進興（1995）。個案研究與臨床科學，載於曾進興（主編），**語言病理學基礎（第一卷）**（頁 119-136）。台北市：心理。

曾進興（1996）。**語言病理學基礎（第二卷）**。台北市：心理。

黃秀霜（1997）。兒童早期音韻覺識對其三年後中文認字能力關係之縱貫性研究。**台南師院學報，30**，263-288。

黃秀霜（1999）。**中文年級認字量表施測說明**。行政院國家科學委員會特殊教育工作小組。

黃秀霜（2001）。**中文年級認字量表**。台北市：心理。

黃秀霜、詹欣蓉（1997）。閱讀障礙兒童之音韻覺識、字覺識及聲調覺識之分析。**特殊教育與復健學報**，**5**，125-138。

黃毅志（2002）。社會變遷職位分類表。載於中央研究院社會學研究所（主編），**台灣地區社會變遷基本調查計畫**（頁 54-56）。

溫詩麗（1996）。北市國小資源班閱讀障礙學童認知能力組型之研究。國立台灣師範大學特殊教育研究所碩士論文，未出版，台北市。

萬雲英（1991）。兒童學習漢字的心理特點與教學。載於楊中芳、高尚仁（主編），**「中國人‧中國心」：發展與教學篇**（頁 404-448）。台北市：遠流。

裘錫圭（1994）。**文字學概要**。台北市：萬卷樓。

劉家智（2002）。**國小四、五、六年級兒童唸名速度與國語文能力相關之研究**。國立台東師範學院教育研究所碩士論文，未出版，台東市。

蔡韻晴（2002）。**雙缺陷假說在中文閱讀障礙之檢驗**。國立台東師範學院教育研究所碩士論文，未出版，台東市。

鄭昭明（1978）。漢字記憶的語音轉錄與字的回譯。**中華心理學刊**，**20**，39-43。

鄭昭明（1981）。漢字認知的歷程。**中華心理學刊**，**23**（2），137-153。

蕭淳元（1995）。**國語文低成就學童音韻能力之探討**。國立台南師範學院教育研究所碩士論文，未出版，台南市。

謝俊明、曾世杰（2004）。閱讀障礙學生與一般學生在唸名速度上的比較研究。**台東大學教育研究學報**，**15**（2），193-216。

謝娜敏（1982）。**中文「字」與「詞」的閱讀與語音轉錄**。國立台灣大學心理學研究所碩士論文，未出版，台北市。

簡淑真、曾世杰（1994）。學前兒童的聲韻知識與入學後注音學習、閱讀成就之間的關係。載於國立台南師範學院舉辦之「**八十二學年度師範學院教育學術論文發表會**」論文集（頁 209-225），台南市。

簡淑真、曾世杰（2004）。**入學時的唸名速度是否可預測二級兒童的閱讀障礙**。未出版之國科會期中報告。

蘇淑貞、宋維村、徐澄清（1984）。中國閱讀障礙學童之類型及智力測驗。**中華心理學刊**，**26**（3），41-48。

鐘素鵑（2003）。**聲韻覺識教學對國小低年級注音符號學習困難兒童之成效分析**。國立台北師範學院國民教育研究所輔導教學碩士班碩士論文，未出版，台北市。

二、西文部分

Ackerman, P. T., & Dykman, R. A. (1993). Phonological processes, confrontation naming and immediate memory in dyslexia. *Journal of Learning Disabilities*, *26*, 597-609.

Adams, M. J. (1990). *Beginning to read: Thinking and learning about print*. Cambridge, MA: MIT Press.

Alegria, J., Pignot, E., & Morais, J. (1982). Phonetic analysis of speech and memory codes in beginning readers. *Memory & Cognition*, *10*, 451-456.

Allen, T. E. (1986). Patterns of academic achievement among hearing impaired students: 1974 and 1983. In A. N. Schildroth & M. A. Karchmer (Eds.), *Deaf children in America* (pp. 161-206). San Diego, CA: College-Hill Press.

Anderson, J. R. (1982). Acquisition of cognitive skill. *Psychological Review*, *89*, 369-406.

Anyan, W. R., & Quillian, W. W. (1971). The naming of primary colors by children. *Child Development*, *42*(5), 1629-32, Nov, 71.

Baddeley, A. D. (1986). *Working memory*. NY: Oxford University Press.

Baddeley, A. D., & Hitch, G. (1974). Working memory. In G. H. Bower (Ed.), *The psychology of learning and motivation* (Vol. 8, pp. 47-89). NY: Academic Press.

Baddeley, A., Logie, R., Nimmo-Smith, I., & Brereton, N. (1985). Components of fluent reading. *Journal of Memory and Language*, *24*, 119-131.

Baddeley, A., Thomson, N., & Buchanan, M. (1975). Word length and the structure of short-term memory. *Journal of Verbal Learning and Verbal Behavior*,

14, 575-89.

Baker, L., & Brown, A. L. (1985). Metacognition and the reading process. In P. D. Person (Ed.), *A handbook of reading research.* NY: Longman.

Ball, E., & Blachman, B. (1988). Phoneme segmentation training: Effect on reading readiness. *Annals of Dyslexia, 38*, 208-225.

Baluch, B., & Besner, D. (2001). Basic processes in reading: Semantics affects speeded naming of high-frequency words in an alphabetic script. *Canadian Journal of Experimental Psychology, 55*(1), 63-69.

Bellugi, U., & Fischer, S. (1972). A comparison of sign language and spoken language. *Cognition, 1*, 173-200.

Bellugi, U., Klima, E., & Siple, P. (1975). Remembering in signs. *Cognition, 3*, 93-125.

Bender, W. N. (2004). *Learning disabilities: Characteristics, identification, and teaching strategies.* MA: Allyn & Bacon.

Benton, A. L., & Pearl, D. (1978). *Dyslexia: An appraisal of current knowledge.* NY: Oxford University Press.

Bertelson, P. (1987). *The onset of literacy.* Cambridge, MA: MIT Press.

Biddle, K. R. (1996). *The development of visual naming speed and verbal fluency in average and impaired readers: The implications for assessment, intervention, and theory.* Unpublished doctoral dissertation, Tufts university, Boston.

Bishop, D. V. M., & Robson, J. (1989). Unimpaired short-term memory and rhyme judgement in congenitally speechless individuals: Implications for the notion of "articulatory coding". *Quarterly Journal of Experimental Psychology, 41A*, 123-140.

Blachman, B. (1984). The relationships of rapid naming ability and language analysis skills to kindergarten and first grade reading achievement. *Journal of Educational Psychology, 76*, 610-622.

Blachman, B. A. (1994). What we have learned from longitudinal studies of phonological processing and reading, and some unanswered questions: A response to Torgesen, Wagner, and Rashotte. *Journal of Learning Disabilities*, *27*, 287-291.

Blachman, B. A. (Ed.). (1997). *Foundations of reading acquisition and dyslexia.* Mahwah, NJ: Erlbaum.

Bonvillian, J., Rea, C., Orlansky, M., & Slade, L. (1987). The effect of sign language rehearsal on deaf subjects immediate and delayed recall of English word lists. *Applied Psycholinguistics*, *8*, 33-54.

Bowers, P. G. (1989). Naming speed and phonological awareness: Independent contributors to reading disabilities. In S. McCormick & J. Zutell (Eds.), *Cognitive and social perspectives for literacy research and instruction: 38th year book of the national reading conference* (pp. 165-173). Chicago: National Reading Conference.

Bowers, P. G., & Swanson, L. B. (1991). Naming speed deficits in reading disability: Multiple measure of a singular process. *Journal of Experimental Child Psychological*, *51*, 195-219.

Bowers, P. G., & Wolf, M. (1993). Theoretical links among naming speed, precise timing mechanisms and orthographic skill in dyslexia. *Reading and Writing: An Interdisciplinary Journal*, *5*(1), 69-85.

Bowers, P. G., Steffy, R., & Tate, E. (1988). Comparison of the effects of IQ control methods on memory and naming speed predictors of reading disability. *Reading Research Quarterly*, *23*, 304-309.

Bradley, L., & Bryant, P. E. (1983). Categorizing sounds and learning to read: A causal connection. *Nature*, *301*, 419-421.

Brady A. S., & Shankweiler P. D. (1991). *Phonological process in literacy.* Hilsdale, NJ: Lawrence Erlbanum Associates.

Brady S., & Shankweiler, D. (Eds.). (1991). *Phonological processes in literacy: A tribute to Isabelle Y Liberman.* Mahwah, NJ: Erlbaum.

Bruck, M., & Treiman, R. (1990). Phonological awareness and spelling in normal children and dyslexics: The case of initial consonant clusters. *Journal of Ex-*

perimental Child Psychology, 50(1), 156-178.

Byrne, B., & Fielding-Barnsley, R. (1989). Phonemic awareness and letter knowledge in the child's acquisition of the alphabetic principle. *Journal of Educational Psychology, 81*(3), 313-321.

Carr, T. H. (1986). Perceiving visual language. In K. Boff & L. Kaufman (Eds.), *Handbook of perception and human performance.* NY: John Wiley.

Carr, T., Brown, T., Vavrus, L., & Evans, M. (1990). Cognition skill maps and cognitive skill profiles: Componential analysis of individual differences in children's reading efficiency. In T. H. Carr & B. A. Levy (Eds.), *Reading and its development.* NY: Academic Press.

Catherine, M., & Manis, F. (1996). Structural in variance in the association of naming speed, phonemic awareness and verbal reasoning in good and poor reader: A test of the double deficit hypothesis. *Reading and Writing: An interdisciplinary Journal, 8*, 323-339.

Catherine, M. C. (1995). What is phonemic awareness. *Journal of Educational Psychology, 87*(2), 179-192.

Catts, H. W. (1996). Defining dyslexia as a developmental language disorder: An expanded view. *Topics in Language Disorders, 16*(2), 14-29.

Catts, H. W., & Kamhi, A. G. (1999). *Language and reading disabilities.* Needham Heights, MA: Allyn & Bacon.

Chen, C., & Stevenson, H. (1988). Cross-linguistic differences in digit span of preschool children. *Journal of Experimental Child Psychology, 46*, 150-158.

Cheng, C. M., & Chen, C. S. (1982). Speech recoding: An involuntary control. *Acta Psychologica Taiwanica, 24*, 127-140.

Chomsky, N. (1965). *Aspects of the theory of syntax.* Cambridge: MIT Press.

Coltheart, M. (1980). Deep dyslexia: A review of the syndrome. In M. Coltheart, & J. C. Marshall (Eds.), *Deep dyslexia* (pp. 22-47). London: Routledge & Kegan Paul.

Conrad, R. (1972). Short-term memory in the deaf: Test for speech coding. *Psy-*

chology, *63*, 173-180.

Conrad, R. (1979). *The deaf school child.* London: Harper & Row.

Cossu, G., Shankweiler, D., Liberman, I., Tola, G., & Katz, L. (1988). Awareness of phonological segments and reading ability in Italian children. *Applied Psycholinguistics*, *9*, 1-16.

Crain, S. (1989). Why poor readers misunderstand spoken sentences. In D. Shankweiler & I. Liberman (Eds.), *Phonology and reading disability* (pp. 133-165). Ann Arbor: The University of Michigan Press.

Cunningham, A., Stanovich, K., & Wilson, M. (1990). Cognitive variation in adult college students differing in reading ability. In T. H. Carr & B. A. Levy (Eds.), *Reading and its development: Component skills approaches* (pp. 129-159). New York: Academic Press.

Curtis, M. E. (1980). Development of components of reading skill. *Journal of Educational Psychology*, *72*, 656-669.

Cutting, L., Carlisle, J., & Denckla, M. B. (1998). *A model of the relationships among RAN and other predictors.* Poster presented at Society for Scientific Study of Reading, San Diego, CA.

Daneman, M., & Carpenter, P. A. (1980). Individual differences in working memory and reading. *Journal of Verbal Learning and Verbal Behavior*, *19*, 450-66.

Daneman, M., & Case, R. (1981). Syntactic form, semantic complexity, and short-term memory: Influences on children's acquisition of new linguistic structures. *Developmental Psychology*, *17*, 367-378.

Deeney, T., Wolf, M., & O'Rourke, A. G. (2001). "I like to take my own sweet time": Case study of a child with naming speed deficits and reading disabilities. *Journal of Special Education*, *35*(3), 145-155.

Denckla, M. B. (1972). Color-naming defects in dyslexic boys. *Cortex*, *8*, 164-176.

Denckla, M. B., & Cutting, L. E. (1999). History and significance of rapid automatized naming. *Annals of Dyslexia*, *49*, 29-42.

Denckla, M. B., & Rudel, R. G. (1974). "Rapid automatized naming" of pictured objects, colors, letters, and numbers by normal children. *Cortex, 10,* 186-202.

Denckla, M. B., & Rudel, R. G. (1976a). Naming of objects by dyslexic and other learning-disabled children. *Brain and Language, 3,* 1-15.

Denckla, M. B., & Rudel, R. G. (1976b). Rapid automatized naming (R. A. N.): Dyslexia differentiated from other learning disabilities. *Neuropsychologia, 14,* 471-479.

Felton, R. H., Naylor, C. E., & Wood, F. B. (1990). Neuropsychological profile of adult dyslexics. *Brain and Language, 39,* 485-497.

Fletcher, J. M., Shaywitz, S. E., Shankweiler, D. P., Katz, L., Liberman, I. Y., Steubing, K. K., Francis, D. J., Fowler, A. E., & Shaywitz, B. A. (1994). Cognitive profiles of reading disability: Comparisons of discrepancy and low achievement definitions. *Journal of Educational Psychology, 86,* 6-23.

Fletcher, J., Shaywitz, S., Shankweiler, D., & Katz, L. (1994). Cognitive profiles of reading disability: Comparisons of discrepancy and low achievement definitions. *Journal of Educational Psychology, 86,* 6-23.

Foorman, B. R., Francis, D. J., Fletcher, J. M., Schatschneider, C., & Mehta, P. (1998). The role of instruction in learning to read: Preventing reading failure in at-risk children? *Journal of Educational Psychology, 90,* 37-55.

Foorman, B. R., Francis, D. J., Fletcher, J. M., Winikates, D., & Mehta, P. (1997). Early interventions for children with reading problems. *Scientific Studies of Reading, 1*(3), 255-276.

Foorman, B., Francis, D., Shaywitz, S., Shaywitz, B., & Fletcher, J. (1997). The case for early reading intervention. In B. Blachman (Ed.), *Foundations of reading acquisition.* Mahwah, NJ: Erlbaum.

Fox, B., & Routh, D. (1980). Phonetic analysis and severe reading disability in children. *Journal of Psycholinguistic Research, 9,* 115-119.

Frank, S. (1985). *Reading without nonsense.* NY: Teachers College Press.

Frost, J. A., & Emery, M. J. (1995). *Academic interventions for children with dyslexia who have phonological core deficits.* (ERIC Digest E539)

Fujimura, O. (1992, March). *CD-model: A computational model of phonetic implementation.* Paper presented in DIMACS workshop, Princeton University.

Gathercole, S. E., & Baddeley, A. D. (1993). *Working memory and language.* Hove (UK): Lawrence Erlbaum Association.

Geschwind, N. (1965). Disconnection syndrome in animals and man (Parts I, II). *Brain, 88,* 237-294, 585-644.

Geschwind, N., & Fusillo, M. (1966). Color-naming defects in association with alexia. *Archives of Neurology, 15,* 137-146.

Goodman, K. (1967). Reading: A psycholinguistic guessing game. *Journal of the Reading Specialist, 4,* 126-135.

Goswami, U., & Bryant, P. (1990). *Phonological skills and learning to read.* Hillsdale, NJ: Lawrence Erlbaum Associates.

Hanson, V. L. (1989). Phonology and reading: Evidence from profoundly deaf readers. In D. Shankwiler & I. Liberman (Eds.), *Phonology and reading disability: Solving the reading puzzle* (pp. 68-89). Ann Arbor: The University of Michigan Press.

Hanson, V., & Fowler, C. (1987). Phonological coding in word reading: Evidence from hearing and dear readers. *Memory and Cognition, 15,* 199-207.

Helf, J. A. (1976). Phonemic segmentation and blending skills of kindergarten children: Inmplications for beginning reading acquisition. *Contemporary Educational Psychology, 1,* 157-169.

Ho, C. S. -H., & Lai, D. N. -C. (1999). Naming-speed deficits and phonological memory deficits in Chinese developmental dyslexia. *Learning and Individual Differences, 11,* 173, 184.

Ho, C. S. -H., Chan, D. W. -O., Lee, S. -H., Tsang, S. M., & Laun, V. H. (2004). Cognitive profiling and preliminary subtyping in Chinese developmental dyslexia. *Cognition, 91,* 43-75.

Ho, C. S., & Bryant, P. (1997). Phonological skills are important in learning Chinese. *Developmental Psychology, 33*(6), 945-951.

Hollingshead, A. B. (1965). *Two factor index of social position.* New Haven, CT: Yale University Press.

Hsu, C. C., Soong, W. T., Shen, S., Su, S. J., & Wei, F. W. (1985). Brain dysfunction as a cause of reading disabilities. *Cross Cultured Psychiatry, 5,* 127-132.

Huang, H. S., & Hanley, J. R. (1994a). Phonological awareness and visual skills in learning to reading Chinese and English. *Cognition, 54*(1), 73-98.

Huang, H. S., & Hanley, J. R. (1994b). The comparative study of phonological awareness, visual skills and reading ability in Pinyin and non-Pinyin group in Hong Kong. 八十二學年度師範學院學術論文集，181-208。

Hyde, J. S., & Linn, M. C. (1988). Gender differences in verbal ability. *Psychological Bulletin, 104,* 53-69.

Just, M., & Carpenter, J. (1987). *The psychology of reading and language comprehension.* NJ: Allyn and Bacon.

Just, M., & Carpenter, P. (1980). A theory of reading: From eye fixations to comprehension. *Psychological Review, 4,* 329-354.

Kame'enui, E. J., Simmons, D., & Coyne, M. (2000). Part II: Intervention issues: Schools as host environments: Toward a schoolwide reading improvement model. *Annals of Dyslexia, 50,* 31-51.

Kamhi, A., & Catts, H. W. (1989). *Reading disabilities: A developmental language perspective.* Austin, TX: PRO-ED.

Kamhi, A., & Catts, H. W. (1999). Language and reading: Convergences and divergences. In H. W. Catts & A. Kamhi (Eds.), *Language and reading disabilities* (pp. 50-117). Boston: Allyn and Bacon.

Katz, R. B., & Shankweiler, D. (1985). Repetitive naming and the detection of word retrieval deficits in the beginning reader. *Cortex, 21*(4), 617-625.

Katz, R. B., Shankweiler, D., & Liberman, I. Y. (1981). Memory for item order and phonetic recoding in the beginning reader. *Journal of Experimental Child*

Psychology, *32*, 474-484.

Kaye, J. (1989). *Phonology: A cognitve view.* Hillsdale, NJ: LEA.

King, C., & Quigley, S. (1985). *Reading and deafness.* San Diego, CA: College-Hill Press.

Korhonen, T. (1995). The persistence of rapid naming problems in children with reading disadilities: A nine-year follow-up. *Journal Disabilities*, *28*, 232-239.

Krakow, R., & Hanson, V. (1985). Deaf signers and serial recall in the visual modality: Memory for signs, fingerspelling, and print. *Memory and Cognition*, *13*, 265-72.

Lance, D. M. (1997). A validity of an implicit phonemic awareness paradigm. *Journal of Speech Language & Hearing Research*, *40*(5), 1002-1011.

Lerner, J. (2000). *Learning disabilities: Theories, diagnosis, and teaching strategies.* Boston: Houghton Mifflin Company.

Liberman, I. Y., Shankweiler, D., & Liberman, M. (1989). The alphabetic principle and learning to read. In D. Shankweiler and I. Liberman (Eds.), *Phonology and reading disability* (pp. 1-33). Ann Arbor: The University of Michigan Press.

Liberman, I. Y., Shankweiler, D., Fischer, F. W., & Carter, B. (1974). Explicit syllable and phoneme segmentation in the young child. *Journal of Experimental Child Psychology*, *18*, 201-212.

Liberman, I., Mann, V., Shankweiler, D., & Werfelman, M. (1982). Children's memory for recurring linguistic and nonlinguistic material in relation to reading ability. *Cortex, 18,* 367-375.

Lichtenstein, E. H. (1983). The relationships between reading processes and English language skills. In D. S. Martin (Rf.), *Cognition, education, and deafness. Directions for research and instruction* (pp. 111-114). Washington, DC: Gallaudet College Press.

Lorsbach, T., & Gray, J. (1986). Item identification speed and memory span performance in learning disabled children. *Contemporary Educational Psychol-*

ogy, 11(1), 68-78.

Lovett, M. W. (1995, March). *Remediating dyslexic children's word identification deficits: Are the core deficits of developmental dyslexia amenable to treatment?* Paper presented at the annual meeting of the Society for Research in Child Development. Indianapolis, IN.

Lovett, M. W., Steinbach, K. A., & Frijters, J. C. (2000). Remediating the core deficits of developmental reading disability: A double-deficit perspective. *Journal of Learning Disabilities, 33*, 334-358.

Lundberg, I., Olofsson, A., & Wall, S. (1980). Reading and spelling skills in the first school years, predicted from phonemic awareness skills in kindergarten. *Scandinavian Journal of Psychology, 21*, 159-173.

Lyon, G. R. (1995). Toward a definition of dyslexia. *Annals of Dyslexia: An Interdisciplinary Journal, 45*, 3-27.

de Manrique, A. M. B., & Gramigna, S. (1984). La segmentacion fonologica y silabica en ninos de preescolar y primer grado. *Lecturay Vida, 5,* 4-13.

Manis, F. R., Doi, L. M., & Bhadha, B. (2000). Naming speed, phonological awareness, and orthographic knowledge in second graders. *Journal of Learning Disabilities, 33*(4), 334-358.

Mann, V. A., Liberman, I. Y., & Shankweiler, D. (1980). Children's memory for sentences and word strings in relation to reading ability. *Memory and Cognition, 6*, 194-198.

Marshall, J. C., & Newcombe, F. (1980). The conceptual status of deep dyslexia: An historical perspective. In M. Coltheart, K. Patterson, & J. C. Marshall, (Eds.), *Deep dyslexia* (pp. 1-21). London: Routledge & Kegan Paul.

Marshall, J., & Newcombe, F. (1973). Patterns of paralexia: A psycholinguistic approach. *Journal of Psycholinguistic Research, 2,* 175-199.

McBride-Chang, C., & Manis, F. (1996). Structural invariance in the associations of naming speed, phonological awareness, and verbal reasoning in good and poor readers: A test of the double deficit hypothesis. *Reading and Writing, 8*,

323-339.

McConkie, G., & Zola, D. (1981). Language constraints and the functional stimulus in reading. In A. Lesgold & C. Perfetti (Eds.), *Interactive processes in reading* (pp. 155-175). Hillsdale, NJ: Lawrence Erlbaum Associates.

McCusker, L. X., Hillinger, M. L., & Bias, R. G. (1981). Phonological recoding and reading. *Psychological Bulletin, 89*, 217-245.

McCrory, E. J., Mechelli, A., Frith, U., & Price, C. J. (2005). More than words: a common neural basis for reading and naming deficits in developmental dyslexia? *Brain, 128*, 261-267.

Meyer, M. S., Wood, F. B., Hart, L. A., Felton, R. H. (1998). Selective predictive value of rapid automatized naming in poor readers. *Journal of Learning Disabilities, 31*(2), 106-117.

Miller, L., & Felton, R. (2001). "It's one of them...I don't know": Case study of a student with phonological, rapid naming and word-finding deficits. *Journal of Special Education, 35*(3), 125-133.

Morais, J., Bertelson, P., Cary, L., & Alegria, J. (1986). Literacy training and speech segmentation. *Cognition, 24*, 45-64.

Morais, J., Cary, L., Alegria, J., & Bertelson, P. (1979). Does awareness of speech as a sequence of phones arise spontaneously? *Cognition, 7*, 323-331.

Morais, J., Cluytens, M., Alegria, J., & Content, A. (1986). Speech-mediated retention in dyslexics. *Perceptual and Motor Skills, 62*, 119-126.

Motomura, N., Nakanishi, C., Okamura, T., & Murata, S. (2004). Category specific agraphia: Report of three cases. *Chinese Journal of Psychology, 46*(3), 213-219.

Pearson, P. D., & Johnson, D. (1978). *Teaching reading comprehension.* NY: Holt, Rinehart and Winston.

Perfetti, C. A., Beck, I., Bell, L., & Hughes, C. (1987). Phonemic knowledge and learning to read are reciprocal. *Merrill-Palmer Quarterly, 33*, 283-319.

Perfetti, C. A. (1985). *Reading ability.* NY: Oxford University Press.

Perfetti, C., Finger, E., & Hogaboam, T. (1978). Sources of vocalization latency differences between skilled and less skilled young readers. *Journal of Educational Psychology, 70*, 730-739.

Pikulski, J. (1994). Preventing reading failure: A review of five effective programs. *The Reading Teacher, 48*, 30-39.

Posner, I., & Snyder, R. (1975). Facilitation and inhibition in the processing of signals. In P. Rabbitt & S. Dornic (Eds.), *Attention and performance V.* (pp. 669-682). NY: Academic Press.

Posner, M. I., & Boies, S. J. (1971). Components of attention. *Psychological Review, 78*(5), 391-408.

Price, C. J., Howard, D., Patterson, K., Warburton, E. A., Friston, K. J., & Frackowiak, R. S. J. (1998). A functional neuroimaging description of two deep dyslexic patients. *Journal of Cognitive Neuroscience, 10*(3), 303-315.

Quigley, S., & Paul, P. (1986). A perspective on academic achievement. In D. Luterman (Ed.), *Deafness in perspective* (pp. 55-86). San Diego, CA: College-Hill Press.

Read, C., Zhang, Y., Nie, H., & Ding, B. (1986). The ability to manipulate speech sounds depends on knowing alphabetic writing. *Cognition, 24*, 31-34.

Rudel, R. (1985). Definition of dyslexia: Language and motor deficits. In F. Duffy & N. Geschwind (Eds.), *Dyslexia: Current status and future directions.* Boston: Little, Brown.

Rumelhart, D. (1977). Toward an interactive model of reading. In S. Dornic (Ed.), *Attention and performance VI* (pp. 573-603). NY: Academic Press.

Sasanuma, S. (1980). Acquired dyslexia in Japanese: Clinical features and underlying mechanisms. In M. Coltheart, K. Patterson, & J. C. Marshall (Eds.), *Deep dyslexia* (pp. 48-90). London: Routledge & Kegan Paul.

Sasanuma, S. (1986). Universal and language-specific symptomatology and treatment of aphasia. *Folia Phoniatr (Basel), 38*(2-4), 121-75.

Segal, D., & Wolf, M. (1993). Automaticity, word retrieval, and vocabulary development in children with reading disabilities. In L. Meltzer (Ed.), *Cognitive, linguistic, and developmental perspectives on learning disorders* (pp. 141-165). Boston: Little, Brown.

Shallice, T., & Warrington, E. (1975). Word recognition in a honemic dyslexic patient. *Quarterly Journal of Experimental Psychology, 27,* 187-199.

Shankweiler, D., & Liberman, I. Y. (1972). Language by ear and by eye. In J. F. Kavanagh & I. Y. Liberman (Eds.), *Misreading: A search for causes* (pp. 293-317). Cambridge, MA: MIT Press.

Shankweiler, D., Smith, S. T., & Mann, V. (1984). Repetition and comprehension of spoken sentences by reading disabled children. *Brain and Language, 12,* 241-257.

Siegel, L. S. (1994). Working memory and reading: A life-span perspective. *International Journal of Behavioral Development, 17*(1), 109-124.

Siegel, S., & Ryan, B. (1988). Development of grammatical-sensitivity phonological, and short-term memory skills in normally achieving and learning disabled children. *Development Psychology, 24,* 28-37.

Siok, W., Perfetti, C., Jin, Z., & Tan, L. (2004). Biological abnormality of impaired reading is constrained by culture. *Nature, 431*(2), 71-76.

Smith, F. (1978). *Understanding reading.* NY: Holt, Rinehart and Winston.

Smith, F. (2004). *Understanding reading: A psycholinguistic analysis of reading and learning to read* (6th ed.). NJ: Laurence Erlbaum Associates.

Snyder, L., & Downey, D. (1995). Serial rapid naming skills in children with reading disabilities. *Annals of Dyslexia, XLV,* 31-50.

Snyder, L., Shankweiler, D., Smith, S. T., & Mann, V. (1984). Repetition and comprehension of spoken sentences by reading disabled children. *Brain and Language, 12,* 241-257.

Spector, J. E. (1995). Phonemic awareness training: Application of principles of direct instruction. *Reading & Writing Quarterly: Overcoming Learning Difficulties, 11,* 37-51.

Spring, C., & Capps, C. (1974). Encoding speed, rehearsal, and probed recall of dyslexic boys. *Journal of Educational Psychology*, *66*, 780-786.

Spring, C., & Davis, J. (1988). Relations of digit naming speed with three components of reading. *Applited Psycholinguistics*, *9*, 315-334.

Stanovich, K. E. (1981). Relationships between word decoding speed, general name-retrieval ability, and reading progress in first-grade children. *Journal of Educational Psychology, 73*, 809-815.

Stanovich, K. E. (1986). "Matthew effects" in reading: Some consequences of individual differences in acquisition of literacy. *Reading Research Quarterly*, *4*, 360-407.

Stanovich, K. E. (1988). The dyslexic and garden variety poor reader. The phonological core variable-difference model. *Journal of Learning Disabilities*, *21*, 590-604.

Stanovich, K. E. (1992). Speculations on the causes and consequences of individual differences in early reading acquisition. In P. B. Gough, L. C. Ehri, & R. Treiman (Eds.), *Reading acquisition* (pp. 307-342). Mahwah, NJ: Erlbaum.

Stanovich, K. E., Cunningham, A. E., & Cramer, B. B. (1984). Assessing phonological awareness in kindergarten children: Issue of task comparability. *Journal of Experimental Child Psychology*, *38*, 175-190.

Sternberg, R., & Grigorenko, E. (2000). *Our labeled children: What every parent and teacher needs to know about learning disabilities.* NY: Perseus Publishing.

Stevenson, H., Stigler, J., Lucker, G., Lee, S., Hsu, C., & Kitamura, S. (1982). Reading disabilities: The case of Chinese, Japanese and English. *Child Development*, *53*, 1164-1181.

Sunseth, K., & Bowers, P. (2002). Rapid naming and phonemic awareness: Contributions to reading, spelling, and orthographic knowledge. *Scientific Studies of Reading*, *6*(4), 401-429.

Temple, E., Deutsch, G. K., Poldrack, R. A., Miller, S. L., Tallal, P., Merzenich,

M. M., & Gabrieli, J. (2003). Neural deficits in children with dyslexia ameliorated by behavioral remediation: Evidence from functional MRI. *Proceedings of the National Academy Sciences of United States of America, 100*(5), 2860-2865.

Torgesen, J., & Houck, G. (1980). Processing deficiencies in learning disabled children who perform poorly on the digit span task. *Journal of Educational Psychology, 72,* 141-160.

Torgesen, J., & Wagner R. (1998). Alternative diagnostic approaches for specific developmental reading disabilities. *Learning Disabilities Research and Practice, 13*(4), 220-232.

Torgesen, J., & Wagner, R. (1998). Alternative diagnostic approaches for specific developmental reading disabilities. *Learning Disabilities Research and Practice, 13,* 220-232.

Torgesen, J., Morgan, S., & Davis, C. (1992). Effects of two types of phonological awareness training on word learning in kindergarten children. *Journal of Educational Psychology, 84*(3), 364-370.

Torgesen, J., Wagner, R., Rashotte, C., Burgess, S., & Hecht, S. (1997). Contributions of phonological awareness and rapid automatic naming ability to the growth of word-reading skills in second to fifth-grade children. *Scientific Studies of Reading, 1*(2), 161-195.

Torgesen, J., Wanger, R., & Rashotte, C. (1994). Longitudinal studies of phonogical processing and reading. *Journal of Learning Disabilities, 27*(5), 276-286.

Treiman, R., & Baron, J. (1981). Segmental analysis ability: Development and relation to reading ability. In G. E. MacKinnon & T. G. Waller (Eds.), *Reading Research: Advances in Theory and Practice* (3) (pp. 159-197). NY: Academic Press.

Trybus, R. (1985). *Today's hearing-impaired children and youth: A demographic and academic profile.* Washington, D.C.: Gallaudet Research Institute.

Trybus, R., & Karchmer, M. (1977). School achievement scores of hearing impaired children: National data on achievement status and growth patterns. *American Annals of the Deaf Directory of Programs and Services, 122*, 62-69.

Tunmer, W. (1995, July). *Intervention strategies for developing onset-rime sensitivity and analogical transfer in reading disabled children.* Paper presented at the Extraordinary Brain III Conference, Kauai, HI.

Tzeng, O. J. L., Hung, D. L., & Wang, W. S. Y. (1977). Speech recoding in reading Chinese characters. *Journal of Experimental Psychology: Human Learning and Memory, 3*, 621-630.

van den Bos, K. (1998). IQ, phonological awareness, and continuous-naming speed related to Dutch children's poor decoding performance on two word identification tests. *Dyslexia, 4*, 73-89.

Vellutino, F., & Scanlon, P. (1987). Phonological coding, phonological awareness, and reading ability: Evidence from a longitudinal and experimental study. *Merrill Palmer Quarterly, 33*, 321-363.

Vellutino, F., Fletcher, J., Snowling, M., & Scanlon, D. (2004). Specific reading disability (dyslexia): What have we learned in the past four decades? *Journal of Child Psychology and Psychiatry, 45* (1), 2-40.

Vellutino, F. R. (1979). *Dyslexia: Theory and research.* Cambridge, MA: MIT Press.

Vellutino, F. R., Scanlon, D. M., Sipay, E. R., Small, S. G., Pratt, A., Chen, R. S., & Denckla, M. B. (1996). Cognitive profiles of difficult to remediate and readily remediated poor readers: Early intervention as a vehicle for distinguishing between cognitive and experiential deficits as basic causes of specific reading disability. *Journal of Educational Psychology, 88*, 601-638.

Wagner, R. K., & Torgesen, J. K. (1987). The nature of phonological processing and its causal role in the acquisition of reading skills. *Psychological Bulletin, 101*, 192-212.

Wagner, R. K., Torgesen, J. K., & Rashotte, C. A. (1994). The development of reading-related phonolofical processing abilities: New evidence of bi-directional causality from a latent variable longitudinal study. *Developmental Psychology*, *30*, 73-87.

Wagner, R. K., Torgesen, J. K., & Rashotte, C. A. (1999). *Comprehensive test of phonological processing*. Austin, TX: Pro-ED.

Wagner, R. K., Torgesen, J. K., Laughon, P., Simmons, K., & Rashotte, C. A. (1993). The development of young readers' phonological processing abilities. *Journal of Educational Psychology*, *85*, 1-20.

Walsh, D., Price, G., & Gilllingham, M. (1988). The critical but transitory importance of letter naming. *Reading Research Quarterly*, *23*, 108-22.

Wasik, B. A., & Slavin, R. E. (1993). Preventing early reading failure with one-to-one tutoring: A review of five programs. *Reading Research Quarterly*, *28*, 178-200.

Webster, A. M. (1981). *Webster's third new international dictionary of the English language*. Chicago: Encyclopedia Britannica.

Wimmer, H. (1993). Characteristics of developmential dyslexa in a regular writing system. *Applied Psycholinguistics*, *14*, 1-34.

Wise, B. W. (2001). The indomitable dinosaur builder (and how she overcame her phonological deficit and learned to read instructions, and other things). *Journal of Special Education*, *35*(3), 134-144.

Wolf, M. (1991). Naming speed and reading: The contribution of the cognitive neurosciences. *Reading Research Quarterly*, *26*, 123-141.

Wolf, M. (1997). A provisional, integrative account of phonological and naming-speed deficits in dyslexia: Implications for diagnosis and Intervention. In B. A. Blachman, (Ed.), *Foundations of reading acquisition and dyslexia: Implications for early intervention* (pp. 67-92). Mahwah, NJ: Lawrence Erlbaum Assocites, Publishers.

Wolf, M. (1999). What time may tell: Towards a new conceptualization of developmental dyslexia. *Annals of Dyslexia*, *49*, 3-28.

Wolf, M., & Bowers, P. (1999). The double-deficit hypothesis for the developmental dyslexias. *Journal of Educational Psychology, 91,* 415-438.

Wolf, M., & Bowers, P. (2000). Naming-speed processes and developmental reading disabilities: An Introduction to the special issue on the double-deficit hypothesis. *Journal of Learning Disabilities, 33,* 322-324.

Wolf, M., Bally, H., & Morris, R. (1986). Automaticity, retrieval processes, and reading: A longitudinal study in average and impaired readings. *Child Development, 57,* 988-1000.

Wolf, M., Bowers, P. G., & Biddle, K. (2000). Naming-speed processes, timing, and reading: A conceptual review. *Journal of Learning Disabilities, 33,* 387-407.

Wolf, M., Miller, L., & Donnelly, K. (2000). RAVE-O: A comprehensive fluency-based reading intervention program. *Journal of Learning Disabilities, 33*(4), 375-386.

Wolf, M., O'Rourke, A. G., Gidney, C., Lovett, M., Cirino, P., & Morris, R. (2002). The second deficit: An Investigation of the independence of phonological and naming-speed deficits in developmental dyslexia. *Reading and Writing: An Interdisciplinary Journal, 15,* 43-72.

Wolf, M., Pfeil, C., Lotz, R., & Biddle, K. (1994). Towards a more universal understanding of the developmental dyslexias: The contribution of orthographic factors. In V. W. Berninger (Ed.), *The varieties of orthographic knowledge I: Theoretical and developmental issues* (pp. 137-171). Dordrecht, The Netherlands: Kluwer.

Wolf, P., Michel, G., & Ovrut, M. (1990). Rate variables and automatized naming in developmental dyslexia. *Brain and Language, 39,* 556-575.

Yap, R., & van der Leij, A. (1993). Word processing in dyslexics: An automatic decoding deficit? *Reading and Writing: An Interdisciplinary Journal, 5*(3), 261-279.

Yap, R., & van der Leij, A. (1993). Word processing in dyslexics: An automatic decoding deficit? *Reading and Writing, 5* (3), 261-279.

Yap, R., & van der Leij, A. (1994). Testing the automatization deficit hypothesis of dyslexia via a dual-task paradigm. *Journal of Learning Disabilities, 27* (10), 660-665.

Yopp, H. K. (1988). The validity and reliability of phonemic awareness tests. *Reading Research Quarterly, 23*, 159-177.

Zola, D. (1981). *The effect of redundancy on the perception of words in reading* (Tech. Rep. No. 216). Urbana, IL: University of Illinois, Center for the Study of Reading. (ERIC Document Reproduction Service No. ED 208367)

國家圖書館出版品預行編目資料

聲韻覺識、唸名速度與中文閱讀障礙／曾世杰著.
--初版.--臺北市：心理，2004（民 93）
面； 公分.--（障礙教育；64）
參考書目：面
ISBN 978-957-702-721-4（平裝）

1. 語言障礙　　　　2. 中國語言—聲韻

529.63　　　　　　　　　　　　　93016838

障礙教育系列 63064

聲韻覺識、唸名速度與中文閱讀障礙

作　　者：曾世杰
執行編輯：高碧嶸
總　編　輯：林敬堯
發　行　人：洪有義
出　版　者：心理出版社股份有限公司
地　　址：台北市大安區和平東路一段 180 號 7 樓
電　　話：(02) 23671490
傳　　真：(02) 23671457
郵撥帳號：19293172　心理出版社股份有限公司
電子信箱：psychoco@ms15.hinet.net
網　　址：www.psy.com.tw
駐美代表：Lisa Wu　　（Tel：973　546-5845）
排　版　者：臻圓打字印刷有限公司
印　刷　者：翔盛印刷有限公司
初版一刷：2004 年 12 月
初版三刷：2009 年 10 月
ＩＳＢＮ：978-957-702-721-4
定　　價：新台幣 300 元